AF372024

PLAN DE SUEÑO, DORMIR SIN LLORAR

Puede consultar nuestro catálogo en www.obstare.com

Los editores no han comprobado la eficacia ni el resultado de las recetas, productos, fórmulas técnicas, ejercicios o similares contenidos en este libro. Instan a los lectores a consultar al médico o especialista de la salud ante cualquier duda que surja. No asumen, por lo tanto, responsabilidad alguna en cuanto a su utilización ni realizan asesoramiento al respecto.

PLAN DE SUEÑO, DORMIR SIN LLORAR
Rafi López, Roberta Bastiani, Cristina López, Rosalina Márquez, Montserrat Reverte, Mercedes Salas y Begoña Sanz

1.ª edición: enero de 2025

Corrección: M.ª Ángeles Olivera
Diseño de cubierta: *Enrique Iborra*

© Rafi López, Roberta Bastiani, Cristina López, Rosalina Márquez, Montserrat Reverte, Mercedes Salas y Begoña Sanz

© 2002, 2024 Editorial OB STARE, S. L. U.
(Reservados los derechos para la presente edición)

Edita: OB STARE, S. L. U.
www.obstare.com | obstare@obstare.com

ISBN: 978-84-18956-29-4
DL: B-18928-2024

Impreso en los talleres gráficos de Romanyà/Valls S. A.
Verdaguer, 1 - 08786 Capellades - Barcelona

Printed in Spain

PLAN DE SUEÑO, DORMIR SIN LLORAR

Editorial OB STARE

Agradecimientos

A todas las mamás (y a los papás) que han participado y siguen participando en www.DormirSinLlorar.com, porque con sus experiencias han dado forma a este libro.

A Ainhoa, Carolina, Casandra, Diego, Eki, Elías, Juan, Miriam, Moisés, Nicolás, Raúl, Sabina, Selena y Víctor, por descubrirnos este camino en la maternidad.

Veinte años más tarde volvemos a desvelarnos esperando que regreséis a casa tras salir con los amigos. La maternidad es para siempre.

A nuestros compañeros, por su apoyo y paciencia mientras escribíamos este libro.

A Carlos González, Rosa Jové, María Berrozpe, Gemma Herranz y Aitziber Mendiguren, por sus acertadas sugerencias.

A Begoña Sanz, autora del Capítulo 11 «Fármacos y otras sustancias», por sus extensos conocimientos profesionales y por tener el valor de embarcarse en esta aventura junto a nosotras.

La comunidad Dormir Sin Llorar

Dormir Sin Llorar es el nombre de una comunidad virtual para familias donde se comparte información sobre el sueño infantil.

La puse en marcha en septiembre de 2004 cuando buscaba sin éxito en la red estrategias sin llanto para dormir a mi hijo de 6 meses.

En solo 4 meses se unieron casi 200 usuarios y se escribieron más de 600 mensajes, poniendo en evidencia la necesidad de un espacio especialmente dedicado al sueño de los bebés. Hoy en día sigue activa, por ella han pasado más de 20 000 familias y se han resuelto más de medio millón de consultas

La web con el dominio propio **www.DormirSinLlorar.com** se inauguró en enero de 2005. Se subieron contenidos, se creó el Foro donde los padres se reúnen y se elaboró la **Guía Dormir Sin Llorar** que acompaña este libro.

En todos estos años de andadura, se han unido decenas de miles de madres y padres: algunos lo han hecho de un modo más profundo, participando más estrechamente y colaborando en la gestión de la comunidad.

Las autoras que me acompañan y yo hemos elaborado este manual: obsevando, relacionando, recopilando, recogiendo información, probando y redactando cada una de las herramientas que ofrecemos. Ha sido un trabajo de equipo con una clara finalidad: **que nadie tenga que dejar llorar a su bebé para lograr descansar bien por falta de ideas.**

El resultado se ha materializado en este libro, que es el que nos hubiese gustado leer cuando estábamos atravesando nuestra experiencia de madres de bebés pequeños. Esperamos que todo este conocimiento, compartido por más de 20 000 familias, te ayude a disfrutar de tu etapa.

Nota de las autoras

Sobre el concepto de «guía»:

I. Con la utilización de la palabra «guía» se quiere dejar claro que, puesto que tenemos la certeza de que **el sueño es un proceso evolutivo y natural,**[1] no podemos ofrecer un método. Estas páginas quieren acercarte las explicaciones sobre el sueño de tu bebé o de tu niño y mostrarte ideas para mejorar tus noches sin olvidar que cada niño es un mundo y lleva un ritmo en su desarrollo, incluido el del sueño.

II. Éste es también un libro evolutivo: son muchos libros en uno. No tienes en tus manos una guía al uso. No se ha concebido para su lectura lineal y continuada. Podrás leerlo con ojos nuevos en cada etapa de tu bebé obteniendo siempre ideas nuevas que aplicar para vuestras noches, ya que en cada ocasión irás eligiendo qué capítulos leer y qué acciones tomar en función de la situación que estés viviendo. Pretendemos que elabores tu propio Plan de Sueño.

1. Mediante la lectura de este libro indagarás y averiguarás directamente las soluciones adecuadas a tu situación actual y personal.

---

1. Gottlieb, S. E. (1999). *Claves para niños con problemas para dormir,* Errepar.
Conesa, M. A. (2000). *Nuestro hijo no quiere dormir,* Salvat.
Pantley, E. (2002). *Felices Sueños,* McGraw-Hill.
Jové, R. (2006). *Dormir sin lágrimas,* Esfera de los libros.

2. Valora y aplica las ideas y trucos que creas puedan ajustarse a tu vida.

3. Este libro no está escrito para ser leído de forma lineal. Sigue las instrucciones que se van presentando en cada momento para ir accediendo directamente a los capítulos que te pueden ayudar.

4, Sigue el proceso con la ayuda de la Guía Dormir Sin Llorar.

Por todo ello, se trata de un libro dinámico, y a lo largo de la lectura encontrarás algunas imágenes junto a los encabezados, con estos significados:

 Experiencias reales: frases ilustrativas extraídas del Foro de padres de nuestra web (www.DomirSinLlorar.com). Los nombres y otros datos personales han sido omitidos y/o modificados para salvaguardar la identidad de los usuarios.

 Escoge tu propio Plan de Sueño: este pictograma viene acompañado de diferentes acciones a escoger según tus preferencias.

 Trabaja con la Guía Dormir Sin Llorar: observa, toma notas para ayudarte a extraer conclusiones para elaborar tu Plan de Sueño.

 Amplía la información: este icono acompaña reseñas opcionales para ampliar la información, si se desea, sobre el tema que se está tratando.

 Atención: este símbolo indica que lo que se expone es de lectura recomendada y muy importante en materia de seguridad.

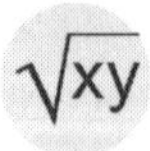 Estadísticas conclusiones: junto a este icono se muestran los resultados estadísticos de la encuesta practicada en nuestro Foro respondida por más de 430 familias cuando lograron mejorar el problema que tenían con el sueño de sus hijos.

Introducción

Esta introducción la escribe una madre *ojerosa*. Una de tantas con las que hablas a diario en el Foro de Dormir Sin Llorar, en el parque o en la puerta del colegio.

La primera vez que somos padres emprendemos un camino totalmente nuevo y desconocido. Una personita nueva entra en nuestra vida, en nuestros brazos; un corazón a veces en desacuerdo con la mente que quiere hacerlo lo mejor posible y un millón de consejos ajenos. Algunos de ellos nos parecen más acertados que otros, y la inmensa mayoría suelen ser no solicitados. Y entonces, en medio de ese maremágnum de novedades y cambios vitales que intentamos afrontar, aparecen *los métodos*. Sobre todo, cuando esa personita que tanto nos necesita no parece ajustarse al patrón convencional del concepto «El Bebé» que nos ofrecen libros, artículos de revista o las demás personas de nuestro entorno. Y ya desde el principio nos aconsejan aplicar un método: *el método definitivo* que no falla y que permitirá que todos descansemos; ellos, porque aprenden a dormir, y nosotros, porque dormiremos, ¡por fin!, del tirón.

Nos encontramos, por lo tanto, ante una situación que consideramos anormal e incluso desesperada, con un bebé en casa al que exteriormente definen con *hábitos mal adquiridos* o sin *patrones de sueño* y al que hay que enseñar a dormir. Así, a veces por presión o incluso en ocasiones por miedo, decidimos buscar *algún método* que nos ayude, sin pararnos a pensar que quizás lo que le sucede a nuestro bebé es de lo más normal.

Yo misma me vi en esa situación hasta que un pediatra me miró a los ojos y me dijo: «Te ha tocado un bebé de poco dormir». Esa frase tan simple me ayudó a ver desde la normalidad a mi hijo mayor y sus patrones de sueño. Y desde este instante, curiosamente, comenzaron a salir a la luz a mi alrededor historias de bebés que dormían igual que mi hijo.

Pero volvamos de nuevo al concepto de los métodos. Los hay para que nuestros pequeños aprendan a dormir, a comer, a comportarse, a ser… Pero… ¿se aprende a ser? ¿Se enseña a vivir? ¿La vida no es desarrollo, evolución? ¿No son etapas? ¿Hay realmente un decálogo universal de pautas, efectivo y adecuado, que sirva para todos por igual?

Llegados a este punto, quizá sea conveniente analizar la definición que nos ofrece el diccionario de la Real Academia Española sobre la palabra «método»:

1. Modo de decir o hacer con orden.
2. Modo de obrar o proceder, hábito o costumbre que cada uno tiene y observa.

Siguiendo esta definición, cada familia podría tener su propio método observando a su bebé y empleando aquellas rutinas o trucos que le ayudan a dormir. ¡Y de hecho, lo tenemos!: cuando le ayudamos a descansar ya establecemos nuestro método. ¿Quién no lo ha intentado con la fórmula diaria *baño cena a dormir?* ¿Quién no ha mecido y cantado una nana? Si lo hacemos a diario ya estamos introduciendo unos ejercicios sistemáticos, con un orden.

— ¿Por qué necesitamos aferrarnos a los métodos para sentir que vamos por la senda correcta? ¿No será que nos volvemos un poco prisioneros de ellos?

— ¿Por qué silenciamos nuestro instinto? ¿Por qué no escuchamos a nuestros pequeños, confiando en nuestro saber hacer para encontrar el descanso que buscamos?

—¿Creemos en métodos para enamorarnos, para ser felices? ¿Realmente los necesitamos?

En resumidas cuentas: ¿por qué no elaborar nuestro propio *método* o *guía* basado en la observación y la experiencia y desde el respeto a nuestros pequeños? Un método sin sufrir, sin llorar, con amor y paciencia. Nadie conoce a nuestros bebés mejor que nosotras mismas. Igual que no se aprende a ser madre, sino que se es madre, no se aprende a dormir porque ya se sabe dormir.

No quiero terminar esta reflexión sin añadir algo más. Escribirte, a título personal, el mejor consejo que he escuchado desde que me estrené como madre:

***En la medida de tus posibilidades,
aprovecha para dormir cuando tu hijo duerme.***

No desestimes este consejo sencillo, práctico y que no conlleva una sola lágrima. Descansa cuando él lo haga, coge fuerzas. Todo lo demás es pura evolución, es cuestión de tiempo. El sueño es madurativo. Los niños saben dormir. El aprendizaje es la parte que nos toca a los adultos, entendiendo, normalizando y acompañando en el proceso.

Prólogo

El sueño de los niños es algo que preocupa a muchas familias. El sueño de los niños es algo que quita el sueño a muchos padres.

No siempre ha sido así. No recuerdo que en los primeros años de mi vida profesional me consultasen padres preocupados por que el niño no dormía. Consultaban por la tos o por los mocos, por el «cólico» o por la fiebre, pero no por el sueño. O no les parecía un tema importante o no lo consideraban un tema médico. Tal vez preferían hablar del tema con otros expertos (literalmente, personas con experiencia), como las abuelas. Pero aparecieron libros diciendo que todos los niños, a partir de cierta (y corta) edad tienen que dormir de un tirón, nada menos que once horas. Y el que no lo hace tiene una especie de enfermedad, y sufrirá insomnio de por vida, déficit de hormona de crecimiento y otras calamidades. El sueño de los niños parecía de pronto un problema médico.

El concepto mismo de «dormir de un tirón» ha sido muy sobrevalorado. Nadie duerme de un tirón. Todos nos despertamos varias veces cada noche; unos simplemente comprueban que todo está en orden (que no hay fuego ni ladrones ni nuestros hijos nos necesitan) y siguen durmiendo; otros aprovechan para ir al lavabo. Y todos, incluso cuando estamos profundamente dormidos, hacemos ruido o nos movemos, igual que los bebés.

Los bebés y niños pequeños no se preocupan por el fuego o los ladrones, ni les importa si su hermano mayor está vomitando. Sólo necesitan comprobar si mamá está o no está. Si no está, hay que llamarla bien fuerte para que vuelva. Si está, ella se ocupará del fuego, de los ladrones y de todo lo demás.

Lo que da tranquilidad al bebé es comprobar que sus papás están, y que están tranquilos. Si mamá está roncando, debe de ser porque no hay motivo de preocupación. Puedo seguir durmiendo. Pero si mamá se pone en pie, parece preocupada, habla, se mueve mucho… tal vez pasa algo malo o es posible que sea ya hora de despertarse.

A veces reaccionamos en exceso a los pequeños ruidos y movimientos que hacen los niños mientras duermen o hacemos demasiadas cosas cuando se despiertan. Nos movilizamos como si nos enfrentásemos a un grave problema; intentamos aplicar «métodos» y «técnicas» como si dormirlos fuera nuestra responsabilidad, como si no pudieran dormirse por sí mismos («por sí mismos», que no es lo mismo que «solos»). Sin darnos cuenta, podemos desvelarlos y desvelarnos, cuando lo único que teníamos que hacer era estar allí e intentar seguir durmiendo.

En todo caso, los niños crecen. Se van de nuestra cama y hasta de nuestra casa. ¡Crecen tan deprisa! Disfruta el momento.

Carlos González

Capítulo 1
El sueño de los bebés

1.1. El sueño normal del bebé y el bebé que duerme mal

Es muy habitual que nos pregunten: «¿Qué tal el bebé?» «¿Es "bueno"?», «¿Os deja dormir?». Visto así, parece que un bebé se considera «bueno» cuando duerme mucho, pero a lo largo de este texto analizaremos el sueño real de los bebés, porque estamos convencidas de que no existen bebés «malos», sino padres cansados.

El *insomnio infantil* es el nombre con el que se ha bautizado un trastorno que parece cada vez más común en los bebés.

Este creciente interés por el sueño de los bebés y el auge y multiplicación de los métodos y expertos para enseñar a dormirlos nos lleva a plantearnos algunas preguntas:

¿Qué les pasa ahora a los bebés, que no duermen? ¿Dormían mejor los bebés en épocas anteriores?

La respuesta está cerca: todos tenemos anécdotas que nuestras madres cuentan en las reuniones familiares de aquellas noches en las que no parábamos de llorar. Entonces… ¿los bebés han dormido «mal» desde siempre? Parece ser que sí. Esta dificultad para empezar a dormir, para continuar dormido o ambas situaciones, si se relaciona con una pauta de comportamiento concreta, se ha descrito como una enfermedad desde el año 2005: *insomnio infantil por hábitos incorrectos,* y está recogida en la Clasificación Internacional de los Desórdenes del Sueño.[1]

---

1. American Academy of Sleep Medicine (2014). *International classification of sleep disorders. Third Edition.* Darien.

Entonces, ¿están enfermos nuestros bebés porque se despiertan varias veces en la noche, o no logran el sueño autónomo?

Veamos hacia dónde apuntan las evidencias: elaborando este libro hemos encontrado algunos datos que creemos importante compartir con los lectores. Unos de los primeros datos versan sobre el porcentaje de despertares que sufren los niños desde los 6 meses hasta los 6 años de edad (Tabla 1), y los ofrecen el Dr. Pin Arboledas y colaboradores, de la Unidad del Sueño de la Clínica Quirón de Valencia.[2]

En este trabajo se exponen los resultados de una encuesta entre padres de 240 niños de edades entre 6 meses y 11 meses, 894 niños de edades entre 1 año y 6 años que acudían a controles de salud para evaluar, entre otras cosas, el porcentaje de despertares nocturnos detectados por las familias en, al menos, 3 noches cada semana.

Tabla 1: Datos presentados por el Dr. Pin Arboledas. Se indica la edad de los niños estudiados, el número de participantes en el estudio y el porcentaje de éstos que sufrieron algún despertar durante la noche.

Niños de 6 a 11 meses			Niños de 1 a 6 años		
Edad (meses)	N.º de niños	% con despertares	Edad (años)	N.º de niños	% con despertares
6	25	52,0	1	226	52,2
7	69	50,7	2	232	56,0
8	63	75,0	3	137	54,0
9	33	51,5	4	93	36,6
10	39	41,3	5	106	24,5
11	11	48,2	6	107	18,6

---

2. Pin Arboledas, G., Lluch Roselló, A., & Borja Paya, F. (1999). [The pediatrician and the child with sleep disorders]. *Anales Españoles de Pediatría*, 50(3), 247-252.

Si se representa la edad de los niños frente al porcentaje de los niños estudiados que presentaban algún despertar durante la noche, se obtiene la gráfica que se muestra en la Figura 1. Si es analizada detenidamente, se desprenden ciertas conclusiones, algunas de las cuales son, sin lugar a dudas, bastante interesantes: alrededor de la mitad de los niños menores de 3 años estudiados se despiertan, al menos, una vez. En el caso de los niños de 4, 5 y 6 años, el porcentaje de despertares desciende. Aún así, uno de cada 5 niños de 6 años no duerme toda la noche sin interrupción. Con estos datos, podemos plantearnos: si hasta la edad de 3 años todos los porcentajes rondan el 50 %, ¿quién es la excepción: el niño que duerme desde los 4 meses toda la noche de un tirón o tu hijo con sus despertares? Parece una cuestión de cara o cruz.

Figura 1: Representación gráfica de la proporción de niños entre 6 meses y 6 años que presentaban algún despertar durante la noche.

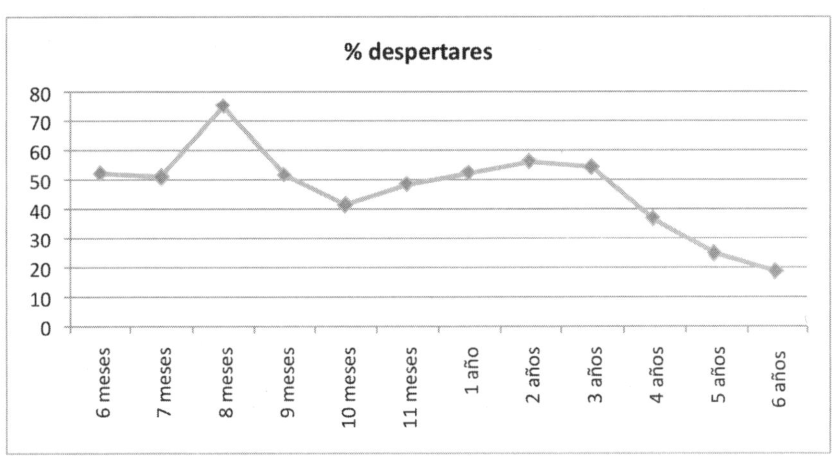

Otro ejemplo documentado sobre el sueño infantil lo encontramos citado en el libro *Dormir sin lágrimas*, de Rosa Jové.[3] Así, en un estudio realizado por pediatras del Hospital Posadas de Buenos Aires, **únicamente el 18,7 % de los niños duerme toda la noche durante el primer año de vida.** Aquí entra en juego otro parámetro adicional al que hemos

3. Jové, R. (2006). *Dormir sin lágrimas*. Esfera.

mencionado anteriormente: los bebés no solo se despiertan, sino que, en ocasiones, además, no duermen durante toda la noche completa.

En un artículo publicado por Blair,[4] analizaron el sueño de 11 500 niños de 6 meses a 11 años de edad a través de unos cuestionarios que le pasaron a sus padres. Los resultados apuntaron a que una cuarta parte de los bebés de entre 6 meses y año y medio se despertaba regularmente cada noche, y que esta proporción, paradójicamente, se dobló, alcanzando el 50 % en las edades comprendidas entre el año y medio y los tres años y medio.

Asimismo, de la encuesta *online* realizada a más de 500 familias seguidoras que hizo el blog sobre maternidad Bebesymas.com,[5] se extrajeron interesantes conclusiones que corroboran la idea que se apunta desde el principio de este libro: el 80 % de los menores de tres años se despertaba por la noche. De éstos, la mitad se despierta 1 o 2 veces, mientras que el 30 % lo hace hasta 3 o 4 veces, frente al 20 % de niños estudiados que dormían del tirón.

En otra encuesta, esta vez realizada en América[6] a 1473 familias con niños menores de 10 años se constató que el 71 % de los niños menores de un año se despertaba por la noche, un 41 % de los preescolares de entre 3 y 5 años de edad también lo hacía, y a los 5-10 años la proporción seguía siendo de un 14 %.

¿Cómo es posible que algo que observamos en tantos bebés sea considerado anormal e incluso patológico? ¿En qué evidencias se basa el concepto de «sueño normal» de los bebés, que parece que sólo muy pocos se libran de padecer esta auténtica epidemia de *insomnio infantil por hábitos incorrectos*? ¿Por qué la ciencia no se corresponde con lo que observamos en nuestros hijos?

4. Blair, P. S., Humphreys, J. S., Gringras, P., Taheri, S., Scott, N., Psy D.C., Emond, A., Henderson, J., & Fleming, P. J. (2012). Childhood Sleep Duration and Associated Demographic Characteristics in an English Cohort. *Sleep,* 35(3), 353-360. Citado por: Berrozpe, M. (2017). *Dulces sueños.* Alianza.

5. Rovati, L. (2010). La mayoría de los niños menores de 3 años se despierta una o más veces durante la noche. *Bebés y más.* Disponible en: www.bebesymas.com/ desarrollo/la-mayoria-de-los-ninos-menores-de-3-anos-se-despierta-una-o-mas-veces-durante-la-noche

6. National Sleep Foundation. (2004). *Sleep in America.* WBA.

La Dra. en Biología María Berrozpe también se ha hecho esta pregunta y ha trabajado en una revisión de toda la bibliografía científica acerca del sueño infantil y sus características, publicada en el libro *La ciencia del sueño infantil*. En él se recoge diferentes autores e investigaciones que revelan que **el origen** de los problemas del sueño infantil en nuestra cultura occidental se encuentra en la imposición del sueño en solitario y la capacidad de autoconsuelo en la que el bebé sea capaz de dormirse sin ayuda. Ambos son un comportamiento excepcional en la historia de la humanidad y tiene unos orígenes meramente culturales. Esto ha supuesto que la pediatría del sueño occidental haya establecido sus bases en el estudio de unos bebés y niños que no duermen en sus condiciones naturales (cerca de su madre, amamantados, etc.) y, por lo tanto, la noción del «sueño normal» ha quedado irremediablemente adulterada.

A modo de resumen, todos estos datos presentados, que proceden de fuentes tan diversas pero que coinciden en su conclusiones, hablan claro: los niños que se despiertan hasta los 3 años son muchos más de la mitad, con lo que podríamos concluir que **TODOS los bebés se despiertan por las noches en algún momento en sus primeros tres años de vida.**

Por lo tanto, podremos afirmar entonces que es bastante probable que tu bebé no tenga un trastorno del sueño como tal, sino que sus despertares sean normales y de índole fisiológica, e irán disminuyendo con el tiempo a medida que crezca y madure. De hecho, son varios los investigadores que comienzan a poner en duda que el ya citado *insomnio infantil por hábitos incorrectos* realmente exista, o al menos exista en una población tan grande de bebés.[7, 8, 9, 10]

7. Ball, H. L. (2013). Supporting parents who are worried about their newborn's sleep. *BMJ*, 346(apr15 4), f2344–f2344. https://doi.org/10.1136/bmj.f2344
8. Ball, H. L., Tomori, C., & McKenna, J. J. (2019). Toward an Integrated Anthropology of Infant Sleep. *American Anthropologist*, 121(3), 595-612. https:// doi.org/10.1111/aman.13284
9. González, C. (2018). *Bésame Mucho, cómo criar a tus hijos con amor y respeto*. Temas de hoy.
10. *Ibidem*, nota 3.

1.2. ¿Por qué se despiertan los bebés?

El quid de la cuestion se halla en la evolución de la fisiología del sueño. Gracias a las polisomnografías se ha demostrado que un bebé no duerme de la misma manera ni las mismas horas que un adulto, un adulto no duerme de la misma manera ni las mismas horas que un adolescente y éste tampoco duerme igual que un anciano.

Las polisomnografías[11] son unas herramientas que miden la actividad cerebral durante el sueño y la traducen en unas gráficas en las que se aprecian trazos a diferente altura. Los más altos corresponden a las fases ligeras de sueño, y los más bajos, a fases del sueño más profundas. Estas fases –sueño ligero o sueño profundo, con 4 subfases más– son las que componen el sueño normal.

A simple vista, se puede observar que los patrones de sueño son muy diferentes entre los grupos de edad citados: al nacer, los bebés apenas tienen tres de estas fases (sueño activo, sueño tranquilo y sueño indeterminado), siendo el primero el que predomina; este hecho es vital para su supervivencia, ya que, con este tipo de sueño, se mantiene en estado de semialerta y se asegura la atención de su cuidador.

Nuestros bebés son exactamente iguales a los bebés que nacen en la selva amazónica y muy parecidos a los que estaban en Atapuerca en el inicio de los tiempos. Quizá ahora, en pleno siglo XXI, pocos peligros acechen a nuestras crías cuando duermen, pero en algunos lugares del mundo esto no es así. Culturalmente hemos evolucionado mucho, es cierto, pero nuestra biología y nuestros instintos primales inscritos en nuestros genes han sufrido una muy escasa modificación en decenas de miles de años. Nuestros hijos reaccionan con llanto y desasosiego cuando se les deja solos en una cuna porque no son capaces de distinguir si existe un peligro real (de abandono, de peligro ante las fieras, etc.) o si todo sigue igual que cuando se durmieron.

Durante el primer año de vida, el sueño evoluciona incorporando nuevas fases, para acabar logrando un patrón como el del adulto, lo

---

11. Peraita-Adrados, R. (2007). Polisomnografía en niños: metodología, evaluación e indicaciones. *Rev. Esp Pediatr*, 63(3), 240-250.

que se alcanzará alrededor del quinto año de vida. ¡Que no cunda el pánico! Este hecho no quiere decir que no vayas a poder dormir hasta que tu hijo tenga 5 años, sino que el sueño irá modificándose y pasando por diferentes etapas hasta alcanzar la madurez total más o menos a esa edad.

Es justamente la incorporación de nuevas fases en esta maduración del sueño, junto con la maduración psicológica y física del bebé, la responsable de los múltiples despertares nocturnos a los que nos enfrentamos los padres.

Durante los primeros meses, se despiertan para comer y mantener cerca a su cuidador (instinto de supervivencia). Más adelante, el sueño va madurando, y lo hace incorporando nuevas fases; cuando se pasa de una fase a otra se completa un ciclo. El principal motivo de los despertares es el paso de un ciclo al siguiente, momento en el que hay un breve despertar. Todas las personas, adultos y niños, experimentamos un número de breves despertares durante la noche. En general, no somos conscientes de ellos y nos volvemos a quedar dormidos tras cambiarnos de postura, acomodar la almohada, etc. Los bebés, en cambio, al tener unos ciclos de sueño más breves, tendrán más despertares, a veces incluso hasta desvelos, ya que la mayoría de las veces necesitarán asegurarse de que sus cuidadores permanecen cerca y que no hay peligro para volver a dormirse.

Un estudio realizado a 88 niños de edades comprendidas entre los 3 y los 12 meses corrobora esta afirmación: comprobaron que todos se despertaban más o menos las mismas veces, y que aproximadamente **el 76-89 % de los niños reclamaba la atención de sus padres** cuando esto sucedía.[12] Conforme se van incorporando nuevas fases, el número de picos de sueño ligero aumenta, siendo ésta (y no otra) la razón principal por la cual muchos pequeños que dormían perfectamente en sus tres primeros meses de vida comienzan a despertarse más veces a medida que van creciendo.

12. Goodlin-Jones, B. L., Burnham, M. M., Gaylor, E. E., & Anders, T. F. (2001). Night waking, sleep-wake organization, and self-soothing in the first year of life. *Journal of Developmental and Behavioral Pediatrics*, 22, 226–233. Citado por Berrozpe, M. (2017). *Dulces sueños*. Alianza.

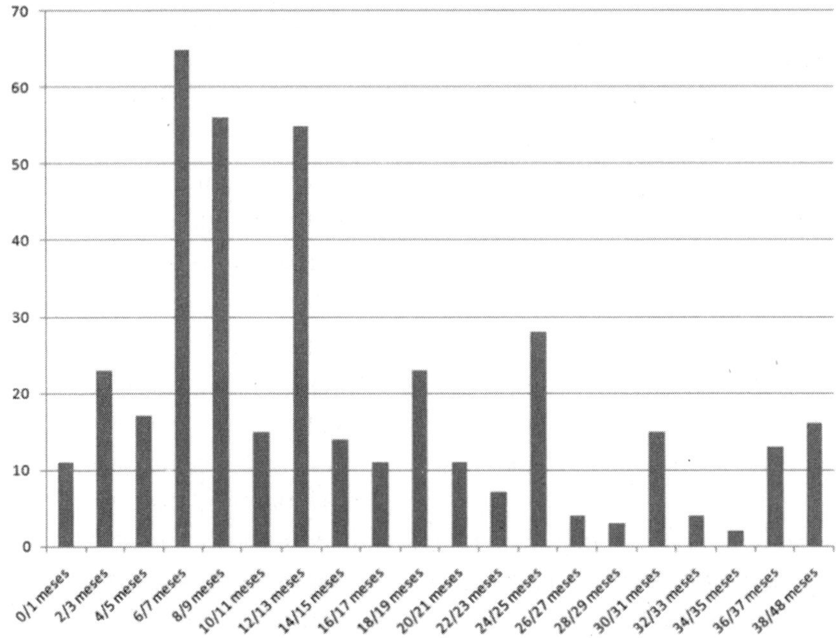

Figura 2: Datos obtenidos sobre 430 familias usuarias del Foro de la página Dormirsinllorar.com. Hemos representado el número de éstas frente a la edad que tenían sus hijos cuando se registraron en ella.

Mi problema empezó a los 4 meses: antes dormía toda la noche casi del tirón, se dormía a las 21.00 h, se despertaba a las 00:00 h, más o menos para comer, y hasta las 6:30 o 7:00 h, ya no volvía a despertarse.

De hecho, solo hay que echarle una ojeada a la Figura 2, elaborada con los datos que nos aportaron 430 familias de nuestro Foro de padres. En ella se recoge la edad que tenían sus hijos cuando llegaron a nuestra web buscando soluciones para las noches. Observa que la afluencia máxima de nuevos registrados ocurre a partir de los 6 meses. Detalle que también comenta Middlemiss en su revisión, donde observó cómo los despertares aumentan a partir de dicho momento.[13]

Si necesitas más datos para convencerte de que lo que le sucede a tu bebé es absolutamente normal y habitual, que no se trata –por mucho que algunos así lo crean e intenten demostrar– de una patología, podemos hacer incluso un juego comparativo. En la Figura 1 de la p. 21, podemos observar un repunte del porcentaje de niños que despiertan en aquellos que tenían 8 meses de edad. Curiosamente, al analizar la estadística que hemos realizado con los usuarios de nuestro Foro, podemos comprobar que existe un repunte en el caso de usuarios nuevos con niños de entre 7 y 8 meses. Probablemente, las familias que se registran por primera vez en el Foro lo hacen porque hay algo en el sueño de sus hijos (quizás despertares más frecuentes de lo que a ellos les gustaría) que les ha empujado a ello. No deja de ser curioso y sorprendente que dos grupos de bebés de edades similares, analizados en ámbitos tan diversos como los tres que hemos mencionado (los estudiados por el Dr. Pin, la revisón de Middlemiss y los hijos de los usuarios de un Foro de acceso libre en la red) coincidan en semejante dato.

1.3. Valorar las expectativas

Después de todo lo expuesto nos asalta una pregunta: **¿cómo y cuánto podemos esperar que duerma un bebé?** Si nos centramos en la evidencia científica, veremos que numerosos estudios han comprobado que el período de sueño ininterrumpido más largo que se puede esperar de un bebé es de **5 horas y media**; este período de tiempo es lo que sería para ellos dormir una noche completa.[14, 15, 16] Así que cuando

---

13. Middlemiss, W. (2004). Infant sleep: a review of normative and problematic sleep and interventions. *Early Child Development and Care,* 174(1), 99-122. https://doi.org/10.1080/0300443032000153516

14. Pantley, E. (2002). *Felices Sueños.* McGraw-Hill.

15. Anders, T. F. (1979). Nigth-walking in infants during the first year of life. *Pediatrics,* 63, 860-864.

16. Convertini, G., Krupitzky, S., Tripodi, M. R., & Carusso, L. (2003). Trastornos del sueño en niños sanos. *Arch. argent. pediatr,* 101, 2.

hablamos de mejorar los despertares, sería conveniente tener unas expectativas reales. Difícil tarea para los padres, pues la información sobre el sueño de los bebés que nos llega a las familias es algo inexacta, está desfasada y en ocasiones no respeta la biología natural de nuestros hijos.

En una encuesta realizada por la National Sleep Foundation en el año 2004 a 1473 adultos que vivían con niños menores de 10 años, se les preguntó el número de horas que sus hijos dormían en un día. Este número fue entonces comparado con el número de horas de sueño que los padres respondieron que creían que un niño de la edad de su hijo necesitaba en un período de 24 horas. Las comparaciones de los datos se muestran en el conjunto de tablas que presentamos a continuación (Figura 3).

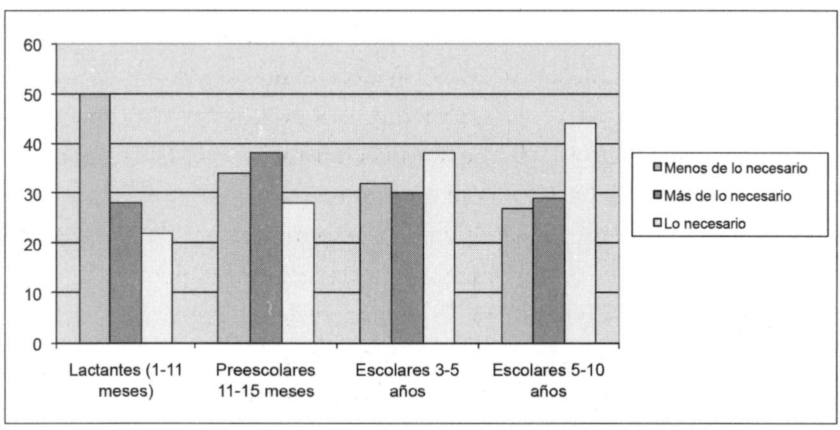

Figura 3: Datos obtenidos en la encuesta de la National Sleep Foundation a 1473 adultos que vivían con niños menores de 10 años. Se ha representado el resultado de comparar las horas totales de sueño de los niños en 24 horas con las horas que los padres creen que necesitan en el mismo período. National Sleep Foundation, (2004), Sleep in America, WBA.

Los lactantes son los que aparentemente duermen menos horas de lo que sus padres o cuidadores creen que necesitan. El 50% de los padres cree que sus hijos duermen menos de lo que les corresponde. Más de un tercio de los padres de niños de entre 1 y 5 años cree que sus hijos deberían dormir más horas al día. Y casi un tercio de los padres de niños de entre 5 y 10 años piensa igual.

En esta misma encuesta, también se les preguntó si querrían cambiar algo del sueño de sus hijos. Nada más y nada menos que un 75 % de los padres desearía cambiar algo del sueño de sus bebés, pero cuando estos crecen, la disconformidad no mejora, sino que aumenta hasta el 82 % el porcentaje de padres de niños de 3 a 5 años que cambiaría algo. Más adelante, los padres de niños de 5 a 10 años de edad continúan sin estar satisfechos con el sueño de sus hijos; así lo manifiesta un 71 % de los encuestados.

En el caso de los lactantes (el primer año de vida), lo que los padres desean cambiar son los despertares y que el descanso sea mejor en general. En el caso de niños de 1 a 3 años, a los padres les gustaría mejorar la hora de ir a la cama, la actitud del niño en el momento de ir a dormir y la hora de levantarse, principalmente. Los padres de niños mayores, que ya van al colegio (3-10 años), quisieran mejorar la hora de ir a la cama y la actitud del niño en ese momento.

Una pregunta similar también fue respondida por los padres de nuestra comunidad; las respuestas obtenidas están recogidas en la Figura 4. Se observa que a un 18 % de los padres de recién nacidos les gustaría que su pequeño fuese capaz de dormirse solo, y un 27 % desearía que durmiesen la noche completa con solo 3 meses de edad.

El origen de este conflicto con el comportamiento nocturno de los bebés y niños nace de la información que nos llega a las familias acerca de cómo debe de ser el sueño normal de los pequeños **La información sobre el sueño infantil que reciben los padres es incompleta y está sesgada** porque generalmente llega a éstos de la mano de unos pocos profesionales muy mediáticos pero con un enfoque únicamente conductista. Pese a tratarse mucho sobre el tema del sueño de los niños en los medios de comunicación y redes, la información divulgada no refleja la realidad científica completa, en la que básicamente pugnan dos corrientes: **la corriente cultural** y **la corriente basada en evidencias**. La *cultural* es la que se ha impuesto: los niños duermen un número determinado de horas en la noche, no se despiertan, y si lo hacen se consuelan solos, sin intervención de los padres.

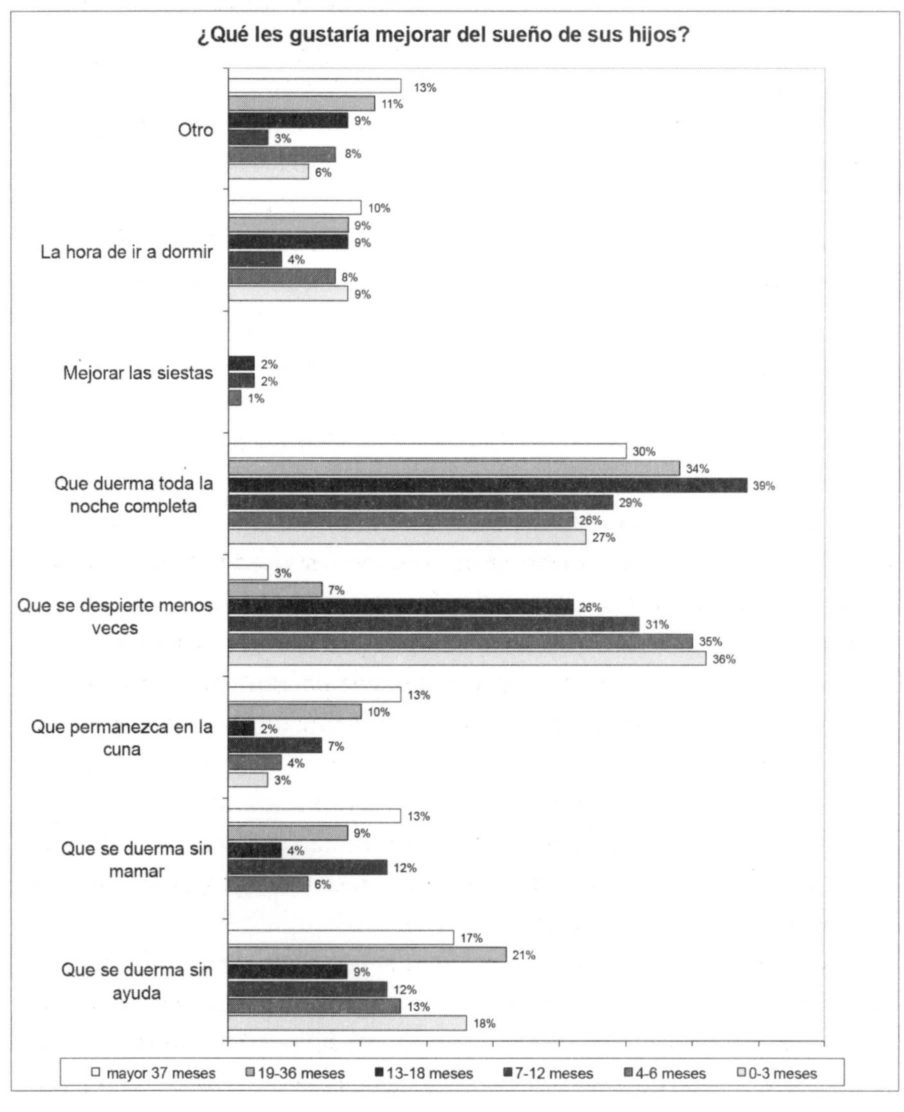

Figura 4: Representación de la respuesta a la pregunta «¿Qué les gustaría mejorar del sueño de sus hijos?» pasada a 430 familias de la web DormirSinLlorar.com

Si un niño no es capaz de hacerlo, tiene un trastorno y el tratamiento más utilizado consiste en terapia de la modificación de la conducta. En cambio, el enfoque basado *en evidencias* sostiene que la definición del **sueño normal infantil** es inexacta porque está influenciada por la cultura, ya que la mayoría de los niños se despiertan por la noche y reclaman a sus padres por cuestiones biológicas. Para tratar los desajustes que nos pueda ocasionar las necesidades normales del sueño de los pequeños a nuestra vida, debemos tratar de lograr un equilibrio, una Bondad de Ajuste[17] que no persigue el objetivo tradicional de la medicina del sueño: que es que el bebé duerma un número concreto horas forzando el desarrollo de la capacidad de autoconsuelo. En palabras de Blair y Ball:[18] «El objetivo es tratar de que la familia alcance la bondad de ajuste, que no es otra cosa que un equilibro entre las capacidades intrínsecas del niño y las exigencias de su ambiente social».

En conclusión, **los bebés duermen de un modo distinto a los adultos de forma natural**, desde siempre y en todos los lugares del planeta. Enfrentarnos a varios despertares acunando, cantando o paseando a un bebé para que se duerma puede parecernos un problema, pero… ¿no será el verdadero problema que muchos de nosotros tenemos que levantarnos al día siguiente a las 7 de la mañana (o antes) para cumplir con nuestras obligaciones? ¿Afrontaríamos los despertares con el mismo talante si no tuviésemos una hora concreta a la que levantarnos? Obviamente, **el problema no es del bebé, sino nuestro** y de la sociedad en la que nos ha tocado vivir.

Los problemas ocasionados por el sueño infantil y las posibles soluciones se han generado recientemente, en torno a los últimos 50 años, por dos motivos principales: el primero, debido a la irrupción de la mujer en el mundo laboral, y a consecuencia de éste aparece el segundo: la dificultad de conciliar la vida familiar y el cuidado de los hijos pequeños con las obligaciones fuera del hogar. Respecto a esto, es un

---

17. Jenni, O. G., & O'Connors, B. B. (2005). Children's sleep: An interplay between culture and biology. *Pediatrics,* 115(2), 216.
18. Blair, P., & Ball, H. (2021). *Health professional's guide to: Caring for your baby at night* (UNICEF UK). www.unicef.org.uk/babyfriendly/wp-content/uploads/sites/2/2011/11/Caring-for-your-Baby-at-Night-A-Health-Professionals-Guide.pdf

hecho que se están dando pasos hacia la conciliación y la corresponsabilidad, pero todavía queda mucho camino por recorrer.

Parece claro que con el ritmo social que llevamos y sabiendo que **nuestros pequeños no dormirán mejor hasta que su maduración lo permita**, deberíamos sacar el máximo partido a las horas de descanso. En este sentido, como ya hemos apuntado, algunos profesionales especializados en sueño infantil apuestan por métodos conductistas para la modificación de los patrones de comportamiento. Los métodos más extendidos se basan en ignorar al bebé una vez en su cuna mediante una tabla de tiempos, un método que le produce llanto en solitario o ante la pasiva mirada de sus padres, que tienen prohibido consolarlo y alzarlo. En cambio, en **Dormir Sin Llorar** compartimos soluciones que se adaptan mejor al carácter de cada niño y de cada familia. En este libro aportaremos ideas y consejos responsables y más responsivos para lograr mejoras sin derramar lágrimas.

Después de la lectura de esta primera parte sabemos cuál será nuestro objetivo a alcanzar, así que intentaremos ayudar a nuestro bebé a tener la confianza para que entre ciclo y ciclo, en sus microdespertares, sea capaz de dormirse sin problemas y alcanzar más horas de sueño ininterrumpido, adaptándonos siempre a su ritmo de maduración y crecimiento.

La esencia de este libro, junto con la **Guía Dormir Sin Llorar,** es recopilar todas estas técnicas para que cada uno escoja las que mejor se adapten a sus circunstancias y se logre un equilibrio entre las necesidades de todos los miembros de la familia.

Capítulo 2
Estrategias básicas para mejorar el sueño

Los tres temas que constituyen este capítulo son los tres pilares fundamentales en los que se asienta el sueño de los bebés: el ambiente, las siestas y la rutina de buenas noches. En este apartado presentamos información general sobre ellos, pero debes saber que se irán modificando y adaptando a cada etapa evolutiva. Por tanto, dentro de cada grupo de edad encontrarás más sugerencias según su desarrollo.

 Seleccionando ideas: abre tu **Guía Dormir Sin Llorar** y recopila las ideas y trucos que creas que pueden ajustarse a tu Plan de Sueño.

2.1. El ambiente del sueño

Puede que el ambiente que envuelve al niño mientras duerme sea una de las causas más habituales que le impidan conciliar el sueño. Para conseguir un ambiente adecuado, el lugar donde duerme tu hijo debe ser agradable y alegre. Evita convertir el dormitorio en una amenaza, ya que si lo envías a su habitación a modo de castigo, por la noche no querrá ir a la cama. Favorece que su habitación invite al sueño teniendo en cuenta algunos factores, como:

—La iluminación: muchos niños tienen miedo a la oscuridad. Con frecuencia sienten alivio si duermen con una bombilla de bajo voltaje en tonos rojos encendida. Otra idea es un regulador en el interruptor de la luz para poder ir reduciendo la intensidad sin que se dé cuenta. Existen unas lamparitas con una luz piloto muy tenue, como un indicador, y que si el niño lo coge, se enciende a modo de linterna, que puede utilizar en un momento dado como ayuda para ir al servicio de forma autónoma e incluso ir a buscar a sus padres si lo necesitara. Saber que dispone de este tipo de ayuda cerca puede servirte para que concilie el sueño de una forma más tranquila y sin miedo a despertarse en la oscuridad.

—Los ruidos: las paredes de los pisos o casas suelen ser muy delgadas, así que, inevitablemente, los niños oyen sonidos y voces procedentes del exterior y del interior del hogar. Aun así, es mejor actuar con absoluta normalidad que intentar por todos los medios no hacer ruido para que el pequeño no se despierte. Los niños se adaptan a los ruidos habituales con rapidez. De hecho, siempre y cuando no sea exagerado, un poco de «sonido ambiente» puede ayudar a combatir la soledad que puedan sentir en su habitación.

—La temperatura: la temperatura idónea para dormir se sitúa en torno a los 18-20 ºC. Una buena idea es instalar un termómetro en la habitación. Así, sabremos si ésta se encuentra en el intervalo adecuado.

Un error habitual que cometemos con nuestros hijos es abrigarlos demasiado. Muchas veces los niños no descansan bien por estar demasiado arropados.

Como norma general, podríamos decir que basta con cubrir a los bebés con una capa más de la que llevemos nosotros puesta. El exceso de abrigo puede ser un problema mayor si dormimos con ellos, ya que el propio calor humano es muy efectivo a la hora de compensar el frío exterior. Recuerda que el exceso de abrigo también supone un riesgo de síndrome de muerte súbita del lactante en bebés menores de un año.

Junto a la temperatura de la habitación, la humedad relativa del ambiente es otro factor clave para el correcto descanso. La humedad relativa óptima oscila entre el 40 y 70 %. Si fuese necesario, haz uso de los humidificadores. Si no tuvieses ninguno, una solución casera consiste en colocar un recipiente de agua cerca de la calefacción para evitar que el ambiente se reseque.

— La ventilación: conviene ventilar la habitación 5 minutos justo antes de ir a dormir. Tanto si es invierno como verano, esto la refrescará y renovará el aire; la oxigenación del espacio favorece el descanso.

— La decoración: cuando tu hijo tenga la edad suficiente como para expresar sus gustos, déjale escoger los cuadros, el papel o el color de la pintura. Implicando al niño en este aspecto conseguimos que se sienta parte activa en la toma de decisiones y le creamos un sentimiento de propiedad respecto de su habitación y su propio entorno.

El problema es que se mueve muchísimo. Nos da patadas, se queja… Yo creo que pasa calor entre los dos y se despierta muchas veces.

....

Yo tengo todo el día la calefacción puesta, y por la noche duerme con un saco nórdico y una mantita. He pensado que puede tener calor y por eso se despierta de madrugada.

....

Si tiene calor, no dormirá bien. Yo lo que hago cuando el calor aprieta es poner el aire acondicionado un rato antes de acostarse, y cuando lo acuesto se lo apago, de manera que la habitación se ha refrescado. Por las noches dejo la ventana abierta para que entre aire.

2.2. Siestas regulares

El Dr. Marc Weissbluth, pediatra y profesor americano, ha dedicado muchos años al estudio del sueño infantil, a la importante influencia de las siestas y a la relación del momento en que se ponen los bebés a dormir con los despertares nocturnos. Sus trabajos e investigaciones fueron publicados en la prestigiosa revista *Sleep* en 1982. Su punto de referencia es la importancia del sueño durante el día, y para ello realizó durante siete años un estudio sobre el desarrollo y desaparición de las siestas. Además de su propia investigación, estudiada por pediatras en sus libros de texto, ha dado numerosas conferencias a grupos de padres y ha escrito varios libros destinados a ellos.

Sus conclusiones apuntan a que los padres podemos evitar problemas de sueño a largo plazo simplemente prestando atención a las necesidades de nuestros bebés, en especial durante los períodos diurnos. El plan requiere que los padres observen e identifiquen los ciclos naturales del sueño del bebé para después ayudarlo a reproducirlos.

En sus estudios se aboga por las siestas e irse a la cama temprano. Según este autor, los bebés que se mantienen despiertos hasta tarde para sintonizar su horario con el de los padres terminan pagando un alto precio.

2.2.1. Plan de siesta

Seleccionando ideas: abre tu **Guía Dormir Sin Llorar** y recopila las sugerencias que creas que puedan ajustarse a tu Plan de Sueño.

Para lograr un buen descanso diurno, tenemos que estar muy atentos a las muestras de cansancio y reproducir una rutina de «pre-siesta» con una serie de actividades relajantes que le anuncien que es la hora de descansar. Esta estrategia funcionará especialmente si se lleva a cabo de forma regular; esta rutina repetida en el tiempo condiciona al bebé y lo predispone para la llegada del descanso que necesita. Así, la esperará y cada vez le costará menos abandonarse al sueño.

Pongamos un ejemplo para una rutina de pre-siesta: después de la comida, podemos ofrecerle unos minutos de música relajante o darle un pequeño masaje, darle el pecho o ponerlo en el portabebés. Ahora puedes tomar nota de las siguientes ideas para lograr que las siestas sean regulares. Recuerda que no hace falta reproducirlas todas, será suficiente con que elijas poner en práctica aquella o aquellas que mejor se adapten a tus circunstancias concretas.

— Intenta acostarlo cuando percibas que se encuentra cansado y ayúdalo, si es necesario, a dormirse. Evita que se eche las siestas muy largas y seguidas. Entre dos y tres siestas al día con una duracion máxima de dos horas es suficiente. El tiempo y el número de siestas dependerán de la edad del bebé. Puedes encontrar más informacion sobre ellas en cada capítulo dedicado a cada grupo de edad.

—Agenda del sueño: recoge durante una semana sus rutinas y las horas a las que suele mostrar señales de sueño. Los bebés no hablan, pero con su lenguaje corporal se comunican con nosotros. Presta mucha atención a las señales que indican que tenemos ante nosotros a un bebé cansado. Los signos para comprobarlo son:

✓ Cuando sólo controlan la cabeza: bostezan, apartan la mirada y, si están en brazos, esconden la cara contra nuestro cuerpo.
✓ Cuando tienen control con los brazos: además de lo anterior, se frotan los ojos o se pasan las manos por la cara. Puede ocurrir que se tiren de las orejas o del pelo.
✓ Cuando ya gatean o andan: pierden la coordinación, se caen, tropiezan o se golpean con facilidad. También pueden presentar actividad frenética en la que parezca que luchen contra el sueño.

Tienes un cuadro-horario donde hacer estos registros en la p. 294 de la **Guía Dormir Sin Llorar.** Una vez identificadas las señales, es cuestión de adelantarse a ellas. El proceso de dormirlo debería estar en desarrollo antes de que los signos de cansancio se desplieguen por completo, ya que relajar a un niño demasiado cansado es una tarea más complicada. Reduce los estímulos externos como la luz, el ruido y la actividad, y ayúdalo a conciliar el sueño como más fácilmente lo consigas: brazos, pecho, tumbándote en la cama (así podrás aprovechar tú también para descansar), paseándolo en la mochila… El objetivo es ayudarlo a dormir regularmente. Una vez que hayas logrado que el bebé haga siestas regulares, si lo deseas, podrás trabajar en la retirada de los apoyos que has empleado.

— Calmar al bebé para dormir: susurrarle, mecerle, cantarle… La mayoría de los bebés responden a estas ayudas relajándose inmediatamente. Un pequeño sobrestimulado o con cólicos, sin embargo, puede requerir un esfuerzo más largo y otras técnicas más adecuadas a su situación concreta: usar un portabebés, pasearle en el carrito o dar una vuelta con el coche, entre otras.
— Ser constante y consecuente con los tiempos de las siestas y rutinas de antes de ir a dormir. No interrumpas el sueño para alimentarlo (salvo prescripción médica) o jugar con él. Intenta no mantenerlo levantado para adaptarlo a tu horario.

Mi hijo no dormía ninguna siesta, y lo conseguí colgándolo en un fular, ya que solo quería estar en brazos. Poco a poco lo fui dejando en una hamaquita (no se quería tumbar recto, necesitaba estar como acurrucadito) y hoy está durmiendo en su cuna. […] Una vez que consigas las siestas, verás que las noches mejoran. También yo lo acostaba muy tarde, y desde que lo acuesto sobre las 7.30-8, duerme más y mejor y está más tranquilo y de mejor humor.

....

Mi hija de 9 meses duerme siestas de 1 hora y media, 2 horas, incluso ¡¡alguna vez más!! Hemos hecho varios cambios: por la noche colechamos, y las siestas las hace también en nuestra cama; antes se dormía siempre en la teta, ahora son pocas las veces que lo hace, aunque yo sigo ofreciéndosela. La

A veces el problema es que el bebé duerme regularmente siestas, pero son muy cortas y no logran el efecto de descanso reparador que buscamos. He aquí algunas técnicas que te pueden servir de ayuda:

En ocasiones nos encontramos con siestas fuera de casa. Tener niños pequeños no es sinónimo de reclusión. Se puede encontrar un equilibrio entre las necesidades de sueño del pequeño y la vida social de los padres. Existen una serie de trucos que nos pueden ayudar a favorecer el sueño de las siestas fuera de su ámbito habitual; todos son igual de válidos, y según el lugar donde estemos, funcionarán unos u otros; también influye la edad del bebé. Es cuestión de probar y escoger lo que mejor funcione:

— En otra casa: si vas a comer o cenar a otra casa, en un ambiente más o menos similar al de tu hogar, sigue las mismas rutinas de sueño que utilices en casa a la hora de la siesta. Si hay mucho ruido u otros niños jugando alrededor, por ejemplo, retírate a alguna habitación un poco más tranquila y ofrécele el pecho, el biberón o mécelo en el carrito para ayudarlo a dormir.

— Al aire libre: si te encuentras de excursión, la solución más factible suele ser el carrito de paseo o un portabebés. En una mochila o pañuelo, el bebé se encuentra calentito y seguro. Además, el movimiento del porteo suele inducir al sueño.

— En un restaurante: cuando son pequeñitos, se suelen dormir en el pecho o tomando el biberón. Cuando son mayores, se distraen con todo y necesitan movimiento. Pueden funcionar los mismos trucos anteriores y también la típica escena de «salir con el carrito a dormirlo». Ten en cuenta que al encontrarse en un sitio nuevo, siente curiosidad por todo.

Al encontrarnos fuera de casa inmersos en una rutina distinta a la habitual, cabe la posibilidad de que los niños no quieran dormir. Debemos respetarlo. No conviertas el momento de la siesta en una lucha. Si después de intentarlo ves que no logra dormir, no pasa nada. Presta atención a sus muestras de cansancio y actúa en consecuencia, procurando que no se duerma a última hora de la tarde o, si está muy cansado, intenta adelantar la hora de irse a dormir por la noche. Ese día se improvisa, y al siguiente se intenta retomar la rutina.

2.2.2. Siestas y guardería

Lo ideal sería que la rutina de siestas de casa coincidiese con la de la guardería. Para ello, habla con las cuidadoras e infórmate de los horarios que siguen y ponte manos a la obra para acercarte a ellos progresivamente e intenta reproducirlos en casa al menos dos o tres semanas antes de que empiece el curso. Coméntales también los signos de sueño que manifiesta tu bebé cuando está cansado o estresado.

La presencia de un objeto familiar en un ambiente extraño puede reconfortar a tu bebé y hacer que se sienta seguro; se conocen como objetos o elementos de transición, y en realidad representan un sustitutivo de la figura materna.

Es obvio que lo mejor sería que el bebé estuviese cerca de su madre o cuidador primario y que ningún osito tuviese que sustituir a nadie, pero pueden sernos muy útiles cuando es inevitable la separación. Elige un peluche de sus favoritos. Llévalo debajo de tu ropa o duerme con él unos días para que tome tu olor corporal. Pon el peluche con vosotros siempre que estéis juntos. .

2.2.3. Siestas y viajes

Los viajes con niños implican organización. He aquí unas recomendaciones para que las siestas no se vean alteradas con el cambio de rutinas:

— Planifica: lleva un pequeño guión con el plan del día fuera de casa: comidas, siestas, visitas a museos aprovechando las siestas… No hay que ponerse nervioso si «los planes no salen bien»; al viajar, lo más importante es la flexibilidad y el buen humor.

— Dormir en ruta: resulta realmente práctico aprovechar las siestas que hacen los pequeños para adelantar camino en el coche, en el tren o en el avión. Hay que intentar, en la medida de lo posible, que el viaje coincida con la hora a la que nuestro bebé duerme su siesta. Si va a ser un viaje largo, aprovecha la noche.

Si las vacaciones consisten en distintas rutas por carretera, es ideal moverse de un punto a otro en el momento de las siestas. Si sigues este consejo, ten en cuenta que sólo es válido para bebés que están a gusto en el coche, es decir, que son capaces de permanecer sentados sin protestar al menos durante media hora. Para que se duerma nada más arrancar el motor, habrá que prever que esté comido, cambiado, cómodo y que la hora de salida sea la misma a la que habitualmente se duerme en casa.

Para los desplazamientos en avión, son útiles los mismos consejos que para viajar en coche. Es interesante conocer si la compañía con la que viajamos ofrece cunita en los vuelos. Si es así, anticípate, porque hay pocas, y elige tu asiento lo más cerca posible a la zona donde se colocan. Si no disponen de cunas, solicita los asientos que te permitan tumbarlo sobre tus piernas durante el vuelo.

- El *jet lag:* es un trastorno que se da cuando alteramos nuestro ritmo circadiano al viajar a un país con un horario diferente al nuestro. Los bebés y los niños también lo sufren. Para ayudarlos a superarlo, recogemos algunos consejos:
  — Cambia la hora del reloj con el nuevo huso horario en cuanto subas al avión.
  — Intenta que descanse tumbado (en la cuna si se tiene o sobre tus piernas).
  — Ofrécele mucha agua; los viajes en avión favorecen la deshidratación del organismo.
  — Al llegar al destino y comenzar con el viaje, pasea sin excesos. Lo más efectivo para combatir el *jet lag* y poner en hora nuestros biorritmos es la luz solar.

Para los pequeños, el descanso es una necesidad vital. Déjale dormir si lo necesita, despiértale si la siesta se alarga más de tres horas o distráele para evitar que se duerma si faltan dos horas para ir a la cama. En caso necesario, adelanta o atrasa un poquito la hora de dormir. Obsérvalo, te marcará el camino.

— En el hotel: si el hotel no dispone de persianas y el bebé se despierta al amanecer, no está de más tener en cuenta este truco rescatado de nuestro Foro: «Lo primero que me vino a la cabeza cuando compré los billetes de avión fue el tema de las cortinas y/o persianas… Al final decidí llevar unas cartulinas negras para pegarlas en la ventana, lo probé y funcionó». También nos puede hacer el mismo servicio un rollo de papel de aluminio y cinta adhesiva.

— Siestas en la calle: lo normal cuando se viaja, especialmente si se visitan lugares nuevos, es pasar el día fuera para aprovechar al máximo el tiempo. En estos casos, tu bebé tendrá que dormir la siesta en la calle. Habrá que organizar la agenda diaria y disponer con antelación de la información sobre horarios de museos, iglesias, catedrales, etc. y formas de traslado. La visita a lugares más tranquilos como parques, museos… hazlas en el horario de siesta para facilitarle el descanso.

Si el carrito te supone un engorro, usa un portabebés o mochila. Esta última resultará una gran aliada; recuerda que nuestros pequeños conservan mucho de nuestros ancestros nómadas, y con el vaivén de las caderas al andar se duermen con gran facilidad.

2.3. Rutinas de buenas noches

Los bebés adoran la previsibilidad y aprenden con la repetición. Cuando viven diariamente una serie de acciones antes de ir a dormir, las incorporan, y en poco tiempo reconocen que se acerca la hora de descansar predisponiéndose a ello. Las rutinas no han ser cuadriculadas al minuto, pueden ser más o menos flexibles, pero ten claro que serán siempre más efectivas si tu bebé no está demasiado cansado, y que deberán resultarte cómodas. Recuerda que si te funcionan perdurarán en tu día a día mucho tiempo.

Quiero animaros a todas a que sigáis intentando todo lo que creáis que le va bien a vuestros bebés. Todo ha sido producto de establecer una rutina muy estable y de conseguir que duerma bien las siestas.

Recuerda: **rutina, siestas** y **ambiente** son el ABC de un buen sueño nocturno. Dentro de la rutina se puede incluir perfectamente todo lo que se haga habitualmente antes de irse a la cama. Sólo hay una regla de obligado cumplimiento: la rutina de «buenas noches» debe ser **relajante y tranquila.** Establece una hora fija para irse a la cama y un orden predecible de los acontecimientos. El momento ideal para acostar a un bebé o a un niño es media hora antes de que empiece a mostrar signos de sueño. Si algún día se hace tarde, no pasa nada. Intenta seguir todos los pasos acortándolos o saltándote alguno intermedio.

He estado buscando la mejor rutina mucho tiempo. Soy muy mala para seguir rutinas, y me costó mucho conseguirlo. No me iban los baños a última hora ni los masajes con poca ropa porque en invierno me parece que no son del todo agradables. Pero poco a poco los fui descubriendo y me ayudaron bastante.

Coger el sueño no es problema, tenemos una rutina muy establecida en la que aunque ya toma algún sólido, le sigo dando un poco de biberón después porque creo que esto le gusta y lo relaja, después estamos abrazados un rato, no está dormido aún, pero sí relajado y tranquilo en mis brazos. Lo llevo a su cuna, siempre sin luz, en la misma posición, y allí lo acompaño hasta que coge el sueño, no suele tardar más de 15-20 minutos. Y no me importa acompañarlo durante ese rato y que se duerma acompañado, relajado y sabiendo que su papá/mamá está con él. Si se queda solito llora desesperadamente, algo que no estamos de acuerdo en permitir ni mi marido ni yo.

Cuanto más afecto y ternura pongas, mejor. De esta forma, el ritual de buenas noches también será un tiempo especial, y además lograremos que su descanso sea sereno, ya que el último recuerdo que guardará del día será muy agradable.

Dado que la rutina es un pilar básico para lograr el éxito en nuestro propósito, mejorar el sueño de tu hijo, sabiendo que ésta cambiará y se irá modificando al mismo tiempo que el niño crezca, dedicaremos un capítulo especial con ideas y trucos para cada grupo de edad. Encontrarás ayuda y sugerencias para crear tu rutina perfecta adecuada a la edad de tu bebé en siguientes capítulos.

Capítulo 3
Bebés de 0 a 3 meses

Si tu bebé tiene:
—de 4 a 7 meses, sigue leyendo a partir de la p. 91.
—de 8 a 12 meses, sigue leyendo a partir de la p. 113.
—de 1 a 2 años, sigue leyendo a partir de la p. 145.
—de 2 a 3 años, sigue leyendo a partir de la p. 169.
—más de 3 años, sigue leyendo a partir de la p. 193.

Si estás leyendo este libro en este momento, con el pequeño recién llegado, puede ser por dos motivos: te estás informando para prevenir futuros «problemas» de sueño o tu bebé no duerme como esperabas. En este capítulo, analizaremos cómo es el sueño de los recién nacidos, qué retos impiden que un bebé duerma y ofreceremos los trucos más utilizados para superar esta primera etapa con éxito.

Justo después de dar a luz, los objetivos inmediatos suelen estar claros: recuperarse del parto, descansar lo que nuestras posibilidades nos permitan e ir conociendo a nuestro bebé poco a poco y adaptarnos a sus necesidades. No es imposible. Si te dejas guiar por tu instinto y recibes ayuda de tu entorno, podrás descansar a la vez que te recuperas y vas conociendo a tu bebé.

3.1. ¿Cómo duermen los recién nacidos?

Es de vital importancia conocer cómo es el sueño de los recién nacidos, ya que muchas veces está cargado de mitos compartidos en forma
de consejos bienintencionados de personas cercanas, que en muchas
ocasiones ni recuerdan o incluso ni saben lo que es tener a su cuidado
a un bebé de días. Contrariamente a lo que se cree, los bebés llegan al
mundo sabiendo dormir. De hecho, es algo que ya hacen en la barriga
de su madre meses antes de nacer sin que nadie les enseñe.[1] El concepto «enseñar a dormir» usado por las corrientes conductistas es algo
inexacto porque no se puede «enseñar» antes de tiempo una habilidad
madurativa. De la misma forma que no podemos entrenar a un bebé de
tres meses para que eche a andar, la capacidad de dormir toda la noche
también depende de una compleja maduración que se asienta en pilares
biológicos que, a su vez, está modulada por factores ecológicos, psico-
lógicos y sociales, que se irán asentando poco a poco a medida que el
bebé o niño crece.

*Mi consejo es que no te agobies. Tu bebé acaba de llegar y a ti
te quedan aún muchos días de permiso para ir conociéndoos.
Poco a poco irá cambiando, y tú sabrás ver lo que necesita. No
lo dejes llorar e ignora los consejos que no te convenzan. Confía
en ti y en tu instinto, eso será lo que más te ayudará.*

En este sentido, es esperanzador conocer el siguiente dato: los recién
nacidos pueden llegar a dormir de 14 a 18 horas diarias dependiendo del
temperamento de cada uno pero estas horas no son ininterrumpidas.[2]

1. Schwab, K., Groh, T., Schwab, M., & Witte, H. (2009). Nonlinear analysis and
   modeling of cortical activation and deactivation patterns in the immature fetal
   electrocorticogram. *Chaos: An Interdisciplinary Journal of Nonlinear Science*, 19(1),
   15111.
2. Iglowstein, I., Jenni, O. G., Molinari, L., & Largo, R. H. (2003). Sleep duration
   from infancy to adolescence: Reference values and generational trends. *Pediatrics*,
   111(2), 302-307. https://doi.org/10.1542/peds.111.2.302

Es importante conocer las necesidades que tienen los bebés, ya que su sueño y sus períodos de vigilia tendrán que adaptarse a ellas. Así, una de las características más destacables es que su ritmo de descanso es **ultradiano** –duermen tanto de día como de noche– y **polisecuencial** –descansan en pequeñas cabezaditas–. Como todavía no distinguen el día de la noche, las necesidades enumeradas a continuación precisarán ser satisfechas cuando el bebé lo pida, a demanda.

Necesitan comer frecuentemente: de este modo, evitan hipoglucemias (bajadas de azúcar), crecen e instauran correctamente la lactancia materna. Esta necesidad es aplicable tanto a la leche materna como a la alimentación artificial. Normalmente se calcula que realizan de 8 a 12 tomas o tetadas durante las 24 horas del día y que el tiempo transcurrido entre toma y toma no debe superar las 4 o 5 horas.

Hacen siestas cortas y frecuentes, y el resto del tiempo que están despiertos generalmente están comiendo. La principal razón de estas pequeñas siestas durante todo el día es la presencia en los bebés de un ritmo de sueño con tres fases: una de sueño activo, en la que se mueven, gruñen y hacen ruiditos dormidos, que cuando madure dará lugar a la fase REM. Es importante conocer este tipo de sueño para evitar despertar al bebé e interrumpir esta fase. Otra de sueño tranquilo, que madurará a sueño nREM. Y otra de sueño indeterminado que no se puede clasificar en ninguna de las anteriores. Estas fases duran entre 50-60 min., por eso se suelen despertar cada hora más o menos. Es una manera de asegurarse el alimento y la protección que necesitan.

> *Recuerdo una noche que estuvo toda la noche despierto… Se ponía a mamar, se estaba 1 hora o más, y cuando parecía que se había dormido, lo quitaba del pecho y lo tumbaba en su cuna… Se ponía a llorar y así toooda la noche… No lo entendía, pensaba que tenía hambre…* **Y lo único que me pedía era estar con mamá…**

Necesitan sentirse seguros manteniendo la alerta de un cuidador: es básico para garantizar su supervivencia. Nuestros bebés son exactamente iguales que los bebés que vivieron en la edad de piedra en medio de la naturaleza salvaje, por ejemplo, y todos luchan por su supervivencia de la misma manera: manteniendo una actitud de alerta continua y asegurándose constantemente de que su cuidador está con él.

Necesitan desarrollar la mente y madurar: somos el animal más inteligente del planeta, pero nadie lo diría cuando ve la vulnerabilidad de un recién nacido. Mucho antes de nacer ya empezamos a desarrollar nuestra capacidad cognitiva creando conexiones entre nuestras neuronas. Los recién nacidos lo hacen incluso dormidos. El sueño ligero que presentan les permite que su actividad cerebral prosiga y de esta forma continúe creando conexiones neuronales. Debido a ello, el tipo de ondas cerebrales que predominan en su descanso y en mayor cantidad que en un adulto son las REM, dado que en esta fase de *sueño ligero* es cuando se integran los pensamientos y las experiencias vividas. Un recién nacido tiene mucha información que procesar a nivel cognitivo, y lo hace mientras duerme.

Los adultos tenemos más fases de sueño lento a lo largo de una noche, lo que nos permite descansar físicamente. Los recién nacidos, sin embargo, no se cansan de la misma manera, así que priorizan el sueño ligero para que éste les permita organizar las experiencias vividas, a la vez que sus conexiones neuronales se multiplican a cada minuto.

Otra característica de dormir en fase REM es que ante el menor cambio ambiental se despertarán. Es algo similar a una alerta constante ante posibles amenazas.

Seleccionando ideas: abre tu **Guía Dormir Sin Llorar** y recopila las ideas y trucos que creas que puedan ajustarse a tu vida para ir dando forma a tu Plan de Sueño.

3.2. Consejos básicos para dormir a un bebé de 0 a 3 meses

Generalmente, los bebés pequeños duermen sin dificultad cuando sus necesidades básicas están cubiertas. Estas necesidades básicas son:

— Ha comido y está saciado.

— Está limpio.

— Su necesidad de contacto está satisfecha (brazos y mimos).

— Se siente seguro.

A estas edades tan tempranas no tienen memoria como para relacionar hábitos, y es seguro que si lloran y no duermen es porque tienen alguna necesidad sin cubrir: no tienen sueño, les pasa algo o tienen alguna molestia (calor, frío…). También puede suceder que el bebé se encuentre sobreestimulado y este exceso de estrés le impida conciliar el sueño.

A lo largo de este capítulo ofreceremos ideas y trucos, algunos incluso ancestrales, que pueden convertirse para ti en una herramienta muy apropiada para establecer una buena relación con el sueño de tu bebé desde el primer día.

Prueba nuestras ideas básicas: sin ellas no hay garantías de que el Plan de Sueño funcione. Intenta llevarlas a la práctica en la medida de lo posible, según tus circunstancias y situación personal.

3.2.1. Aceptar el cambio que supone tener un bebé

Parece evidente, pero no es tan fácil. Los bebés ofrecen muchos momentos buenos, quizá los mejores de la vida, pero también es cierto que su llegada implica un cambio importante en la vida de los padres. Hay que asumir que a partir del día que decides tener un hijo, nada será igual. Nosotros, como responsables de ese cambio voluntario, tenemos que poner las herramientas y las ganas para adaptarnos a esta nueva etapa de nuestra vida. No, no se puede seguir con «la vida de antes», pero sí se puede encontrar un equilibrio. De hecho, algunos padres hasta repetimos ¡y tenemos más hijos!

Tengo una bebé de apenas un mes de vida, pero el progreso que ha ido teniendo en cuanto al sueño ha sido hacia atrás. Al principio, pedía cada 4 horas por el día, y por las noches me llegaba a aguantar 6 horas del tirón. Dicen que a esta

3.2.2. Observar al bebé para crear una rutina y facilitar las siestas

Los bebés duermen cuando lo necesitan. Es lo más sencillo. El sueño es igual que la alimentación, debemos adaptarnos a sus necesidades. Eso es a demanda. Recomendamos que se respete su sueño y se evite despertarlo siempre que se pueda. No lograremos hacer dormir a un bebé que no tiene sueño, y si atendemos sus necesidades de descanso demasiado tarde, lo único que conseguiremos es un bebé sobrepasado que no podrá dormirse sin llorar a consecuencia del cansancio acumulado. Recordemos que su sistema nervioso es inmaduro y se sobrecargan con facilidad.

Observando al bebé: ve a la Guía **Dormir Sin Llorar**, donde encontrarás el Diario del Bebé y una tabla horaria. Anota el día a día de tu bebé, y cuando esté acabada, obsérvala detenidamente y extrae tus conclusiones.

Anota durante una o dos semanas todo lo que haga: si duerme, si está tranquilo, si llora, si come… Las primeras semanas del bebé van a ser caóticas, sin ningún orden aparente… Pero cuando tengas relleno el cuadro horario, descubrirás que dentro de ese caos puede que exista un orden y que tu hijo suele echarse una cabezadita más o menos sobre las mismas horas. Eso os ayudará a coger el ritmo y a ajustaros mutuamente.

Utiliza la información recabada para determinar las horas a las que tu bebé suele dormir y pon los medios necesarios para que así sea; son los cimientos de su descanso diurno. Observa también cuáles son las acciones que más le relajan para usarlas en su futura rutina de buenas noches. Si no ves ningún patrón, no te preocupes, es normal los primeros meses y te puede ayudar ofrecerle dormir una siesta cada dos horas aproximadamente. Estos tres primeros meses son de ajuste, vuestra prioridad es conoceros.

3.2.3. *A priori*, siempre es mejor la lactancia materna

Recientemente se ha demostrado en varios estudios la relación de la lactancia materna con los patrones de sueño de los bebés. El simple hecho de succionar ya es un efectivo relajante inductor del sueño: ésa es la razón por la que se inventaron los chupetes, que reemplazan el pecho de la madre cuando los bebés son alimentados de manera artificial.

Desde hace un par de décadas, la leche materna es objeto de investigación, especialmente por las casas comerciales en un intento de asemejar las fórmulas de leche en polvo a la leche humana.[3]

 Aunque no alimentes a tu bebé con el pecho, te recomendamos la lectura de este apartado porque puedes aprove-

---

3. Cubero, J., Moratinos, A. B. R., Rivero, M., Original, C. B., Rodríguez Moratinos, A. B., & Barriga, C. (2009). Crononutrición: el rol del aminoácido triptófano en las leches para lactantes como inductor del sueño. *Revista Española de Nutrición Comunitaria = Spanish Journal of Community Nutrition*, 15(2), 66-70. https://dialnet.unirioja.es/servlet/articulo?codigo=3125015&info=resumen&idioma=SPA

char algunas claves y porque, si lo deseas, es posible volver a lactar con poco esfuerzo mediante relactación o *lactancia inducida*[4] al tratarse de un bebé de pocas semanas de vida.

Se sabe que la leche materna es un cronobiótico que cambia su composición y contiene niveles variables de L-triptófano según la hora del día; este aminoácido es fundamental para consolidar el ritmo circadiano de vigilia-sueño porque es el precursor de la melatonina, hormona inductora del sueño que en nuestro organismo presenta cambios en su secreción diaria, siendo sus niveles máximos durante los períodos de oscuridad, y mínimos, en los luminosos.

Las conclusiones de este estudio llegan tras llevar a cabo un análisis de muestras de leche materna y de orina procedente de los pequeños que evidencian el importante papel del L-triptófano a la hora de que los bebés mantengan un ciclo estable de sueño y de actividad.[5] Este descubrimiento fue tan interesante que algunas leches artificiales lo añadieron con estas variaciones de concentración a sus fórmulas en un intento de imitar la leche humana completa y así intentar favorecer el sueño del bebé gracias a la presencia de este tipo de moléculas, misión que será todo un reto, ya que nuevos estudios han constatado que no sólo varía la concentración de l-tritópfano, sino que a través de la leche materna también hay una comunicación química que le indica al bebé que se está acercando la noche, variando la concentración de melatonina y cortisol entre otras moléculas.[6]

En otro estudio se observó que los bebés que mamaban de forma vigorosa presentaban un mejor sueño que los bebés que se alimentaron

---

4. Más información sobre el proceso de la lactancia inducida o relactación: https://iris.who.int/bitstream/handle/10665/68952/WHO_CHS_CAH_98.14_spa.pdf?sequence=1
5. Cubero Juánez, J. (2004). Triptófano, melatonina y ritmos de actividad/inactividad en animales diurnos y niños lactantes: Fagocitosis y metabolismo oxidativo. Recuperado de https://dialnet.unirioja.es/servlet/tesis?codigo=183&info=resumen&idioma=SPA
6. Hahn-Holbrook, J., Saxbe, D., Bixby, C., Steele, C., & Glynn, L. (2019). Human milk as «chrononutrition»: implications for child health and development. *Pediatric Research,* 85(7), 936-942. https://doi.org/10.1038/s41390-019-0368-x

con biberón.[7] Se sospecha que es por el esfuerzo físico que hace el bebé para mamar. La leche materna no fluye del pecho de la misma manera que la del biberón; para extraerla, el bebé debe hacer una coreografía de complejos movimientos de ordeñe, mientras que con el biberón únicamente hay que tragar sin una succión tan compleja.

Pero eso no es todo: la lactancia materna también tiene la particularidad de favorecer al mismo tiempo el descanso de la mamá, ya que la oxitocina –hormona responsable, junto con la prolactina de la lactogénesis (creación de leche)– también favorece la relajación y el sueño de la madre–. Una revisión concluyó que la lactancia materna en el contexto del colecho resulta en más minutos de sueño en las madres.[8] Otra ventaja que se da es que las diversas hormonas implicadas en la lactogénesis las compensan con más minutos de sueño profundo.[9]

3.2.4. ¿Que el bebé se duerma sin ayuda?

En muchas ocasiones, muchos bebés se quedan dormidos en nuestros brazos, y cuando los dejamos en su cunita se despiertan sobresaltados. En nuestro Foro conocemos muy bien este comportamiento, incluso hemos acuñado un término para explicar esa incapacidad o dificultad que presentan muchos pequeños para quedarse dormidos plácidamente en otro sitio. Si tu hijo presenta *el síndrome de la cuna con pinchos*, puede ser debido a que estés intentado desesperadamente que consiga el sueño autónomo. Es el consejo estrella de multitud de manuales y expertos para dormir bebés. Parece ser que si ahora logras que tu pequeño se quede dormido sin apoyos (meciendo, mamando,

---

7. Debré, R., & Doumic, A. (1969). *Le sommeil de l'enfant.* Presses Universitaires de France.

8. Srimoragot, M., Hershberger, P. E., Park, C., Hernandez, T. L., & Izci Balserak, B. (2023). Infant feeding type and maternal sleep during the postpartum period: a systematic review and meta-analysis. *Journal of Sleep Research,* 32(2), e13625. https://doi.org/10.1111/JSR.13625

9. Nishihara, K., Horiuchi, S., Eto, H., Uchida, S., & Honda, M. (2004). Delta and theta power spectra of night sleep EEG are higher in breast-feeding mothers than in non-pregnant women. *Neuroscience Letters,* 368(2), 216-220. https://doi.org/10.1016/j.neulet.2004.07.021

comiendo, con un chupete, etc.), las noches van a ser largas y tranquilas para siempre.

Los consejos que abundan de parte de expertos y de *coaches* del sueño en las redes sociales prohíben que el bebé se quede dormido mamando, tomando su biberón, con tu presencia o acunado en tus brazos (misión casi imposible a no ser que le dediques mucha atención al asunto y abortes cada pestañeo del pequeño).

Puede que lo logres temporalmente con un bebé recién nacido, pero, una vez más, la experiencia nos ha demostrado que no es tan fácil. Tiene que haber un motivo por el que las crías de los mamíferos (grupo en el que nos encontramos los humanos) se queden tan fácilmente dormidas en contacto a quienes las cuidan. Dediquémosles unas líneas, ya que un consejo como éste puede generar angustia y sensación de culpa al responsabilizar de las malas noches a los padres por hacer lo que la humanidad lleva haciendo desde el inicio de los tiempos y en todos los lugares del mundo.

El argumento estrella que esgrimen los profesionales que están en contra del sueño acompañado es que los fetos son capaces de dormir «sin ayuda» dentro del útero, y achacan los problemas de sueño que presentan algunos a esa *mala costumbre* que tienen los padres de acunar o mecer a sus hijos, ya que con ello *desaprenden* su modo normal de dormirse de cuando estaban en la barriga materna. Dicho así podría parecer lógico, pero no es tan simple: en esta afirmación tan categórica no se ha tenido en cuenta que un bebé in-útero no está solo. Precisamente está dentro de él sintiendo a su madre constantemente: su voz, su respiración, su corazón. Tampoco está quieto, está claro que las mujeres embarazadas no nos balanceamos ni movemos las caderas para dormir a nuestros bebés en formación, como señala Estivill[10], por supuesto que no, pero sí caminamos, subimos y bajamos escaleras, conducimos y nos movemos mientras hacemos nuestras actividades, provocando, sin darnos cuenta, un suave arrorró durante los 9 meses de gestación. Esos bebés *que no desaprenden* lo que conocían antes de nacer son justo los que necesitan dormirse en brazos, ya que con ello intentan reproducir la sensación que han experimentado durante su vida intrauterina, que no tiene nada en común con una cuna fría, silenciosa y estática.

---

10. Estivill, E. (2012). *¡A dormir!* Plaza y Janés.

> *Cuando nació mi segundo hijo, la primera sorpresa mayúscula que nos dio es que ¡sabía dormirse solo! Sin ayuda de ningún tipo. Así que me dije… Ésta es la mía, lo voy a dejar hacer. Y lo dejé hacer. Yo lo dejaba en la cuna, cogía postura, iba cerrando los ojitos y listo.*
>
> *Hasta los tres meses. Y plas… Cambió de patrón de sueño totalmente. Comenzaron los despertares, empezó a no dormirse solo. Cambió.*
>
> *No creo haber hecho nada activamente para que esto sucediera, de verdad. Sucedió. No creo que yo lo ayudara a desaprender. Simplemente cambió de patrón, cambió él.*

También algunos estudios relacionan el *automecimiento brusco* (niños o bebés más grandes que se balancean violentamente o que golpean su cabeza repetidamente contra la almohada o cabezal de la cuna para dormirse) con la conducta aprendida a raíz del acunamiento de sus padres en sus primeros meses de vida.[11]

Paradójicamente, la comunidad científica dispone de evidencias y bibliografía que relacionan estas acciones repetitivas justo con lo contrario: con la falta de contacto, carencias afectivas importantes y ansiedad, identificadas en un alto porcentaje en niños internados en orfanatos que tristemente no han tenido a nadie que les meciera y que seguro que saben dormirse solos desde el primer día.[12], [13] Este consejo que insta a no intervenir para ayudar a dormir al bebé es muy desafortunado, puesto que si se toma al pie de la letra, se corre el riesgo de entrar en una batalla absurda. *Un recién nacido que se duerme en brazos mientras come y la madre le despierta a propósito porque tal experto ha dicho que se tiene que dormir sin ayuda sólo nos llevará a un bebé nervioso, en alerta y que ya no se dormirá. Si la madre no le vuelve a dar el pecho ni lo*

11. Estivill, E. (2012). *¡A dormir!* Plaza y Janés.
12. Taylor, S. E. (2002). *Lazos vitales: De cómo el cuidado y el afecto son esenciales para nuestras vidas* (pp. 60-61). Taurus, pp. 60-61.
13. Martínez, D. L. (2001). *Body rocking as an indicator of disordered attachment in internationally adopted children.* University of Hartford.

acuna por miedo a que tenga trastornos del sueño o a que nunca sea capaz de dormirse por sus medios por su culpa, sólo conseguirá un bebé irascible y cansado.

No decimos que no se intente dejar al bebé en su moisés después de comer para ver si se duerme solo. Es algo que todos los padres hemos probado en los primeros días de vida. Si funciona, ¡estupendo!, disfrútalo mientras dure. Si no funciona, el mensaje que has de interiorizar es: no pasa nada. *No es por mi culpa.*

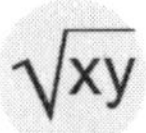 Los resultados obtenidos con nuestra encuesta sobre la forma en la que los padres duermen a sus bebés de 0 a 3 meses nos muestran que un 81 % se duerme con la ayuda de sus padres, frente a sólo un 6 % que es capaz de hacerlo sin ningún tipo de estímulo parental.

En conclusión: una inmensa mayoría de bebés se duerme en brazos, mamando, tomando el biberón o en contacto con sus padres. Esta regla de poner a dormir y dejar que lo haga sin ayuda puede generar estrés y frustración porque no siempre funciona. No puede ser tan simple y que la humanidad entera esté equivocada: los bebés del mundo que duermen en la espalda de sus madres o hermanas, mecidos por el movimiento mientras ellas trabajan en el campo, ¿están malacostumbrados? Los bebés del Amazonas que cuelgan de hamacas, los cestos que se usan en Asia para mecer a los bebés o las cunas suspendidas del techo en las casas rurales de Argelia… ¿son errores de la humanidad?

Y qué decir de todos esos *cachivaches* que llenan las tiendas de puericultura destinados a imitar los amorosos brazos de los padres: el osito con sonidos intrauterinos, la hamaca que mece y balancea como unos brazos de verdad, las gandulitas, los moisés… ¡con balancín!

¿No será más bien que hemos ingeniado todos estos artilugios justo para poder satisfacer la demanda natural de brazos de los bebés? Todo el mundo sabe que los bebés quieren estar en brazos. Ahí encuentran el calor y la contención que conocen y en ellos también sienten el movimiento y el sonido de la voz y el corazón que les ha acunado siempre, desde el primer día de su existencia.

Las estrategias que de verdad nos ayudan a dormir a los pequeños de una forma rápida y efectiva a esta edad consisten en reproducir el ambiente que conocen (el útero). Esto les proporciona tranquilidad y seguridad.

Veamos los trucos más usados por las mamás para evitar el «síndrome de la cuna con pinchos».

> *Los bebés en el útero duermen permanentemente mecidos, con una temperatura estable y en un entorno suave y ruidoso. Luego nacen y queremos que duerman en un moisés frío, inmóvil y en silencio. ¿Por qué en brazos sí? Evidentemente porque es lo que más se parece al útero. ¿Por qué en el coche de paseo también? Porque al menos está en movimiento y se oyen ruidos.*
>
> *Por tanto, el moisés no tiene pinchos, pero sí falta de calor humano. Además, el sueño de los bebés tan pequeños casi nunca es suficientemente profundo como para que no noten que los estás soltando. Así que para encontrar una solución, habrá que mejorar el entorno y el procedimiento.*

3.2.5. Estrategias para dormir a un bebé de 0 a 3 meses

Usa diferentes técnicas y comparte las noches: ve alternando la forma en que lo duermes, y cuenta con la ayuda de tu pareja u otra persona para que también acompañen al bebé.

Es uno de los mejores consejos que se puede dar. No sólo le estás facilitando el sueño al pequeño al poner a su disposición diferentes técnicas para dormirse, sino que te estás asegurando una ayuda ideal en su crianza si logras que al menos otra persona también esté capacitada para dormirlo.

Lo único que necesita un bebé recién nacido para dormirse es experimentar las condiciones que conoce. El sueño intrauterino y el de un recién llegado es exactamente igual. Las condiciones que favorecen el sueño de los recién nacidos son:

Calidez: *estudia detenidamente la temperatura del entorno, que no haga demasiado frío ni demasiado calor.* Si deseas que duerma en su cuna o moisés, antes de acostarlo puedes atemperar la cuna con una bolsa de agua caliente, cojín de semillas o similar. Hay que prestar especial atención a su temperatura, ya que es muy importante que no queme, sólo queremos templar el espacio. Coloca la bolsa sobre el colchón mientras mantienes a tu bebé en brazos, y cuando lo vayas a dejar en la cuna, comprueba la temperatura con tu brazo desnudo antes de acostarlo. No dejes nunca al bebé junto a la fuente de calor. En estos casos, también va bien usar una sábana bajera de franela, mucho más calentita que la de algodón.

No sólo hay que tener precaución para que el bebé no se enfríe, también hay que tener cuidado con el exceso de calor.[14] Si lo abrigas demasiado, conseguirás el efecto contrario. Para dormir necesitamos un ambiente fresco, que la habitación no supere los 21 ºC y no llevar demasiada ropa. Muchas veces se tiende a tapar más de la cuenta a los bebés. Para detectar si tu hijo está sobreabrigado, basta con tocarle las orejas y los dedos: si están rojos y sudorosos, está acalorado y es necesario quitarle abrigo.

Contención, envolver: si se duerme en tus brazos y nada más tumbarlo en la cuna se despierta sobresaltado, prueba a envolverlo con un arrullo y acostarlo de esa manera. Dale de mamar o el biberón sobre su arrullo para que así cuando se quede dormido y lo dejes en la cuna, siga teniendo el mismo tacto por debajo y el mismo olor a mamá y a leche.

Eso sí, con los calores del verano a veces es imposible hacer esto o hay que recurrir a un arrullo de algodón o gasa más fresco.

A muchos bebés les gusta estar envueltos. Se sienten protegidos y seguros porque les recuerda la protección y sensación de abrazo del útero materno. Muchos se desplazan a una esquina del moisés o de la cuna y duermen apretados contra ella como lo hacían dentro de tu barriga con la cabeza entre los huesos pélvicos.

---

14. Además, el exceso de calor es un factor de riesgo para el síndrome de la muerte súbita del lactante.

Un envoltorio ajustado evita que se golpeen y que se despierten con sus propios movimientos. Recuerda que en este apartado nos referimos a envolver al bebé con un arrullo o similar que le haga sentirse protegido, siempre respetando su posición natural. Si muestra signos de incomodidad, llora, suda, o descansa peor, no lo envuelvas. Toma este consejo con cautela, no sirve para todos los bebés, y recomendamos que si tu pequeño tiene el reflejo de moro muy intenso o este perdura más allá del tercer mes, consultes con un fisioterapeuta pediátrico.

Mi bebé tiene 4 meses. Desde que nació lo envuelvo para dormir y ha dormido perfecto, pero hace unos días dejé de envolverlo porque veo que se mueve más y ahora se despierta cada hora por el movimiento de sus brazos. ¿Qué puedo hacer? ¿Seguir envolviéndolo? ¿Hasta cuándo es bueno envolverlos?

Para saber más sobre la técnica de envolver a tu bebé correctamente y con seguridad, ve a la p. 81 y lee el punto **3.3.1.1. Técnica para envolver al bebé**. Luego regresa a este punto.

Llévalo en brazos siempre que puedas: puede que sea uno de los mejores trucos que te podemos ofrecer para un bebé recién nacido. No temas *acostumbrarle* a estar en brazos, garantizamos que ya viene acostumbrado de «de serie», constantemente mecido cuando estaba dentro de ti. Además, si lo que le tranquiliza es estar en tus brazos, no hay razón, por mucho que haya quien opine lo contrario, para no hacerlo. Para ello volvemos a aconsejar el uso de los portabebés, que favorecen el contacto continuo, facilitan el amamantamiento y hacen que tu bebé se sienta seguro a tu lado. **Un recién nacido que está con su madre no necesita nada más.**

Hay modelos de portabebés que se pueden utilizar desde el nacimiento. No sirve cualquiera, sino uno que emule el útero materno, que le provea de un espacio apropiado y una postura conocida (por los 9 meses que se ha pasado en un lugar calentito, recogido y escuchando el ritmo de tu corazón). Resultan muy apropiados los fulares, que son unos trozos de tela de unos 4 metros que se anudan al cuerpo de la madre y permiten distintas posiciones. También existen los *pouches,* que tienen forma de cuna. Otra opción es usar una mochila ergonómica, en vertical, que respete la posición correcta de sus piernas y caderas. Estas últimas son especialmente útiles si el bebé padece cólicos.

Calma: relájate con tu bebé. Éste es un ejercicio que puedes hacer cada día, os sentará muy bien a los dos. Resérvate media hora de relax. Prueba a echarte con él o cogerlo en tus brazos y respira pausadamente mientras te dejas llevar y relajas todos los músculos de tu cuerpo uno a uno. Pon música suave, piensa en bienestar, así también lo hará él.

Movimiento: mécelo. Tampoco falla. Son pocos los bebés que se resisten al sueño cuando son mecidos. Ni es perjudicial ni se malacostumbran. De hecho, más bien sucede el efecto contrario: ¡los bebés ya nacen acostumbrados a ese movimiento! Por eso les gusta y les relaja tanto.

Ayúdalo a diferenciar noche-día: algunos bebés, especialmente a esta temprana edad, tienen el sueño cambiado, es decir, que duermen mucho durante el día y poco por la noche. Esta alteración se debe a que todavía no han adquirido el ritmo circadiano que tenemos los adultos. Un recién nacido llevaba 9 meses en tu barriga sin este tipo de estímulos y ahora necesitará algo de tiempo para adecuarse a las normas sociales de sueño de la Europa del siglo XXI.[15]

Para ayudarlo a diferenciar el día de la noche y más adelante poder organizar períodos de sueño más prolongados durante la noche, sal con tu hijo a pasear a diario e intenta, cuando le atiendas en horas nocturnas, no estimularlo. Si crees que es necesario hablarle, hazlo bajito y únicamente lo que consideres imprescindible, y no enciendas luces fuertes. Las bombillas anaranjadas con poca intensidad que imiten el tono del fuego son ideales.

Durante el día intenta continuar con tu ritmo habitual. Aquí hay que señalar que el éxito de este truco dependerá en gran medida del temperamento del bebé, ya que muchos de ellos llevarán bien dormir con luz y algo de ruido, pero otros más inquietos u observadores se estimularán con la actividad y no se dormirán en estas condiciones. Si éste fuese tu caso, pónselo fácil y asegúrale un lugar tranquilo y en penumbra donde echar sus siestas matutinas. En la siesta que caiga al mediodía te puedes echar con él y así también descansas. No olvides que estás todavía en el posparto.

Aprende a identificar sus sonidos nocturnos: cuando se despierte en la noche, antes de actuar, comprueba que se haya despertado del todo. En muchas ocasiones los pequeños emiten gruñidos o ruidos mientras duermen, pero son capaces de volver a dormirse solos. Espera un momento sin moverte y escucha: si ves que se inquieta, atiéndele rápidamente (así evitarás que se desvele), pero si descubres que no se queja más, aprovecha y sigue durmiendo.

Acompaña la rutina con ruido para dormir: pueden servirnos el tic-tac de un reloj, las ancestrales nanas y, por supuesto, el sonido del corazón. El investigador Salk[16] observó que los bebés hospitalizados a quienes se les hacía oír ruidos cardíacos respiraban con mayor profundidad

---

15. Hacemos esta anotación porque es un hecho que no se duerme de la misma manera, ni las mismas horas, ni con los mismos horarios en todo el mundo.
16. Salk, L. (1960). The effects of the normal heartbeat sound on the behavior of the newborn infant. *Implication for Mental Health,* 12, 168-175.

y regularidad y aumentaban más rápidamente de peso. Los investigadores Murooka[17] y De Casper[18] demostraron que los recién nacidos podían recordar los latidos cardíacos maternos oídos en el útero.

Estas conclusiones nos llevan a sospechar que el atractivo universal por la música y el efecto sedante de los sonidos con ritmo podrían guardar relación con el sentimiento de bienestar que se supone que experimentamos como fetos al oír el corazón de nuestras madres. Es fácil encontrar música infantil con estas características. Si no, una suave nana con tu voz hará el mismo efecto. Una investigación de Polverini-Rey[19] indica que las canciones de cuna pueden calmar al feto, y Barbara Kisilevsky,[20] junto con un equipo de obstetras de Hangzhou (China), descubrieron que el feto puede recordar y reconocer la voz de su madre y diferenciarla de la voz de otra mujer aun antes de nacer.

Mi bebé se quejaba constantemente por las noches, y yo cometía el error de levantarlo de su cama y volverlo a dormir, hasta que casualmente leí un artículo en el que se explicaba que los bebés solían quejarse dormidos y que al levantarnos les despertábamos nosotros, por lo que comencé a poner atención en sus despertares, y cuando se quejaba sólo le hablaba en voz tenue o le daba palmaditas para que supiera que estaba ahí, y funcionó. A las pocas noches dejó de hacerlo, y yo estaba un poco más tranquila sabiendo que no debía darle tanta importancia a esos quejidos porque estaba dormido.

17. Murooka, H., Koie, Y., & Suda, N. (1976). Analyse des sons intra-uterins et leurs effets tranquillisants sur le nouveau. *Journal of Gynecology and Obstetrics: Biologie de la Reproduction,* 5, 367-376.

18. DeCasper, A. J., & Sigafoos, A. D. (1983). The intrauterine heartbeat: A potent reinforcer for newborns. *Infant Behavior and Development,* 6, 19-25.

19. Polverini-Rey, R. A. (1992). Intrauterine musical learning: the soothing effect on newborns of a lullaby learned prenatally. *Dissertation Abstracts* .9233740.

20. Kisilevsky, B. S., *et al.* (2003). Effects of experience on fetal voice recognition. *Psychological Science,* 14, 220-224.

Aire fresco: salir con el bebé a «tomar el aire» es muy beneficioso tanto para él como para ti. El aire le despeja y le tranquiliza. Ahora ya tienes la excusa perfecta para daros un largo paseo cada tarde. También es importante que la habitación donde duerma esté bien ventilada y oxigenada: abre las ventanas y ventila un rato antes de acostarlo.

3.2.6. Facilitar la cercanía, dormir cerca de él

Dormir cerca del bebé es uno de los trucos más usados, muchas veces por convencimiento y otras por desesperación. No sólo facilitará el sueño de tu bebé, sino que también te hará la vida más fácil; es muy cómodo atenderlo durante la noche si está cerca, sobre todo si se alimenta con lactancia materna.

Para dormir cerca, el bebé puede estar en su moisés, en una cuna adosada a tu cama (cuna-colecho) o directamente contigo en tu cama, lo que se conoce como colecho (traducción popular de la palabra inglesa *cosleeping;* también suele utilizarse el término *bedsharing*).

Quizás abrazar esta idea te resulte difícil porque ya habías decidido que tu bebé dormiría en otra habitación. El cambio está en tu mano, pero piensa que si el pequeño no descansa como deseas, y que probablemente por eso estás leyendo este libro, y cada noche te esperan varios despertares, lo mejor es ponértelo fácil y, al menos, ahorrarte el paseo de tener que ir a su cuarto a atenderle cada vez que se despierte.

O quizá ya hayas intentado colechar cuando las noches se han complicado y no has obtenido el resultado esperado. Esto es porque has hecho lo que se conoce como *colecho reactivo:* dormir con el bebé como última opción, después de varios despertares en la noche y después de haber tratado de que duerma solo. Esta forma de colechar no suele dar resultados, (o al menos no tan buenos)[21] porque el bebé está alerta y desconfiado. Sospecha que cuando se descuide, volverá a encontrarse

---

21. Taylor, N., Donovan, W., & Leavitt, L. (2008). Consistency in infant sleeping arrangements and mother–infant interaction. *Infant Mental Health Journal,* 29(2), 77-94. https://doi.org/10.1002/IMHJ.20170

solo, y eso le provoca inquietud. Por todo ello merece la pena leer el siguiente punto con atención. En él describimos diferentes formas de dormir con los bebés y niños de manera cómoda, segura, efectiva y consciente del beneficio de sueño que ganaréis todos.

Hasta que no conoces a tu criatura y ves qué es lo que le va mejor a ella y a vosotros, tienes que ir haciendo experimentos. Las recetas de los demás no sirven. Sólo es cuestión de coger ideas y de no autocensurarse porque la gente te diga que no está bien.

Yo, antes de tener a mis niñas, pensaba que TODOS los bebés dormían en sus cunas, y ahora, hablando con las mamás, veo que muchísimas duermen con sus bebés, y hay más que también lo hacen y no lo dicen porque creen que está mal.

Para mí es un asunto de comodidad, y también de placer. Es tan tierno tener a tu bebé durmiendo a tu lado que se te pasa todo el agobio del día, y es una maravilla que por la noche te puedas quitar agobios en lugar de añadir más.

Si quieres saber más sobre el colecho o las alternativas cercanas a éste y conocer las recomendaciones para ponerlo en práctica, sigue leyendo. Si no, pasa al siguiente punto **3.3. Otros problemas y otras soluciones** en la p. 77.

3.2.6.1. El colecho, una opción a tener en cuenta

El bebé necesita estar cerca de su cuidador. Por las noches reclamará vuestra presencia, ya sea para comer o para sentirse seguro. Estar cerca uno del otro os proporcionará seguridad, y esta costumbre evitará, entre otras cosas, que tengáis que pasear en la noche para atenderle. El colecho no es la solución universal, aunque en muchos casos las noches mejoran notablemente. Si vas a valorar esta opción, es importante recalcar que tu pareja también tiene que estar de acuerdo.

Dormir junto a mamá es algo innato. Los bebés lloran porque vienen al mundo preparados para dormir con sus padres y no solos.[22] Recuerda la imagen de los cachorritos de cualquier mamífero: ¿cómo duermen, solos o acompañados?

Numerosos estudios han demostrado que el sueño compartido ayuda a establecer patrones de respiración correctos, e incluso se sospecha que en el contexto de la lactancia materna es un factor de protección contra el temido síndrome de muerte súbita del lactante (SMSL).[23, 24]

Por otra parte, se ha demostrado que los niveles de cortisol, hormona del estrés, son más bajos en las madres y en los niños que colechan.[25] Además, y salvando las distancias, en algunos estudios hechos con animales se ha descubierto que las crías que permanecían junto a su madre tenían niveles más altos de la hormona del crecimiento y de las enzimas responsables del crecimiento del cerebro y del corazón.[26, 27] Así, el estudio de estos parámetros fisiológicos en el descanso de otros mamíferos corroboran que la permanencia del cachorro junto a su madre tiene ventajas en algunos parámetros fisiológicos de gran interés para el desa-

22. McKenna, J. J., Ball, H. L., & Gettler, L. T. (2007). Mother-infant cosleeping, breastfeeding and sudden infant death syndrome: what biological anthropology has discovered about normal infant sleep and pediatric sleep medicine. *American Journal of Physical Anthropology,* 45, 133-161.

23. McKenna, J. (1994). Experimental studies of infant-parent co-sleeping: mutual physiological and behavioral influences and their relevance to SIDS (sudden infant death syndrome). *Early Human Development,* 38, 187-201.

24. McKenna, J., & McDade, T. (2005). Why babies should never sleep alone?: A review of the co-sleeping controversy in relation to SIDS, bed sharing, and breastfeeding. *Paediatric Respiratory Reviews,* 6, 134-152. [Recurso electrónico] Disponible en: www.naturalchild.org/articles/james_mckenna/cosleeping.pdf

25. Barry, E. S. (2019). Co-sleeping as a proximal context for infant development: The importance of physical touch. *Infant Behavior and Development,* 57 (Septiembre), 101385. https://doi.org/10.1016/j.infbeh.2019.101385

26. Butler, S. R., Suskind, M., & Schanberg, S. (1978). Maternal behavior as a regulator of polyamine biosynthesis in brain and heart of developing rat pups. *Science,* 199, 445-447.

27. Kuhn, C. M., Butler, S., & Schanberg, S. (1978). Selective depression of serum growth hormone during maternal deprivation in rat pups. *Science,* 201, 1035-1036.

rrollo óptimo del organismo. En definitiva, se ha podido comprobar cómo la fisiología de los bebés que duermen junto a sus madres es más equilibrada (temperaturas más estables, ritmo cardíaco más regular y menos pausas en la respiración) que los bebés que duermen solos.[28]

Por último, comentar que diversas investigaciones parecen suponer que el colecho puede promover la salud emocional a largo plazo. Estudios de seguimiento de los bebés que dormían con sus padres y los que dormían solos concluyeron que los niños que colechaban eran más felices, menos ansiosos, tenían una autoestima más alta, eran menos propensos a tener miedo para dormir, tenían menos problemas de conducta y, en general, eran más independientes.[29, 30, 31, 32]

Por todo lo descrito, se puede concluir que dormir junto a nuestro bebé no es en absoluto nocivo y que puede ser beneficioso en lo que a horas de descanso y al desarrollo del bebé se refiere. Sin embargo, muchos padres tienen miedo porque temen aplastarle o hacerle daño mientras descansan. Estos riesgos se pueden eliminan por completo si al dormir con tu bebé tienes en cuenta las normas de seguridad que resumimos en la Tabla 2 de la siguiente página.

Nada más nacer mi bebé, intenté que durmiera en el moisés, pero fue imposible: necesitaba el contacto, y si a esto le sumas que le daba pecho a demanda, era mucho más cómodo y descansado dormir juntos. Si se despertaba le daba el pecho

28. Baddock, S. A., Purnell, M. T., Blair, P. S., Pease, A., Elder, D., & Galland, B. C. (2019). The influence of bed-sharing on infant physiology, breastfeeding and behaviour: A systematic review. *Sleep Medicine Reviews, 43*, 106-117. https://doi.org/10.1016/j.smrv.2018.10.007

29. Crawford, M. (1994). Parenting practices in the Basque Country: Implications of infant and childhood sleeping location for personality development. *Ethos, 22*, 42-82.

30. Forbes, J. F., Weiss, D. S., & Folen, R. A. (1992). The cosleeping habits of military children. *Military Medicine, 157*, 196-200.

31. Heron, P. (1994). Non-reactive cosleeping and child behavior: Getting a good night's sleep all night, every night. Tesis de master, Department of Psychology, University of Bristol.

32. Keller, M. A., & Goldberg, W. A. (2004). Co-sleeping: Help or hindrance for young children's independence? *Infant and Child Development, 13*, 369-388.

y a seguir durmiendo. Si me hubiera tenido que levantar todas las veces que necesitaba para mamar, no lo hubiera soportado. Así, todos descansamos felices.

Tabla 2: Recomendaciones para dormir junto a tu bebé de forma segura.

Seguridad para dormir con tu bebé compartiendo cama[33]

1. El lactante nació a término y sin problemas graves de salud.
2. El lactante es amamantado en exclusiva y a demanda. Si no es así, mejor usar una cuna colecho.
3. Ninguno de los adultos que va a compartir cama con el lactante fuma (aunque no lo haga su presencia) Si no es así, mejor usar una cuna colecho.
4. Ninguno de los progenitores que va a compartir cama con el lactante ha consumido ninguna bebida alcohólica, drogas o medicamentos que provoquen un sueño más profundo del habitual.
5. Ninguno de los progenitores que va a compartir la cama con el lactante sufre obesidad mórbida.
6. Todos los adultos que duermen en la cama saben que el lactante comparte cama con ellos.
7. El lactante duerme siempre acostado en decúbito supino (boca arriba). Dormir en decúbito prono o lateral aumenta el riesgo de muerte súbita del lactante.
8. El lactante duerme con ropa ligera y la temperatura de la habitación no es superior a 20 ºC.
9. La cabeza del lactante no está tapada.
10. La superficie para dormir es firme y no hay en ella:
    - Edredones pesados tipo patchwork, mantas eléctricas, almohadones, peluches, cordones y otros elementos que puedan impedir respirar al lactante en algún momento durante la noche.
    - Espacios por donde el lactante pueda caer o quedar atrapado.

---

33. Guías de práctica clínica en el SNS (2017). *Guía de Práctica Clínica sobre lactancia materna*. Ministerio de Sanidad, Servicios Sociales e Igualdad.

El lugar donde duermen los bebés está muy condicionado por la cultura en la que vivimos, y nos atrevemos a afirmar que también por las modas. Sin necesidad de irnos a tal o cual tribu del Amazonas profundo, hagamos simplemente un retroceso de unos 50 años. ¿Dónde dormía tu mamá cuando era bebé? En la España de la década de 1970 es muy posible que lo hiciera en una cuna en la misma habitación que sus padres hasta la edad de 3 años aproximadamente, pues era la norma de la época. En cambio, desde hace un tiempo la norma es que duerman antes del año solos en su habitación. Pero ¿dónde han dormido y duermen los bebés en la práctica?

Volvamos a buscar datos en la encuesta que la National Sleep Foundation pasó en el año 2004 a más de 1700 familias americanas. Otra de las preguntas que los padres respondieron fue: ¿dónde ha dormido tu hijo las pasadas dos semanas? Los resultados apuntaron a que el 60 % de los niños de menos de un año, el 49 % de los niños de 1 a 3 años y casi el 60 % de los niños de 3 a 5 años duermen acompañados, comparten habitación e incluso cama. Es decir, no duermen solos. Esta misma pregunta también fue respondida por los padres que hicieron nuestra encuesta en la web. Los resultados los podemos ver en la Figura 5.

Como se puede apreciar, el hecho de que los bebés duerman en compañía es una práctica mucho más común de lo que imaginamos. En una zona rural de Cataluña[34] se comprobó que ya hace más de tres décadas, y pese a la presión imperante por parte de la pediatría del momento de que durmieran solos, que el 51 % de los niños de cinco meses a un año dormía con sus padres, y el 28 %, de los de 13 meses a tres años. En otro ejemplo de la época, esta vez de Inglaterra,[35] de 1300 niños menores de un año, un 29 % había dormido la noche anterior en la cama de sus padres, y otro 39 % había dormido en su propia cuna pero en la habitación de los padres. En total, un 68 % de los niños dormía acompañado.

34. Malo, J., Isern, R., García Gallego, A., Juncosa, S., Armengol, P., & Cabral, M. (1995). Hàbits a l'hora de dormir. *But Soc Cat Pediatr,* 55, 45.

35. Blair, P. S., Fleming, P. J., Smith, I. J., Platt, M. W., Young, J., Nadin, P., Berry, P. J., & Golding, J. (1999). Babies sleeping with parents: case-control study of factors influencing the risk of the sudden infant death syndrome. *British Medical Journal,* 319, 1457-1462.

Podemos concluir entonces que, pese a las recomendaciones o a las modas imperantes, muchas familias duermen junto a sus hijos porque los bebés reclaman y han reclamado siempre esta cercanía, que ha hecho que al final, de una manera o de otra, de buen grado o por pura desesperación, alguna noche se acabe compartiendo la cama.[36]

Variantes del colecho: cuando se habla de colechar no siempre nos referimos necesariamente a poner al bebé en medio de la cama grande. Hay algunas variantes igual de efectivas:

✓ **El bebé duerme en la misma habitación pero en su propia cuna:** a esta forma de dormir también se la conoce como cohabitación. Se trata de dormir con el bebé cerca, pero con la separación de los barrotes de la cuna.

✓ **El bebé duerme en una cuna colecho o cuna en sidecar:** posiblemente sea la modalidad más segura para colechar. El bebé duerme en su propia cuna, pero ésta no tiene uno de los barrotes laterales. Los colchones de la cuna y de la cama de los papás están a la misma altura, y la cuna está firmemente sujeta a la cama grande (con algún anclaje, bridas o ataduras).

✓ **El bebé duerme en la misma cama que los adultos:** ya sea al lado de la madre o en el centro de la cama. Si ésta es la manera en la que queréis dormir, tened en cuenta las recomendaciones de seguridad descritas anteriormente.

---

36. Tully, K. P., Holditch-Davis, D., & Brandon, D. (2015). The Relationship Between Planned and Reported Home Infant Sleep Locations Among Mothers of Late Preterm and Term Infants. *Maternal and Child Health Journal*, 19(7), 1616-1623. https://doi.org/10.1007/s10995-015-1672-7

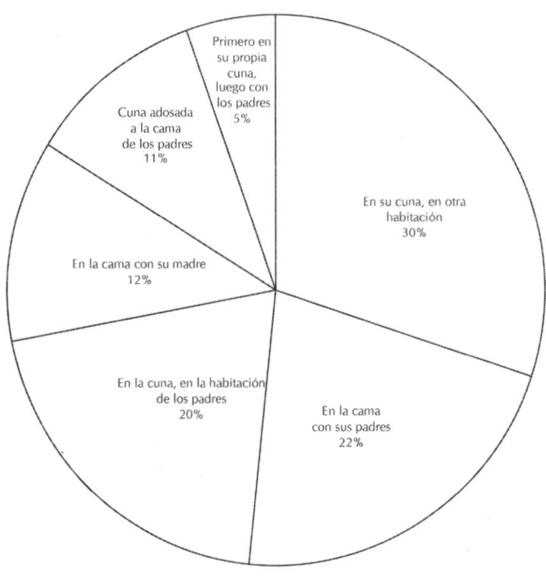

A mí me funcionó poner su cuna pegada al lado de la cama a la misma altura del colchón, pero quitándole un barandal para que sienta que está cerca de mí pero realmente está durmiendo en su cuna… Eso me ayudó a ganar espacio en mi cama, y ahora puedo dormir mejor y mi bebé también, y si se llega a despertar la arrullo y se vuelve a dormir rápidamente.

A continuación recopilamos las ventajas de dormir junto al bebé, recogidas por los usuarios de nuestro foro. Surgieron en un mensaje espontáneo donde una usuaria preguntaba a la comunidad las ventajas de esta práctica. Éste es un resumen de los argumentos más interesantes:

Cuando se destapa. Me resulta más fácil que estar haciendo viajecitos a su habitación para ver si está bien tapada. Y de momento se destapa muchísimo. Si mi marido se despierta, es él el que la tapa, y cuando yo me despierto, soy yo la que le echo un vistazo.

....

Enfermedad. Mi hija es muy vomitona. Sobre todo cuando se resfría. Al estar a mi lado, enseguida la cojo y la saco fuera de la cama. Si estuviera en su propia habitación, al llegar yo ya habría vomitado toda la cama.

....

Calefacción. Supone un ahorro energético importante, juntos estamos más calentitos.

....

Cuando tienen fiebre, los controlas mejor.

....

Me evito los viajes a otro cuarto.

....

Cuando algo le incomoda, nunca llega a desvelarse, ya que al tenerla tan cerquita lo soluciono muy rápido.

....

El mamá, te quiero de antes de dormir agarrado a mi brazo como si fuera su osito de peluche.

....

Sentirlo a mi lado y ver su carita durmiendo.

....

Dormimos más los dos, muchas veces se revuelve, pero al notarme a mí o a su padre al lado sigue durmiendo. Si no estamos nos llama y se despierta.

....

Puede mamar sin despertarse, y yo casi no me desvelo.

....

Duermo tranquila, no tengo que imaginar cómo está porque lo siento a mi lado.

....

Nos da sensación de unidad familiar, todos juntitos en la cama (de 1,80 x 2,00).

....

> *Todos los rebrotes de angustia han sido llevaderos con sólo pedir nuestra mano o tocarnos.*
>
> ....
>
> *Hemos estado de viaje durante una semana, cambiando de cama casi cada noche. Ni se ha enterado. Ha dormido como siempre y yo he podido descansar. No ha extrañado cama para nada. La verdad es que si está mamá duerme en cualquier sitio.*

 Hablamos sobre algunos mitos en torno al colecho en el punto **12.4. ¿Hace el colecho a los niños dependientes?** En la p. 264.

3.2.6.2. El síndrome de la muerte súbita del lactante y el colecho

Dormir junto a los bebés es una práctica en alza. Cada vez más familias reconocen abiertamente que duermen junto a sus hijos, a la vez que más profesionales lo reconocen y ofrecen sus recomendaciones[37] debido a que favorece la lactancia materna y no aumenta el riesgo de muerte súbita.[38] Sin embargo, el debate sigue presente, dado que la Asociación Americana de Pediatría sostiene que dormir con los padres aumenta el riesgo de muerte súbita del bebé y por lo cual no se debería recomendar el colecho compartiendo cama, aunque dejan la opción de hacerlo en una cuna colecho.[39]

Antes de proseguir explicaremos en qué consiste el síndrome de la muerte súbita del lactante, también conocido como SIDS y SMSL (sus

37. Guías de práctica clínica en el SNS (2017). *Guía de Práctica Clínica sobre lactancia materna*. Ministerio de Sanidad, Servicios Sociales e Igualdad.

38. Landa, L., Díaz-Gómez, M., Gómez, A., Paricio, J. M., Pallás, C., Hernández, M. T., … & Romero, M. D. (2012). El colecho favorece la práctica de la lactancia materna y no aumenta el riesgo de muerte súbita del lactante. *Rev Pediatr Aten Primaria,* 14, 53-60.

39. Task Force on Sudden Infant Death Syndrome (2016). SIDS and Other Sleep-Related Infant Deaths: Updated 2016 Recommendations for a Safe Infant Sleeping Environment. *Pediatrics,* 138(5), e20162938. https://pediatrics.aappublications. org/content/138/5/e20162938

siglas en inglés y en español, respectivamente). El SMSL es la muerte inesperada de un lactante, en apariencia sano, cuya autopsia convencional, examen del entorno del fallecimiento y revisión de la historia clínica no permiten identificar la causa. Es difícil de cuantificar debido a los diversos factores y condicionantes que se pueden dar, pero se estima que es el responsable de entre 0,15 y 0,23 muertes por cada 1000 nacidos vivos en España.[40] El 90 % de los casos se presenta antes de los 6 meses, siendo su pico máximo entre los 3 y los 4 meses de vida del bebé. El riesgo de padecer un SMSL se mantiene hasta los 9 meses.

Se han hecho muchas investigaciones intentando esclarecer las causas que lo provoca y reducir su riesgo. En cuanto al hecho de compartir la cama, en ausencia de otros factores de riesgo recogidos en la tabla 2 sólo se ha encontrado relación entre dormir junto al bebé y el SMSL cuando la madre es fumadora (antes de los 3 meses de vida del bebé) y se fuma en presencia de éste.[41] En uno de los estudios sobre SMSL más completos hechos en Europa, en el año 2004, se analizaron 745 casos, encontrándose que en el 77 % de los casos las madres eran fumadoras.[42] A la hora de evaluar estas muertes es un reto aislar todas las variables, ya que son muchas e interactúan entre ellas, se deben tener en cuenta los riesgos derivados de la temperatura de la habitación, ropa de abrigo, mantas pesadas, presencia de almohadas o peluches en la cama, o ingesta de drogas u alcohol por parte de los padres, entre otras.

Analizando los datos obtenidos entre niños que compartían habitación (pero no cama) y niños que dormían solos en sus dormitorios, se detecta un índice de SMSL más alto en los que duermen solos sin que aún se haya podido explicar este fenómeno con claridad.[43] La AAP (Asociación Americana de Pediatría) recomienda que los bebés com-

---

40. Grupo de Trabajo para el Estudio de la Muerte Súbita Infantil. (2013). *Libro Blanco de la Muerte Súbita Infantil* (3.ª edición). Ediciones Ergon.

41. Blair, P. S., *et al.* (1999), Sragg R. *et al.* (1993) en Berrozpe, M. (2017). *Dulces sueños*. Alianza.

42. Carpenter, R. G., Irgens, L. M., Blair, P. S., England, P. D., Fleming, P., Huber, J., … & Schreuder, P. (2004). Sudden unexplained infant death in 20 regions in Europe: case-control study. *Lancet,* 363, 185-191.

43. Jenni, O. G., & O´Connors, B. B. (2005). Children´s sleep: An interplay between culture and biology. *Pediatrics,* 115(2), 216.

partan la habitación con sus padres al menos el primer año de vida como factor protector del SMSL.

En Hong Kong, donde el sueño compartido es la norma, la prevalencia de SMSL es la más baja del mundo. Lo mismo se puede constatar en Japón y en numerosos países asiáticos, tales como China, Vietnam, Camboya y Tailandia, donde el SMSL es desconocido o muy raro.[44]

Otras causas que favorecen la muerte en la cama de un bebé están relacionadas con el entorno (dormir en un sofá, en una cama de agua, en una superficie blanda, en una cama con barrotes donde pudiese quedar atrapado, etc.). En estos casos, la muerte del bebé no sería un SMSL, sino más bien una muerte accidental, que también se puede producir en su cuna por otros motivos.

En muchas ocasiones se tiende a catalogar cualquier muerte de un bebé pequeño en la noche como SMSL, pero no siempre es así. El SMSL no deja rastro, y cuando se examina al bebé no se puede determinar la causa. Un estudio que investigó a fondo los escenarios de casos informó que casi todas las muertes ocurridas en un año se podían atribuir a accidentes o negligencia en el cuidado del bebé. A modo de ejemplo: se anotó en el informe muerte por SMSL cuando al bebé lo habían dejado junto a un brasero que emanaba gases tóxicos y en otro caso el bebé estuvo sin atención durante 6 horas.[45] Por ello, el grupo de trabajo para el estudio de la muerte súbita infantil insiste en que este tipo de muertes deben ser valoradas exhaustivamente por un comité de expertos que pueda dilucidar las causas reales, ya sean por accidentes, negligencias o causas orgánicas concomitantes.[46]

Por todo lo expuesto podemos concluir que la práctica de compartir la cama con el bebé (colecho), si se hace de forma segura tal como hemos indicado en la Tabla 2, no entrañaría ningún riesgo para el bebé. Si la madre es fumadora, se recomienda que no duerma en la misma cama que el bebé, especialmente durante los tres primeros meses, pero sí puede hacerlo en una cunita al lado de su cama. Recordamos que no se debe fumar en ningún lugar de la casa si hay niños.

---

44. McKenna, J. (2005). Bebés de la edad de piedra en la era de la conquista espacial. *VI Jornadas Internacionales de Lactancia, París.*
45. Bass, M., Kravath, R. E., & Glass, L. (1986). Death-scene investigation in sudden infant death. *The New England Journal of Medicine,* 315(2), 100-105.
46. Karp, H. (2003). *El bebé más feliz del barrio.* RBA.

3.3. Otros problemas y otras soluciones

3.3.1. El bebé con cólicos

Si tu bebé parece sufrir cólicos, sigue leyendo. Si no, pasa al siguiente punto **3.3.2. El descanso de la madre en el posparto**, en la p. 85.

En esta primera etapa de la vida del bebé, no podemos dejar de hablar de los cólicos, un trastorno al que muchos padres deben enfrentarse. Aparecen al final del día y suelen durar hasta la hora de irse a la cama. Muchas veces los bebés acaban durmiéndose agotados, después de llorar durante más de dos horas, y por eso es uno de los problemas que más preocupa a los padres. El famoso cólico también está relacionado con el sueño, concretamente con la falta de descanso diurno.

La noción del cólico se ha propagado tanto que cualquier estado de inquietud o llanto del bebé se le atribuye, puesto que nadie sabe definir a ciencia cierta lo que es.

El caso es que, al final, ni cólicos ni nada, lo que tiene es intolerancia a la lactosa. Claro, tenía retortijones, muchos gases, lloraba casi todo el día y la caca últimamente ya era rara. Por eso me saltaron las alarmas.

Si sospechas que tu bebé puede tener alguna intolerancia alimentaria, consulta con tu pediatra. Ve a la p. 229 y lee el punto **10.1.6.2. Alergias alimentarias o intolerancias a alimentos** para saber más.

Para identificarlo, se aplica la «regla de los treses», acuñada por primera vez por el Dr. Morris Wesel, y que establece que un bebé padece cólicos si llora al menos tres horas al día, tres días a la semana, durante tres semanas seguidas. En algunas ocasiones, bajo síntomas de cólico se esconden otras alteraciones. Si tu bebé llora mucho durante el día a todas horas, es posible que esté presentando síntomas de alguna condición física, como una molestia digestiva o intolerancia.

No hay un tratamiento específico para esta dolencia, pero cada vez son más los autores que coinciden en afirmar que no existe. El bebé llora por alguna causa (que en algún niño sí coincidirá con un dolor de barriga provocado por alguna molestia intestinal, pero no a causa del «cólico fantasma»). El doctor Hugh Jolly, pediatra y autor de varios libros sobre salud infantil, también opina que el término «cólico» se usa con demasiada frecuencia. Afirma que el llanto nocturno puede deberse únicamente al hecho de que sus cuidadores están más nerviosos, cansados o tensos. Sostiene que los gases y el malestar aparente son la consecuencia (la agitación y los llantos hacen que traguen aire) y no la causa del llanto.

El Dr. Harvey Kapp, también pediatra, investigador sobre el llanto y el cólico del lactante desde 1981 y autor del libro *El bebé más feliz del barrio,* lleva años difundiendo una teoría a la que él denomina «del cuarto trimestre», dado que la cría humana nace tres meses antes de lo que debería por la necesidad de pasar por el canal del parto. Somos la especie más inteligente del planeta y eso se nota (entre otras cosas) en el tamaño del cerebro. Pero no nacemos con el volumen definitivo de masa cerebral, puesto que durante nuestra infancia maduramos y aumentamos el neocórtex. Es cierto que nacemos con lo justo para sobrevivir, pero no lo lograríamos sin los cuidados maternales. Es por esta razón que el bebé nace tres meses antes de lo que se considera normal en la mayoría de los mamíferos si comparamos el nivel de desarrollo intelectual final.

Seleccionando ideas: abre tu **Guía Dormir Sin Llorar** y recopila las ideas y trucos que creas que puedan ajustarse a tu vida para ir dando forma a tu Plan de Sueño.

Para garantizar el desarrollo óptimo y el bienestar de un recién nacido, tenemos que proporcionarle todo lo que obtenía por sí mismo en el vientre materno:

Contacto frecuente: mejor en fular o en portabebés para tener las manos libres y poder llevarlo durante períodos más largos. Así, además, conseguirás que el bebé se encuentre en **movimiento** constante de una forma muy parecida a la que tenía antes de nacer.

Alimentación casi constante: la lactancia materna es a demanda y sin horarios. Recordemos que las pautas de alimentación con lactancia artificial también son a demanda. Probablemente, cuando se encontraba en tu interior no había un mecanismo de alimentación regulado por relojes e intereses de adultos. Recuerda que la succión del pecho, del biberón e incluso del chupete es otro elemento que puede ayudar a combatir la presencia de cólicos.

El mismo autor, el Dr. Harvey Kapp, defiende que el famoso cólico del lactante es, en realidad, el resultado de un bebé estresado e hiperestimulado, que necesita los estímulos que recibía de ti para recuperar la tranquilidad. Para calmar a un bebé en pleno episodio de llantos, nos propone esta técnica de 5 pasos:[47]

Paso 1: envolver para que se sientan contenidos como en la barriga y que no le estimulen más sus propios brazos moviéndose.
Paso 2: poner de lado sobre tu antebrazo.
Paso 3: succión.
Paso 4: mecer.
Paso 5: sisear con un tono enérgico Shhhhhhhhhh, que le recordará al ruido que se oía en el útero.

Si lo pensamos, tiene su lógica. Tal como dice la psicóloga Rosa Jové en sus conferencias: «Un recién nacido es un feto con un minuto de vida fuera del útero, y nadie cambia tanto en tan poco tiempo». Está claro que todo lo que le recuerde a su vida uterina le hará sentirse feliz y tranquilo. No olvidemos que un recién nacido de uno, dos o tres meses ha sido más tiempo feto que bebé.

---

47. Karp, H. (2003). *El bebé más feliz del barrio.* RBA.

Si pones en práctica esta técnica pero tu bebé no encuentra consuelo, ve a una habitación completamente a oscuras para eliminar cualquier estímulo visual y espera con paciencia a que se tranquilice en tus brazos.

No lo dejes llorar solo. El malestar del bebé en ese momento es claro. No sabe qué le ocurre, y aunque no puedas evitar que llore, estás haciendo mucho por él si lo tienes en tus brazos mientras llega el alivio. Relájate, no es culpa tuya, y su dolor no es fruto de tu inexperiencia. Te estás comportando como una *súper mamá* o *súper papá* si no eres insensible a su llanto y lo consuelas con tu compañía. Mantén siempre la calma, sabemos que el llanto prolongado de un bebé produce un intenso estrés.

Si notas que la situación te sobrepasa, déjalo al cuidado de alguien y recupérate. Si no hay nadie disponible, es preferible dejarlo en un lugar seguro durante unos instantes mientras recuperas la paz.

Cógelo, tenlo en brazos siempre que te sea posible. Se ha visto que llevar al bebé en porteo reduce el llanto significativamente...[48] Éste es un buen motivo para no privarte del placer de tener a tu pequeño en brazos todo el tiempo que quieras.

---

48. Hunziker, U. A., & Barr, R. G. (1986). Increased carrying reduces infant crying: a randomized controlled trial. *Pediatrics*, 77(5), 641-648.

> *Mi hija, hasta los 2 meses y medio, lloraba a partir de las 7 de la tarde todos los días. Lo que la calmaba eran mis bracitos, estar muy tranquila y no perder los nervios. Otra cosa que hacía era, sobre las 5 más o menos, darle unos masajes en la barriguita que le iban muy bien y la relajaban.*

> *Otra buena idea es adelantarse al lloro si siempre lo hace más o menos a la misma hora, y hacer algo que le gusta: el baño, un masaje, un poco de música, la teta, un paseo.*

> *Y otro descubrimiento de mi marido fue que si se tumbaba con ella encima y empezaba a respirar muy despacio y muy profundamente, ella se calmaba y se dormía.*

3.3.1.1. Técnica para envolver al bebé

Si tu pequeño es muy inquieto y el reflejo de moro le impide descansar, puedes probar a envolverlo, previa consulta con su pediatra y con el fisioterapeuta pediátrico, que compruebe que esa inquietud no deriva de tensiones del parto. Es una práctica ancestral, habitual en las culturas nórdicas y donde hace frío. Para envolverlos se usan unos arrullos de forma cuadrada, preferiblemente de algodón o franela. El envoltorio debe quedar ceñido, los brazos del bebé deben estar estirados a lo largo de su cuerpo, no flexionados. Las caderas no deben recibir presión y sus piernas deben moverse sin impedimentos. Evita que la manta toque su mejilla, ya que activaría su reflejo de búsqueda y succión. Asegúrate que, una vez envuelto, el fardo no se abra solo. Hay que usar esta técnica en períodos cortos y discontinuos al día y durante el mínimo tiempo posible; a partir de los 4 meses, o cuando comiencen a girarse por sí mismos no es recomendable seguir envolviéndolos.[49] En bebés recién nacidos puede entorpecer el inicio de la lactancia materna.[50]

---

49. Nelson, A. M. (2017). Risks and benefits of swaddling healthy infants: an integrative review. *MCN: The American Journal of Maternal/Child Nursing*, 42(4), 216-225.

50. Dixley, A., & Ball, H. L. (2023). The impact of swaddling upon breastfeeding: A

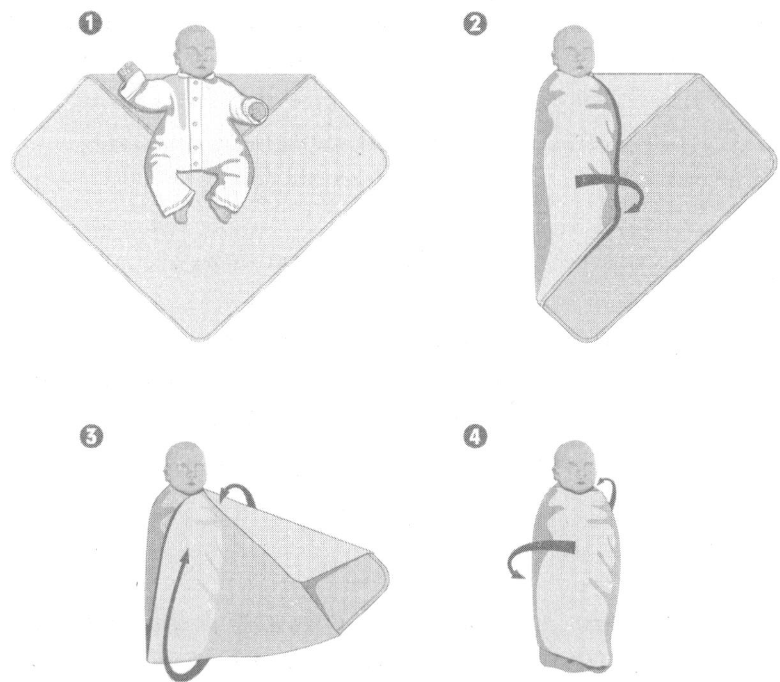

- Tiende la manta frente a ti en forma de rombo con una punta hacia arriba.
- Dobla la punta de arriba hacia abajo.
- Acuesta a tu bebé boca arriba en la manta para que su cabeza quede arriba de la orilla que acabas de doblar.
- Coge una de las puntas de los lados de la manta, tira firmemente por encima del pecho de tu bebé y métela debajo de sus muslos.
- Después, lleva la punta de abajo hacia arriba de sus pies.
- Toma el otro lado de la manta. Estíralo por encima de tu pequeño hacia la dirección contraria y mételo debajo de sus muslos.

critical review. *American Journal of Human Biology*, e23878. *Nutrition Education and Behavior*, 49(10), 883-884.

3.3.1.2. El cólico y la falta de siestas

Otra causa del estrés de los bebés y los llantos a última hora del día es el tiempo que pasan despiertos o, para ser más exactos, el tiempo que no duermen. ¿El pequeño duerme durante el día? ¿Echa siestas y cabezaditas? Cuando no es así, se va sobrestimulando y cansando y, al caer la noche, sobre las 19 h., todo son llantos sin consuelo.

Si sospechas que la falta de siestas puede ser la causa de los cólicos de tu bebé, ve a la p. 294 de la **Guía Dormir Sin Llorar**, donde encontrarás una tabla horaria. Anota el día a día de tu bebé, y cuando esté acabada obsérvala detenidamente y extrae tus conclusiones para averiguar las horas a las que tu pequeño necesita descansar.

Si tu bebé se alimenta de lactancia materna y padece cólicos, sigue leyendo. Si no, pasa al siguiente punto **3.3.1.4. Masajear al bebé** en la p. 85.

3.3.1.3. El cólico en bebés amamantados

Se conocen varias situaciones en las que el bebé alimentado con leche materna puede mostrar signos de cólico. Compartimos ahora algunas propuestas para su mejoría.[51] Se asume que el bebé está aumentando de peso adecuadamente y que está sano.

✓ **El bebé toma de ambos pechos en cada mamada:** la leche humana cambia durante la toma. Uno de estos cambios es el incremento de grasa a medida que el bebé mama del mismo pecho. Si pasas al pequeño de un pecho al otro durante la toma antes de que haya «terminado» el primero, puede estar recibiendo una baja cantidad de grasa. Como resultado, recibe menos calorías y va a necesitar mamar con más frecuencia. Si toma mucha leche (para compensar la reducida concentración de calorías), puede vomitarla.

---

51. Graziose, M. M. (2017). Dr. Jack Newman's Guide to Breastfeeding. *Journal of Nutrition Education and Behavior,* 49(10), 883-884.

Debido al nivel bajo de grasa en la primera leche, el estómago se vacía rápidamente y llega al intestino una gran cantidad de lactosa (leche azucarada). La proteína que ayuda a digerir la lactosa no puede procesar de repente tanta leche azucarada y el bebé tendrá los síntomas de una intolerancia a la lactosa (que se puede confundir con un cólico): llanto, gases y deposiciones explosivas, acuosas y verdosas. Esta situación puede darse también durante la toma. Estos bebés no presentan intolerancia a la lactosa, sólo tienen problemas con la lactosa de forma puntual por lo anteriormente explicado.

¿Cómo solucionarlo? No controles el tiempo de las tomas. Las madres de todo el mundo han alimentado a sus bebés de forma exitosa sin haber controlado el tiempo. Los problemas de lactancia son más frecuentes en sociedades donde somos presos de un reloj que en aquellas que no lo tienen. Dale de mamar de un pecho hasta que el bebé se retire por sí mismo o se duerma, y en la siguiente toma comienza por el otro pecho de la misma forma.

Este problema empeora si el bebé no está colocado en el pecho adecuadamente. Una colocación apropiada es la clave para facilitar la alimentación con leche materna. Si tienes dudas sobre su colocación, te recomendamos que contactes con un grupo de apoyo a la lactancia.[52]

✓ **Proteínas extrañas en la leche materna:** se ha demostrado que algunas proteínas provenientes de los alimentos que ingerimos pueden aparecer en la leche materna y afectar al bebé. Se cree que los casos más comunes se deben a la proteína de la leche de vaca. El hecho de que aparezcan en la leche materna no es negativo y no suelen dar problemas, pero en ocasiones pueden provocar molestias digestivas a algunos bebés que se quejan y lloran. Si se sospecha que ésta pueda ser la causa de los cólicos, podemos probar a suspender en la dieta los alimentos lácteos por una semana y observar el comportamiento del bebé. Si no mejora, puedes volver a tomar lácteos. Si mejora, reinicia lentamente su consumo si forman parte de tu dieta normal.

---

52. Base de datos de grupos de apoyo a la lactancia en España: www.ihan.es/grupos-apoyo/

3.3.1.4. Masajear al bebé

Los masajes no sólo tienen la particularidad de prevenir los cólicos, sino que también funcionan como un excelente preludio de relajación antes de ir a dormir. Un masaje es un interesante instrumento para incluir en la rutina de buenas noches.

La Asociación Española de Masaje Infantil (AEMI) nos explica en su web:

Desde el nacimiento los bebés necesitan ser tocados, acariciados. El contacto con el cuerpo de la madre les ayuda a comenzar una nueva vida con seguridad y confianza.

Atempera la habitación, úntate las manos con aceite, relájate y disfrutad juntos de la maravillosa comunicación a través del tacto. No es necesario ser un experto, inténtalo en casa; las simples caricias, rítmicas, relajadas y muy suaves, emulando la caricia que sentía del líquido amniótico, serán suficiente.

Intenta mantener siempre una mano en contacto con su piel y háblale suavemente. Destapa una extremidad cada vez y masajéala suavemente. Haz la bicicleta con sus piernas y sube las rodillas sobre su vientre durante unos segundos porque esto favorecerá la expulsión de gases. Masajea su tripita mediante círculos en sentido de las agujas del reloj. Observa sus señales, y si lo ves molesto o inquieto, es el momento de dejar las caricias hasta mañana. Los masajes también pueden ser de utilidad en otras etapas posteriores, puesto que sacian la necesidad de contacto del bebé. Nos pueden servir como herramienta de relajación y fomento del contacto en las etapas de angustia de separación que se dan de manera intermitente durante su crecimiento.

3.3.2. El descanso de la madre en el posparto

Ya lo has leído previamente en este libro y tal vez alguien de tu entorno ya te habrá dicho esta gran verdad: lo mejor que se puede hacer estas semanas de permiso maternal es intentar estar en sintonía con el bebé y aceptar toda la ayuda posible. ¿Cómo lograrlo? Aquí tienes algunos consejos:

✓ **Intenta organizar el tema de las visitas:** en épocas anteriores, durante los 40 días posteriores al parto, período de *cuarentena* o puerperio, familiares, amigas y vecinas le hacían la vida fácil a la nueva madre para que pudiese descansar, comer bien y estar con el bebé sin preocupaciones hasta su total recuperación. Ahora es muy distinto. Nada más salir del hospital nos encontramos con la casa llena de visitas que quieren conocer al recién llegado y nos vemos haciendo de anfitrionas cuando tendríamos que estar en la cama descansando.

Para sobrellevar este tema lo mejor posible, podemos pactar horarios de visita (una hora o dos como mucho al día) en los que haya alguien cercano que se pueda encargar de atender a los amigos y familiares. Algunas madres, incluso, han optado por avisar del nacimiento a los amigos unos días después de dar a luz.

✓ **Descansa cuando el bebé descanse:** como hemos comentado, los bebés recién nacidos suelen dormir bastante. Aprovecha y duerme con él. No dispongas de las «mini-siestas» de tu bebé para limpiar la casa, deja esa labor para cuando tengas ayuda o simplemente delégala en terceras personas.

✓ **Acepta toda la ayuda posible:** seguro que alguien cercano que te quiere te ofrece su ayuda sincera. No lo dudes, acéptala. Déjate ayudar con la casa, con la comida, con lo que necesites… El puerperio es temporal pero es importante que seas consciente de que es una etapa muy sensible e intensa emocionalmente. Lo más importante en este momento es que te recuperes, que descanses y que disfrutes de tu bebé.

Cuenta, por supuesto, con tu pareja. Confíale tareas sin miedo; puede ser un excelente anfitrión atendiendo las visitas, ayudándote a mantener tu intimidad, encargándose de las labores domésticas, cocinando y apoyándote moralmente. Y, por supuesto, fomenta que también se haga cargo del bebé. Aunque alimentes con lactancia materna, seguro que tu pareja es la mejor cuidadora cuando no está comiendo. Puede dormirlo, llevarlo durante el día en brazos o con el portabebés, cambiar los pañales… Ganaréis mucho los tres.

✓ **Póntelo fácil:** por la noche ten a mano todo lo que puedas necesitar. Ten encendida una pequeña luz de compañía que evite tener que encender las más intensas. Si toma biberón, prepara un termo con agua templada y las medidas de la leche en polvo dentro del biberón, así sólo tendrás que mezclarla y tu bebé no se impacientará mientras lo preparas en otra estancia de la casa. No es necesario que le cambies el pañal en cada despertar, si no está sucio de algo más de pis, algo bastante común en madres primerizas.

3.4. Conclusiones

El sueño de los bebés recién nacidos es algo caótico porque siguen el orden que tenían en el útero, donde no se distingue entre día y noche y sus necesidades de cuidado y alimentación deben ser satisfechas durante todo el día sin distinciones.

La estrategia más viable para garantizar un buen descanso con un bebé recién nacido consiste en observarle para conocerle e ir anticipándonos a sus necesidades (de alimentación, de sueño, de protección, de mimos…), a la vez que descansamos también cuando el bebé descansa. En esta época, el descanso del bebé a demanda y la recuperación y la tranquilidad de la nueva madre deben de ser la prioridad para toda la familia.

Si padece de cólicos, hay que intentar respetar y promover su descanso diario para evitar que el estrés y la falta de descanso sea el desencadenante de los llantos.

En este cuadro resumen que presentamos a continuación recogemos las conclusiones de la encuesta respondida por 430 familias de nuestro foro.

Conclusiones de los usuarios de DormirSinLlorar.com

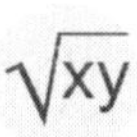

- De las 430 familias que contestaron a nuestra encuesta, 33 (8 %) tenían un bebé en la franja de edad entre 0 y 3 meses cuando descubrieron la web **Dormir Sin Llorar**.

• Casi todos los bebés colechaban para dormir, un 30 % dormía con los dos padres y un 48 % sólo con mamá. Un 3 % colechaba ocasionalmente, y el 18 % restante dormía habitualmente en su habitación.

• Un 16 % nos indica que su bebé se dormía solo, mientras que el 84 % restante le ayudaba a dormir, con el pecho (44 %) o meciéndolo (22 %).

• El principal problema a solucionar parece ser conseguir que el bebé se despierte menos veces (36 %); las más optimistas piden que duerma toda la noche del tirón (27 %). De hecho, sólo el 9 % de las encuestadas nos indican que su bebé dormía del tirón, más de la mitad (52 %) se despierta entre 1 y 4 veces y un 27 % tenía «muchos, muchísimos despertares».

• Con el tiempo, parece que las cosas mejoran, pues el 82 % de estos bebés consiguió dormir del tirón más adelante. La mayoría lo hizo entre los 19 y los 36 meses (30 %), pero algunos lo lograron incluso antes (un 21 % entre los 7 y los 12 meses, un 18 % entre los 12 y los 18 meses y el 12 % antes de los 6 meses).

• La mayoría de las respuestas (59 %) apuntan que la mejora se debe a la maduración del sueño de su bebé, mientras que un 19 % encontró beneficiosas las rutinas y un 7 % atribuye la mejora al colecho.

• Para poder mejorar las noches, ante todo es fundamental mentalizarse: un 82 % considera imprescindible entender que el sueño es un proceso evolutivo, y también les tranquilizó descubrir que el bebé no tenía ninguna patología ni los famosos «malos hábitos adquiridos» (61 %).

• Respecto de las acciones a tomar, nuestras familias señalan la importancia de observar al bebé para poder adelantarse a sus necesidades (63 %), el colecho o dormir cerca del bebé (58 %) y la rutina (57 %).

• El foro de consultas de Dormir Sin Llorar se demuestra una herramienta muy útil, valorado como «imprescindible» por el 61 %.

3.4.1. Plan de acción

Esperamos que con la lectura de este capítulo dedicado al sueño de los más pequeños hayas aprendido trucos útiles y hayas diseñado un plan de sueño para ponerlo en práctica.

Es el momento de coger tu **Guía Dormir Sin Llorar** y trabajar con ella las próximas semanas. Relee este capítulo todas las veces que lo necesites y no dudes en visitar nuestro foro si precisas apoyo y más inspiración. Te esperamos.

Continúa las instrucciones de la **Guía Dormir Sin Llorar**, prueba y evalúa tu Plan de Sueño.

Otros capítulos que te pueden interesar:
Cap. 4, punto 4.1.1. Crisis de crecimiento en bebés amamantados (p. 94).
Cap. 9. Dormir a dos o más (p. 215).
Cap. 10. Molestias que quitan el sueño (p. 221).

Capítulo 4
Bebés de 4 a 7 meses

4.1. ¿Cómo duermen los bebés de 4 a 7 meses?

Cuando nuestro hijo deja atrás su tercer mes de vida, comprobamos que cada vez pasa más tiempo despierto, interactúa más, deja atrás los cólicos y, por ello, sentimos que tanto él como nosotros en nuestro rol de padres nos hemos adaptado, ¡por fin! a nuestra nueva vida.

Creemos ver la luz al final del túnel, ya que hemos leído (o nos han contado) que a partir de esta edad están preparados para dormir la noche entera. ¿Qué hay de cierto en ello?

Tengo una niña de 4 meses y una semana. Desde que nació, por la noche dormía de maravilla, sólo se despertaba dos veces para mamar y si se medio despertaba durante la noche, se volvía a dormir tranquilamente ella sola. A los 3 meses y medio de repente se empezó a despertar cada hora o dos horas y sólo se duerme si la cojo y le pongo el chupete o el pecho (no para comer, se duerme en seguida). Llevamos así 3 semanas ya y no va a mejor. A veces espero un poco para ver si se duerme, pero se pone nerviosa y la tengo que calmar. La verdad es que me caigo de sueño, sólo quiero saber a qué es debido, porque he leído que a partir de los 4 meses el sueño se estabiliza y es menos caótico, pero ¡¡a mí me parece lo contrario!!

Lo cierto es que el sueño del bebé continúa con su proceso de maduración, que se caracteriza por un aumento del tiempo que pasa despierto durante el día, siendo cada vez más consciente de su entorno. Es decir, cada vez disfruta más de estar despierto, todo le interesa y participa de la compañía.

Poco a poco el sueño deja de ser tan caótico e impredecible como al principio y adquiere un nuevo ritmo, el circadiano, ya que el descanso tiende a concentrarse en 3 o más siestas durante el día y un período más largo (aunque con interrupciones) por las noches. Pueden llegar a enlazar 4 o 5 horas de sueño ininterrumpido por la noche. La mala noticia es que la experiencia nos ha demostrado que estas 4-5 horas no siempre coinciden con las que tú también duermes.

En esta etapa, el sueño se va consolidando, pero no de la manera que esperamos. Esta estimulación de la que disfrutan durante el día hace que el sueño sea más inestable, y en muchos casos, bebés que hace un par de meses dormían unas cuantas horas seguidas en la noche dejan de hacerlo, dando la impresión de que el sueño del pequeño «va para atrás» como describen muchos padres. Es la «progresión del 4.º mes» porque todos estos cambios en las noches que notas es debido a que tu bebé se está desarrollando correctamente.

Mi hijo tiene 4 meses, y mi mayor problema es que no descansa bien por el día y entonces por las noches llora mucho para dormirse. Ya le he restringido juguetes y actividades con las que se ponía muy nervioso. Casi me limito a cambiarlo, hablar con él y jugar un poquito cara a cara y a dormirlo como sea. A veces me quedo con él en brazos porque tengo miedo de que se despierte.

Le cuesta conciliar el sueño. He visto a otros bebés que se duermen fácilmente en cualquier lugar. Mi hija llega a tener los ojitos rojos de cansancio, lo veo, pero le cuesta entregarse al sueño.

Este cambio no corresponde a ninguna patología ni a un mal hábito. Es el desarrollo natural del sueño de los niños. Un pequeño estudio encontró que, entre los bebés con lactancia materna, el período de sueño nocturno más largo se producía hacia los tres meses, una media de seis o siete horas al día. A partir de los cuatro meses, los bebés pasaban a despertarse cada hora y media o dos horas, con un solo período más largo de unas cuatro horas.[1] También es normal que el bebé no quiera estar solo, que llore en cuanto salgamos de la habitación, que muestre una clara preferencia por uno de los padres a la hora de dormir, que se duerma plácidamente en nuestros brazos y se despierte nada más dejarlo en la cuna, y que, por lo general, no aguante más de un par de minutos en el carrito, en la hamaca o en la cuna.

Mi bebé acaba de cumplir 6 meses, tarda mucho en dormirse, unas 2 horas, y normalmente antes de las 12 de la noche no consigo meterlo en la cuna. Además, siempre tiene que dormirse o en brazos paseando por la casa o en el pecho. Me preocupa también que no duerme muchas siestas.

Y si a todo esto añadimos el fin del permiso de maternidad (que en España se reduce a 16 semanas), muchas mamás vuelven al trabajo cuando su bebé ni siquiera ha cumplido los 4 meses o poco después. Como consecuencia de ello, muchos pequeños que hasta entonces habían pasado todo el tiempo con su madre, empiezan a ser cuidados por un familiar o a pasar parte del día en la escuela infantil. Ante la nueva situación, lo habitual es que se encuentren confusos e intranquilos y aumenten la demanda de seguridad, lo que añade más razones para no dormir «bien».

El sueño de los bebés de esta edad está en pleno proceso de maduración. La participación cada vez más activa en la vida hace que a los pequeños les cueste *apagar las pilas* y relajarse.

---

1. Elias, M. F., Nicolson, N. A., Bora, C., & Johnston, J. (1986). Sleep/wake patterns of breast-fed infants in the first 2 years of life. *Pediatrics*, 77, 322-329.

Este estado de estimulación y agitación diurna puede hacer que aumenten los despertares nocturnos, en contra de las ideas preconcebidas que se suelen tener sobre la forma de dormir a esta edad. Si volvemos a mirar las estadísticas presentadas en el primer capítulo de este libro (p. 20), veremos que un alto porcentaje de bebés a esta edad presentan despertares nocturnos y dificultades para iniciar el sueño o desvelos.

Como todo proceso, acabará superándose de manera natural y sin necesidad de intervenir. Pero, mientras eso sucede, podemos observar a nuestro bebé y poner en práctica alguna de las estrategias que recogemos en este capítulo para que las noches sean lo más tranquilas posibles. Por ello, anticiparse a sus necesidades de sueño y buscar técnicas que les ayuden a relajarse serán las claves a tener en cuenta durante estos meses para dormir mejor.

4.1.1. Crisis de crecimiento en bebés amamantados

 Si tu bebé se alimenta con lactancia materna, sigue leyendo; si no, pasa al siguiente punto: **4.2. Consejos básicos para el sueño** (p. 96).

Sobre los tres meses suele darse un hecho en la alimentación del bebé que está directamente relacionado con el sueño: la crisis de la lactancia.[2] No es la primera pero, sin duda, es la más importante.

Habitualmente a esta edad, la duración de las tomas se acorta de forma significativa. A menudo el bebé llora al mamar o parece «pelearse» con el pecho; se vuelve más demandante y empieza a mamar a horas insólitas, incrementando la frecuencia de las tomas, especialmente por la noche, lo que aumenta, por ello, los despertares para tomar el pecho.

---

2. Asociación Española de Pediatría - Comité de Lactancia Materna. (2023). Preguntas frecuentes sobre lactancia materna [Recurso electrónico]. Recuperado de www.aeped.es/comite-nutricion-y-lactancia-materna/lactancia-materna/preguntas-frecuentes-sobre-lactancia-materna.

Simultáneamente, la madre tiene la sensación de estar quedándose sin leche, pues los pechos están más blandos y ya no nota la subida de la leche como antes.

En realidad, la razón de estos cambios radica en la experiencia, tanto la del bebé, que a estas alturas ha aprendido a succionar con mayor eficacia (de allí la reducción de la duración de las tomas), como la de la glándula mamaria, que ha adquirido la capacidad de producir la leche en el momento en que el niño la pida, no siendo, por tanto, necesario almacenarla con antelación. El pecho deja de estar tan congestionado y de gotear.

Durante este bache, muchos consejos de familiares y algunos profesionales de la salud apuntan en la dirección opuesta, sugiriendo a la madre que *se está quedando sin leche,* y recomiendan el destete o la introducción paulatina de biberones de «ayuda», que no hacen otra cosa que poner en grave riesgo la continuidad de la lactancia.

De modo que lo adecuado para solucionar la crisis es intentar adaptarse al bebé. Si pide más pecho es porque necesita comer más.

La solución es simplemente ponerlo al pecho más a menudo para que aumente la producción de leche como consecuencia de la succión. Si le damos un biberón de ayuda, el bebé se saciará y disminuirá la estimulación de la glándula mamaria al mamar menos rato, obstaculizando el curso natural de la lactancia. Un biberón, por pequeño que sea, reduce la producción en la siguiente toma. Si esto se repite en cada toma o varias veces al día (o la noche), se produce una bajada de producción importante, además de un posible rechazo al pecho por parte del bebé (debido al efecto del biberón, sale más leche con menos esfuerzo), llegando así a un destete prematuro y en muchas ocasiones no deseado.

Para el bebé, las tomas nocturnas conllevan, además, un factor afectivo, no sólo nutricional, y es posible que el bebé se despierte más a menudo y busque el pecho como forma de sentirse unido a su madre, especialmente si durante el día han estado separados.

Para sobrellevar esta sobredemanda temporal, recomendamos la cercanía con el bebé en colecho o cuna colecho y practicar dar el pecho en posición tumbada para que los despertares se hagan más llevaderos.

Para saber más sobre el colecho (dormir junto a tu bebé) y encontrar trucos para descansar mejor, ve a la p. 66 y lee el punto **3.2.6.1. El colecho, una opción a tener en cuenta,** y luego regresa a este punto.

Otros consejos útiles para sobrellevar las crisis de crecimiento los encontramos en la web de apoyo a la lactancia de Alba lactancia materna (www.albalactanciamaterna.org):

— Jamás, bajo ningún concepto, hay que forzar a un niño a mamar ni insistir demasiado para que tome el pecho, puesto que el resultado puede ser justamente el contrario y provocar un rechazo real donde hasta entonces no existía más que una crisis pasajera.
— Cuando un niño está en plena crisis, resulta muy útil darle el pecho en penumbra y en silencio. Cuantos menos estímulos externos haya, más tranquila será la toma.
— No esperar a que el niño llore para ponérselo al pecho, pues es posible que para entonces su ansiedad se traduzca en desesperación.
— Paciencia, mucha paciencia. Tal como ha llegado, la crisis se irá.

4.2. Consejos básicos para el sueño

Para mejorar el descanso familiar, aprende a conocer las señales de cansancio o estrés de tu bebé. Intenta llevar a la práctica estas sugerencias, ya que son la base de un buen descanso.

---

3. LME, siglas de lactancia materna exclusiva.

 Abre tu **Guía Dormir Sin Llorar** y rellena el apartado sobre definir objetivos en la p. 291; una vez hecho esto, regresa a este punto para seleccionar ideas que os resulten útiles para lograrlos.

4.2.1. Descansar durante el día

Sabemos que una de las razones principales que dificultan el sueño de los bebés de esta edad es la estimulación tan intensa que viven. Sus capacidades recién desarrolladas para coger objetos y manipularlos, reírse e imitar sonidos les permite actuar como los seres sociales que son.

Todo es nuevo, todo es interesante: detrás de cada luz, de cada sonido, de cada persona nueva hay un universo por explorar. ¡Demasiado fascinante para perdérselo!, deben de pensar ellos. El viejo consejo «cánsale que así se dormirá mejor» no tiene base ni fundamento y, de hecho, es totalmente contraproducente. Hemos comprobado en multitud de ocasiones que un bebé demasiado cansado tarda más tiempo en dormirse y se despierta con más frecuencia.

 *No duerme siestas regulares porque por norma general durante el día duerme más bien poco. Por la mañana, si salgo a la calle con ella a pasear, se queda dormida un rato en el cochecito, pero si me quedo en casa no hay manera, suelen durar un máximo de 30 minutos. Por la tarde, sobre las 14.30 h. le suele entrar sueño, porque empieza a frotarse los ojos y a quejarse, entonces me voy con ella a su habitación, la relajo y le intento crear una rutina para que duerma, pero le cuesta muchísimo coger el sueño, a veces está hiperactivada y lo peor es que en los casos en los que consigue dormirse me tengo que quedar con ella en la habitación porque en cuanto salgo, parece que tiene un detector de presencias, porque tarda 1 minuto en despertarse y entonces ahí sí que ya no hay forma de volverla a dormir.*

4.2.1.1. Identifica las señales de sueño del bebé

Si se mueve menos, presenta palidez, empieza a bostezar, frotarse los ojos o arquea la espalda, puede ser un buen momento de acostarlo.

✓ **Verbaliza** su estado: (expresa en voz alta lo que siente). «Qué cansadito estás, mira qué sueño tienes, vamos a dormir un ratito».

✓ **No te demores:** si esperas a que aparezcan las señales tardías, como irritabilidad, llanto, tirones de oreja o pelo, mal humor…, será mucho más difícil ayudarlo a conciliar el sueño.

✓ Una vez tengas identificadas las horas a las que tu bebé muestra señales de sueño, **adelántate** a ellas e intenta ayudarlo a dormir antes de que se presenten. Por ejemplo, si ves que a las 11 de la mañana tu pequeño se frota los ojos y le cambia el carácter, intenta ayudarlo a dormir media hora antes el próximo día.

Observando al bebé: ve a la p. 294 de la Guía Dormir Sin Llorar, donde encontrarás una tabla horaria. Anota el día a día de tu bebé, especialmente las señales de sueño. Cuando esté acabada, obsérvala detenidamente y extrae tus conclusiones.

Mi niño, que es también muy inquieto, se ha ido calmando conforme ha ido aumentando las horas de sueño diurno. Esto es un poco como la pescadilla que se muerde la cola: duerme mal, se despierta nervioso, está más irritable, vuelve a tener sueño pero de puro cansancio no se puede dormir… y así sucesivamente. A ver si consigues que cada día duerma un poquito más para que le vaya cogiendo el gustito y al final pueda descansar lo que realmente necesita, pero ten paciencia, necesita perseverancia.

No existe un número estándar de siestas por edad ni horas correctas para dormirlas, es decir, bebés de la misma edad pueden tener patrones de sueño completamente distintos. El número de siestas será el que se ajuste al ritmo natural de sueño de tu hijo. Cíñete a su rutina en vez de intentar adaptarle a la tuya. Recuerda que el cuadro horario de **Guía Dormir Sin Llorar** que hemos mencionado, podrá serte muy útil.

La forma de dormir la siesta varía según el bebé. Algunos duermen de maravilla si les sacamos a dar un paseo en el carrito; otros prefieren estar en un portabebés junto a mamá o papá; los hay que necesitan la cuna, o la cama familiar. Lo mejor es ir probando hasta dar con la modalidad que prefiera nuestro bebé y que nos da mejor resultado. El objetivo principal es que descanse, y hacia ese punto se deben orientar nuestros esfuerzos.

Es conveniente reajustar el horario de las siestas cuando interfieren con el sueño nocturno: por ejemplo, si han pasado pocas horas desde el último despertar y el bebé ya no tiene sueño, dejarlo un ratito más despierto. O al contrario: si hace mucho que no duerme y está muy cansado, adelanta la hora de irse a dormir.

Repasa, si es necesario, la metodología para lograr que tu bebé haga siestas regulares. Hemos leído estas pautas en el punto **2.2. Siestas regulares**, en la p. 36.

4.2.2. *Mediante rutinas y rituales, preparar el camino del sueño*

Las rutinas o rituales, es decir, hacer cada día antes de dormir las mismas cosas, son las mayores aliadas para poner en hora a nuestros bebés y lograr que se predispongan para el descanso.

Marcos tiene 4 meses, y desde hace 1 mes empecé con baño, pecho, aparato de canción de nanas y a dormir. De dormirse a las 23 o 24 h. ahora está en la cama a las 20:00. Con un par de despertares hasta las 24 h. Luego duerme 4 o 5 horas del tirón, se despierta otra vez para comer y duerme hasta las 9 o 10 h. También he de decirte que duermo con él, y eso facilita a la hora de darle de mamar y calmarlo cuando se

Aunque abandonar la actividad para dormir es algo que cuesta (¡vivir es más interesante!), necesitan descansar y no debemos olvidarlo.

¿Cómo ayudarlos? Cuando reconocen los pasos de los rituales de antes de ir a dormir, se predisponen a ello. A esta edad no son nada complejos: un baño o masaje con una simple canción de cuna mientras le pones el pijama puede ser un buen indicador de que se acerca la hora del descanso. Acompáñalo de luz suave e intenta que una hora antes de irse a la cama, la casa entera invite al relax: evita las luces fuertes, los ruidos y los juegos movidos con cosquillas y pedorretas. Estas actividades activarán a tu pequeño explorador y no te resultará nada fácil relajarle para que se duerma.

Una vez finalice el ritual de sueño, duérmelo como más efectivo te resulte. Si es capaz de dormirse solo, estupendo, pero si no lo hace, no te preocupes, la mayoría de los bebés necesita que les ayudemos a dormir.

Pueden dormirse tomando el pecho, en brazos, en la cama, en la cuna junto a sus padres, con música suave, con una canción, con mimos, con un masaje, con varias cosas a la vez o con una sucesión de ellas. Duérmelo como mejor funcione y disfrutes.

Repasa, si es necesario, el punto **2.3. La rutina de buenas noches** (en la p. 43).

4.2.3. Para minimizar los despertares, duerme cerca de tu bebé

El 63 % de los padres que respondieron nuestra encuesta presentaron los despertares nocturnos como el mayor problema al que se enfrentaban por las noches. El 13 % estimaba que lo eran las dificultades para dormirse.

Los problemas de conciliación (dificultad para quedarse dormidos) se pueden solucionar haciendo hincapié en la rutina de buenas noches, como hemos descrito arriba. En cambio, el incremento de los despertares nocturnos se debe a la maduración normal del sueño, en la que se incorporan nuevas fases y, entre ellas, aparecen más microdespertares. Resumiendo, diríamos que hagamos lo que hagamos, el bebé se va a despertar en cada pico de sueño ligero. Espera, ¡no te asustes!

Lo que sí podemos hacer es intentar que estas interrupciones sean lo más cortas posibles, minimizando su impacto en nuestro descanso y trabajar en la confianza de nuestro bebé para que se vaya sintiendo más seguro y logre pasar por un microdespertar sin pasar revista a su cuidador.

Para ello, nada mejor que dormir cerca de él. No es necesario que sea en la misma cama, pero si lo ponemos, al menos, en nuestra misma habitación, nos garantizaremos más descanso y eliminamos los desvelos que producen los paseos de madrugada por los pasillos de la casa para atenderle.

Merece la pena probarlo.

Tengo una niña de 6 meses que aún toma pecho por las noches. Desde el principio la hemos acostumbrado a dormirse en su moisés solita (duerme con nosotros en la habitación). Se duerme bien, sin problemas, entre 6 y 7 horas, pero desde hace unos días, de madrugada empieza a protestar (entre lloro y protestas) medio dormida y pensábamos que era «hambre» (que a veces también) pero sólo deja de protestar si la metemos con nosotros en la cama. Entonces, ni llantos ni hambre ni nada, duerme del tirón.
No sabemos qué hacer, porque hay gente que dice que es malacostumbrarla, otros que dicen que es bueno y natural… Y sinceramente, no nos molesta que duerma con nosotros.

Si quieres saber más sobre el colecho (dormir junto a tu bebé) o las alternativas cercanas a éste y conocer las recomendaciones para ponerlo en práctica, ve a la p. 66 y lee el punto **3.2.6.1. El colecho, una opción a tener en cuenta.** Luego regresa a este punto.

4.3. Otros problemas y otras soluciones

En las siguientes líneas recogemos estrategias y soluciones a los diferentes tipos de problemas o inconvenientes que se nos han ido planteando en nuestros foros en esta franja de edad. Revísalas, escoge y anota en tu **Guía Dormir Sin Llorar** las que puedan ser útiles para vuestra familia para ponerlas en práctica.

4.3.1. Dormirse con apoyos o asociaciones

Las asociaciones forman parte de la rutina. Todos las tenemos: el tipo de cama, la luz ambiental, la dureza del colchón, el rato de lectura antes de dormir, etc. Son acciones que repetimos cada noche que nos predisponen al sueño, justo lo que hacemos con nuestros bebés cuando les presentamos una rutina que les anuncia que la hora de dormir ha llegado.

A veces se quedan dormidos en el último paso, que puede ser siendo mecidos, mamando o tomándose su biberón.

Muchos padres se sienten responsables de las interrupciones nocturnas porque creen que durmiendo a sus bebés en brazos o amamantándolos han generado este problema. No es así. Casi todos los bebés exigen compañía para dormirse y casi todos los padres del mundo ayudan a dormir a sus bebés con diferentes técnicas, especialmente las que funcionan. Por ello, dormirlos en el pecho o meciendo no son «muletillas»; son «herramientas» que usamos porque funcionan y ayudan, no son la causa de los despertares.

 Si quieres saber más sobre la relación que tiene dormir al bebé con tu ayuda con las malas noches, ve a la p. 55 y lee el punto **3.2.4. ¿Que el bebé se duerma sin ayuda?** Luego regresa a este punto.

No obstante, es comprensible que se busquen alternativas para evitar al máximo el trastorno que supone dormir al bebé de una única manera y con una única persona. Los trucos que presentamos están destinados a mejorar las técnicas de conciliación y las que usaremos para volverlos a dormir cuando se despierten.

4.3.1.1. Usa diferentes técnicas y comparte las noches

Es un buen momento para probar nuevas maneras de dormir a tu bebé.

Prueba a alternar la forma en que lo duermes y cuenta con la ayuda de tu pareja u otra persona para ello. Es uno de los mejores consejos que se pueden dar. No sólo le estás facilitando el sueño al pequeño al poner a su disposición diferentes formas de quedarse dormido, sino que te estás asegurando una ayuda ideal en la crianza de tu bebé si logras que, al menos, otra persona también esté capacitada para lograr dormirlo.

Empieza por las siestas, que es cuando menos cansados estáis e intenta que concilie el sueño de varias formas, en varios días; observa sus reacciones y altérnalas.

4.3.1.2. Dormirse en brazos

Un clásico que casi nunca falla y que además admite variantes:

- Puedes mecerlo **sentada**, con el bebé contra tu pecho o tumbado en tus brazos. Muévete hacia delante y hacia atrás.
- Puedes usar una **mecedora** si dispones de ella.
- Puedes usar un **portabebés.** Esto te permitirá poder hacer cosas mientras se relaja sobre ti. Cuando se haya dormido, lo depositas con cuidado en la cuna.
- Con la hamaquita también puedes reproducir el vaivén.
- Otra solución es el carrito, especialmente si se está fuera de casa.

Los bebés prefieren el contacto humano en lugar de la hamaquita, cochecito o moisés con ruedas, pero también es cierto que cuando están muy nerviosos y no obtienen consuelo en brazos, ser mecidos con algo de energía en el cochecito o similar les puede tranquilizar y dormir.

4.3.1.3. Dormirse con el chupete

Muchos bebés alcanzan el sueño succionando su chupete y el problema se manifiesta en la noche cuando lo pierden y lo necesitan para volver a conciliar el sueño. Si éste es tu caso, valora poner en práctica el consejo que nos dejó una de las mamás de nuestro foro.

4.3.1.4. Dormirse comiendo y despertarse para comer

La acción de succionar, ya sea con el pecho, el chupete o con el biberón, relaja a los bebés, por lo que es habitual que a esta edad se queden profundamente dormidos cuando comen. En algunas ocasiones, el problema es que el bebé quiere estar toda la noche con el pecho en la boca (popularmente se conoce como *«usar el pecho de chupete»*). Lo cierto es que esta expresión está mal acuñada, en realidad es el chupete lo que sustituye al pecho. Algunos bebés, a falta de pecho, también prescinden del chupete y sacian esta necesidad chupándose el dedo. La necesidad de chupar es inherente. Se sabe, gracias a las ecografías, que ya dentro del útero se chupan las manitas y los dedos. Con ello no sólo estimulan sus músculos orales, sino también su percepción del sabor y el olor.[4]

Tiene 4 meses, sólo se duerme al pecho y sólo aguanta dormido con el pecho en la boca. No me puedo despegar de él mientras duerme hasta que no coge el sueño bien cogido (lo que con suerte son unas 2 horas). A veces se duerme abrazado a la teta con los dos brazos. Soy un chupete gigante.

Cuando vemos que sucede esto y deseamos cambiarlo, a esta edad cuando se les duerme se puede intentar parar cuando están a punto de abandonarse al sueño, es decir, si están mamando o tomado su biberón y ves que tragan más lentamente y se están quedando dormidos, intenta sacar el pezón o el biberón poco a poco. Después sujeta suavemente la barbilla para intentar que coja el sueño sin nada en la boca. No siempre se consigue. Si en tres intentos no lo logras, déjalo y pruébalo de nuevo mañana, pasado… y el otro. No presionar, pero persistir día a día es la clave.

La forma de actuar en un despertar nocturno en el que se duda si se ha despertado por hambre sería:

---

4. Bu'Lock, F., Woolridge, M. W., & Baum, J. D. (1990). Development of co-ordination of sucking, swallowing and breathing: ultrasound study of term and preterm infants. *Developmental Medicine & Child Neurology*, 32(8), 669-678.

1. **Escuchar** y determinar si el quejido es de hambre o es tan solo un ruido nocturno (son fácilmente diferenciables: el primero no cesa y va a más y el segundo sólo dura unos instantes y el bebé se vuelve a dormir). Si se trata del primer caso:

2. **Alimentarlo**. Si es de pecho, simplemente ofréceselo. Si tu bebé toma biberón, deja a mano, al principio de la noche, un termo con agua templada y, por separado, las medidas de la leche ya preparadas dentro del biberón para sólo tener que mezclarlas con el agua tibia y, de ese modo, evitar que el bebé se impaciente esperando la comida. Dale de comer en penumbra, evita estimularlo e intenta que este momento sea muy aburrido para evitar que se desvele.

Eliminar los gases. Ponerlos a eliminar los gases les puede despertar. A los bebés de pecho no es necesario incorporarlos para que los expulsen. El sellado que hace la boca del bebé contra el pezón evita que trague aire. A veces los alimentados con biberón tampoco lo necesitan. Si el bebé se ha quedado dormido tranquilo después de haber mamado o tomado su biberón es señal de que nada le incomoda. En cambio, si se muestra intranquilo o inquieto, ayúdalo a expulsar el aire sosteniéndolo unos minutos en posición vertical. No es necesario ni recomendable darle palmaditas en la espalda.

4.3.2. ¿Cereales para dormir más y mejor?

Ante esta sugerencia tan popular de añadir cereales al biberón para evitar que se despierte por hambre, recordamos que la OMS y la AEP recomiendan la lactancia exclusiva (sólo leche) hasta los 6 meses de edad.

Sin embargo, familiares, amigos y, en ocasiones, hasta profesionales de la salud recomiendan un biberón con cereales antes de irse a dormir como *remedio* para los despertares. Se ha evaluado en un estudio el efecto de añadir cereales a la última toma. Buscaban la posibilidad de que los niños a los que se les daba cereales durmieran un período de 6 horas seguidas. No fue así. No hubo diferencias entre un grupo y otro.[5] Otro estudio más reciente, corrobora las conclusiones.[6] Cabe subrayar, además, que a algunos bebés los cereales les resultan indigestos por la noche, con lo cual los despertares pueden incluso aumentar por las molestias digestivas. Si sospechas que se despierta por hambre, dale sólo el pecho si toma lactancia materna, y si toma lactancia artificial, ofrécele un biberón prescindiendo de los cereales.

Intenta que la última toma antes de irte a la cama tú sea larga y completa, y si tu hijo toma biberón, asegúrate de que se haya quedado saciado. Para ello, haz el biberón de la última toma algo más grande. No lo obligues a tomárselo entero, ya que se puede sentir pesado y es peor; deja que decida cuánto quiere comer. Es mejor que sobre algo de leche a que se llene de más.

Tenía la esperanza de que todo cambiaría cuando empezase con los cereales, pero no ha sido así: se come un gran cuenco de papilla con cuchara pero a la hora me está pidiendo de nuevo el pecho.

Si tu bebé tiene más de 6 meses y ya has iniciado la introducción de alimentos sólidos, ve a la p. 123 y lee el apartado **5.1.3. La alimentación complementaria y su relación con el sueño.** Luego regresa a este punto.

4.3.3. Regreso al trabajo y cuidado por otras personas

Si es tu caso, sigue leyendo, si no, pasa al siguiente punto **4.4. Conclusiones,** en la p. 109.

---

5. Macknin, M. L., Medendorp, S. V., & Maier, M. C. (1989). Links Infant sleep and bedtime cereal. *American Journal of Children Desease,* 143(9), 1066-1068.
6. Brown, A., & Harries, V. (2015). Infant sleep and night feeding patterns during later infancy: Association with breastfeeding frequency, daytime complementary food intake, and infant weight. *Breastfeeding Medicine,* 10(5).

Uno de los cambios que se presentan a esta edad es el final del permiso de maternidad y el regreso de la madre al trabajo. El bebé, que hasta ahora había gozado de los cuidados maternales exclusivos, pasa a ser atendido durante horas por su padre, los abuelos, la niñera o la escuela infantil. ¿Cómo favorecer este cambio para que interfiera mínimamente en su descanso diurno? Te presentamos las experiencias de los usuarios de nuestros foros.

> *Yo sólo te puedo contar la experiencia de mi hermana. Mi sobrino toma pecho, y cuando mi hermana se tuvo que incorporar al trabajo no tuvo ningún problema. El papá era el que se quedaba con él durante la mañana y se acostumbró fácilmente a su papi. Se lo llevaba a la calle en el carrito y se quedaba dormidito. Eso sí, cuando llegaba mi hermana, ya sólo tenía ojos para ella. Incluso un poco antes de que llegara mi hermana del trabajo ya se ponía a quejarse como sabiendo que su mami iba a llegar ya. Ahora tiene más de un añito y si al papá le sale algún trabajillo se lo queda mi madre y sin problemas también. Mucho ánimo y poco a poco, que tu peque seguro que te sorprende.*

Es muy probable que acepte el cambio sin demasiadas complicaciones, especialmente si ya conoce a la persona que se encargará de él, como sucede en el caso de papás y abuelos. Es importante instruir a los nuevos cuidadores en los horarios del bebé y explicarles el lenguaje corporal de éste para que puedan comunicarse con él y poder identificar los signos de cansancio o estrés. Hay que resaltar que aunque el pequeño se quede a gusto con otras personas y encuentre su nueva rutina del sueño sin demasiados problemas, cuando regreses sólo querrá estar contigo y recuperar el tiempo perdido. Es posible que hasta que se habitúe a la situación, aumenten los despertares nocturnos. Ten un poco de paciencia durante el proceso.

4.3.3.1. Escuela infantil y siestas

Si tu bebé irá a la guardería en tu ausencia, lee el apartado **2.2.2. Siestas y guardería** en la p. 41, luego regresa a este punto. Si no, continúa leyendo.

4.4 Conclusiones

El sueño de los bebés de 4 a 7 meses está en plena evolución. Nuevas subfases del sueño se añaden a las dos existentes, lo que aumenta la probabilidad de interrupciones nocturnas porque presentará más picos de sueño ligero y breves despertares.

Los bebés amamantados pasan una crisis de lactancia que se manifiesta con despertares nocturnos para mamar y, de esta manera, generar la cantidad de leche que necesitan para «pegar un estirón».

Para garantizarnos un buen descanso, tenemos que estar atentos a sus señales de sueño para determinar sus momentos de siesta y la hora idónea para irse a la cama. Ayudando al acople con el ritmo circadiano, en el que dejan atrás el sueño a demanda y vemos que se van estableciendo dos o tres siestas a horas más o menos fijas. Es un buen momento para que ambos padres participen en ella e intenten dormir al bebé los dos. Cada uno tendrá sus propias estrategias y ofrecerá al bebé diferentes formas de quedarse dormido y con distintas compañías.

En el siguiente cuadro resumen recogemos las conclusiones de la encuesta respondida por 430 familias de nuestro foro. Están recogidas las experiencias y conclusiones de padres cuyos bebés tenían entre 4 y 7 meses de edad cuando llegaron al foro. Léela con atención. Puede darte pistas de cómo abordar tu caso.

Conclusiones de los usuarios de DormirSinLlorar.com

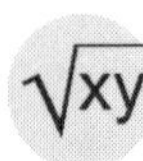

- Un total de 97 bebés (23 %) tenía de 4 a 7 meses cuando sus padres llegaron a nuestro Foro.
- Un 6 % de las familias nos indican que su bebé se dormía solo, mientras que el 94 % restante le ayudaba a dormir, comúnmente con el pecho (56 %) o echándose a su lado (12 %).
- Con el tiempo, parece que las cosas mejoran, pues el 84 % de estos bebés consiguió dormir del tirón con el tiempo. La mayoría lo hizo entre los 19 y los 36 meses (28 %), pero algunos lo lograron incluso antes (un 20 % entre los 7 y los 12 meses, un 13 % entre los 13 y los 18 meses y el 1 % antes de los 6 meses).
- La mayoría de las respuestas (57 %) apuntan que la mejora se debe a la maduración del sueño de su bebé, un 14 % la atribuye al haberse relajado al darse cuenta de que su «problema» era más normal de lo que pensaba; un 10 % encontró beneficioso el colecho y un 7 % la rutina.
- Un 88 % considera imprescindible entender que el sueño es un proceso evolutivo y también le tranquilizó descubrir que el bebé no tenía ninguna patología ni «malos hábitos adquiridos» (66 %).
- Respecto a las acciones a tomar, nuestras familias señalan la importancia de observar al bebé para poder

adelantarse a sus necesidades (58 %), el colecho o dormir cerca del bebé (51 %) y la rutina (39 %).

• Casi todos colechaban (el 75 % de forma habitual y un 1 % ocasionalmente), y sigue habiendo despertares: sólo un 6 % duerme del tirón, mientras que un 25 % se despierta, según nos indican sus papás, «muchísimas veces».

• Para volverles a dormir, la mayoría de las mamás usan el pecho (58 %).

• Durante el día, las siestas van regularizándose y adquiriendo un patrón, puesto que en este tramo encontramos que un 3 % de bebés duerme siestas de más de dos horas; ninguno de los bebés del grupo de edad anterior (0 a 3 meses) «logró» una siesta de esa duración.

• La mayor preocupación de los padres sigue siendo el sueño nocturno: un 25 % considera necesario que el bebé duerma del tirón para mejorar las noches, y un 38 % se conformaría con menos despertares.

• Acerca de las molestias que quitan el sueño, observamos que, respecto al tramo anterior, la incidencia de cólicos disminuye del 6 al 3 %.

• El foro de **Dormir Sin Llorar** sigue siendo una herramienta apreciada por los papás, pues un 88 % estima que lo que más les ha ayudado ha sido entender, gracias a él, que el sueño es un proceso evolutivo.

4.4.1. Plan de acción

Esperamos que la información recogida en este capítulo haya resuelto tus dudas y hayas obtenido ideas para aplicarles en tu familia. Éste es el momento de abrir la **Guía Dormir Sin Llorar** y trabajar con ella en tu Plan de sueño para descansar mejor.

Relee este capítulo las veces que necesites y no dudes en conectarte a nuestro foro si necesitas más ideas, ayuda o alguien al otro lado con quien compartir la experiencia. Te esperamos.

Continúa las instrucciones de la Guía Dormir Sin Llorar. Prueba y evalúa tu Plan de Sueño.

Otros capítulos que te pueden interesar:

Capítulo 5
Bebés de 8 a 12 meses

5.1. ¿Cómo duermen los bebés de 8 a 12 meses?

Contra todo pronóstico, ésta es una de las etapas más intensas (en cuanto a falta de descanso) a la que se enfrentan los padres. El sueño de los bebés de esta edad, pese a alcanzar ya las mismas fases que presenta el sueño del adulto, es muy caótico. Diversos factores externos confluyen en este período, dificultando el descanso de todos, bebés y padres. Es conocida popularmente como «la crisis del 8.º mes».

Mi bebé acaba de cumplir nueve meses y ha vuelto para atrás… Ya había conseguido que durmiera solito en su cuna su horita justa de siesta… y de repente ya lleva semanas que sólo se duerme en el brazo, y aun así se despierta un montón de veces… Y por las noches, también.
Tengo la sensación, de que lo poco que había avanzado ha desaparecido, pues ya lleva tiempo así. Es horrible, porque el cansancio cada vez es mayor y ¡¡tengo ganas de que duerma bien y solito!!

Hacia los ocho meses, la mayoría de los pequeños viven un hito evolutivo conocido como ***angustia de separación***.[1] Aparece cuando el bebé

---

1. Lebovici, S., Weil Halpern, F., & Lazar, P. (1995). *La psicopatología del bebé.* Siglo XXI.

comienza a relacionarse con su entorno de forma más autónoma gracias al gateo, y suele suceder que llora mucho durante el día cuando su madre o cuidador se aleja y se despierta más de lo habitual durante la noche. Quiere estar en brazos continuamente y no admite estar más que con su figura de apego (generalmente la madre). La manifiestan todos los bebés, tanto si pasan tiempo sin su madre como si no.

También en esta etapa salen los primeros dientes, lo que les provoca malestar y despertares por las molestias. Algunos bebés durante el día no dan muestras de incomodidad aparente; sin embargo, durante la noche, debido al cese de las distracciones diurnas y a la posición tumbada (que hace que aumente la presión sanguínea en la zona), manifiestan inquietud.

A todo esto se une el que durante este período la mayoría de los niños continúa adquiriendo nuevas habilidades, como gatear, ponerse en pie, o incluso caminar, que hará que quieran practicar a todas horas para dominarlas, llegando a «obsesionarse» y despertarse por la noche para ensayar.

Como se puede apreciar, a partir de los 8 meses, los bebés viven una época de gran maduración motora y cognitiva. Al miedo primario e instintivo del abandono, se le suma el miedo a perderse, motivado por esas nuevas habilidades de desplazamiento que estrenan. Esto repercutirá en el sueño, provocando que presenten dificultades para dormirse y se incremente el número de despertares sobresaltados.

Además de las causas de origen físico y psicológico que suelen afectar a la cantidad y calidad del sueño a esta edad, se añaden algunas más de carácter social: la primera es la creencia de que los bebés ya deberían dormir toda la noche del tirón, y la segunda, que es imprescindible que duerman ya en su cuna o cama y en su habitación para evitar que «se acostumbren» a dormir con los padres.

En este capítulo expondremos las dificultades que tendremos que sortear en esta etapa y los trucos que podemos probar para superarlas.

5.1.1. La angustia de separación y el apego

La angustia de separación es un proceso de índole psicológica que la mayoría de los bebés experimentan sobre los ocho meses de edad y que se manifiesta intermitentemente (cada vez que acontece un cambio) hasta los 3 años aproximadamente.

Una de sus primeras manifestaciones suele coincidir con el comienzo del gateo. Sobre esa edad los bebés suelen pasar por un período en el que temen a los extraños, lo que demuestra que ya han adquirido la capacidad para reconocer a las personas de su entorno mediato.

El médico y psicoanalista americano René Spitz, conocido por sus trabajos sobre el *hospitalismo*, lo define como «miedo a la faz desconocida».[2] El bebé ya reconoce el rostro materno y percibe su ausencia cuando no está. El término *angustia de separación* lo acuñó el psiquiatra infantil Bowlby, que estudió y desarrolló lo que se conoce como teoría del apego. Este autor considera que la necesidad de vinculación del bebé con su madre es una necesidad primaria.

La angustia de separación está muy relacionada con el apego, pero la diferencia es que el apego es la relación entre el bebé y su cuidador que se manifiesta en las primeras semanas de vida y el vínculo es un proceso más psicológico, y en esta relación son partícipes el bebé y la madre (o la persona que lo cuida), el primero emitiendo señales y el segundo respondiendo satisfactoriamente a éstas.

Cuando el bebé percibe que el vínculo está en peligro o cree que la persona a la que está vinculado se puede alejar, se desencadena la crisis de angustia de separación. Hacemos nuestra una cita que se puede leer en el libro *Bésame mucho* de Carlos González, en la página 55, al hablar de la respuesta de la separación: «El niño pequeño nada sabe de amor paternal; sólo conoce un rostro y un regazo hacia los que tiende sus brazos en busca de refugio y atención». (G. Eliot, Silas Marner).

Las señales que suelen emitir los bebés desde el primer día para establecer un vínculo que garantice su supervivencia suelen ser: llorar, buscar contacto ocular, succionar, acercarse a la madre o seguir con la mirada.

---

2. Bowlby, J. (1993). *El apego y la pérdida.* Paidós Ibérica.

Las repuestas que esperan son: atención inmediata, interpretación, anticipación, comunicación, contacto visual y físico.

Si no se responde a estas llamadas, esto puede resultar una experiencia muy estresante para él, ya que la separación de su madre o cuidador primario la vive como una amenaza para su supervivencia. El mecanismo es instintivo en los recién nacidos para ayudarlos a sobrevivir. Esta angustia se dispara de forma dramática cuando su referente de apego se aleja.

Margot Sunderland, psiquiatra infantil, en su libro *La ciencia de ser padres* (p. 79), describe muy bien lo que sucede en el cerebro del bebé:

[...] Los bebés pueden ser muy sensibles a la separación cuando llega la hora de dormir. Si quedarse solos les produce ansiedad, la glándula pituitaria de su cerebro envía una hormona (ACTH) a las glándulas adrenales, que responden secretando altos niveles de cortisol, una hormona estresante. Estudios realizados en otros primates demuestran que, cuanto más prolongado es el período de soledad, mayor es el aumento del nivel de cortisol. Cuando disminuían los signos externos de agitación, el nivel de cortisol permanecía elevado o aumentaba más. El posible efecto a largo plazo de la reiterada ansiedad de la separación es una extrema sensibilidad al estrés. A los adultos que lo padecen les resulta muy difícil tranquilizarse. Los niños que reciben consuelo y contacto físico sosegador a la hora de acostarse producirán oxitocina y opioides en su cerebro.

Esto se puede dar a la hora de irse a dormir o bien cada vez que sientan angustia de separación, ya sea de día o de noche.

El apego a las figuras que le cuidan y el diálogo que con ellas se establece son la piedra filosofal de la confianza del pequeño, ya que con él se construye una base segura desde la que el bebé hace excursiones al exterior y a los demás, cada vez más lejanos. La «base» o refugio seguro del apego familiar es el punto de partida.[3] No sólo se apega a

---

3. Geddes, H. (2005). Attachment and learning: Part II: The learning profile of the avoidant and disorganized attachment patterns. *Emotional and Behavioural Difficulties*, 10(2), 79-93.

mamá, el bebé ira ampliando su círculo de personas importantes y llegará un momento en el que también manifestará angustia cuando se aleje el papá, los abuelos…

5.1.1.1. ¿Cuándo se manifiestan las crisis de angustia de separación?

Como hemos comentado, la angustia de separación se suele manifestar en cualquier momento en el que el bebé o el niño vea peligrar la relación con la figura de apego.

—A los 8 meses, porque surge la conciencia de la madre como ser aparte. Además, en este período, muchos bebés comienzan a tener autonomía mediante el gateo, y se angustian cuando se dan cuenta de que se pueden alejar. Cuando un bebé ve que su madre ha salido de la habitación, que desaparece de su campo de visión, no es capaz de entender que volverá. Él siente que se ha quedado solo.

Es a partir de esta conciencia que, poco a poco, comenzará a independizarse de su figura de referencia y empezará a entender que tiene identidad propia. Comprenderá que no es «una extensión de mamá, sino un ser diferente.

—A los 12 meses comienzan a caminar y, con ello, aumentan la distancia y la velocidad a la que se alejan de su madre, y en ocasiones se asustan porque se alejan más de lo que esperaban y creen perderse.

—A los 16-18 meses, con el inicio del período de autoafirmación, se manifiestan a diario berrinches y enfados, con el consiguiente cambio de las relaciones con los progenitores (correcciones a diario que le producen inseguridad).

La angustia de separación también puede presentarse o volver en casos como inicio de la actividad laboral de la madre o cuidador principal, viajes, entrada al colegio, visitas a otras casas, cambio de cuidadores, llegada de un hermano, o cualquier circunstancia en la que la figura de apego no esté tan accesible o en cualquier situación en la que el bebé o niño perciba una amenaza que pueda separarlo de ella.

Existe el prejuicio de que un niño normal no debería llorar ni resistirse frente a la partida de su madre, y que si lo hace, esto indica que la madre lo malcría o lo sobreprotege. Pero esta afirmación carece de fundamento, ya que contrariamente a lo que se suele pensar, lo normal es que el bebé proteste, llore, grite y se resista enérgicamente a cualquier tipo de separación durante los primeros tres años de vida, y que la aceptación sin más por parte del niño de la partida de la madre debe hacernos sospechar que pueda existir patología en el vínculo.[4]

Yo me paso las 24 horas del día literalmente pegada a ella, ahora os escribo con ella encima. Si salgo de la habitación, o me la llevo, ya se encarga ella de venir detrás de mí. Si está con su papi, en cuanto salgo, ya va a darle la mano para que la lleve adonde yo he ido, con lo cual hace mucho que no sé lo que es ir al baño yo sola ni nada por el estilo. Y después de una temporada muy buena de noches y de que a ella nunca le gustara el colecho, ahora nos pasamos colechando prácticamente toda la noche. Y lo peor es que a veces, si no me siente cerca, llora completamente angustiada, necesita que la toque constantemente y de verdad que lo hago, pero no le puedo evitar algunos momentos en los que lo pasa mal.

....

Hace 2 semanas se puso malito y estuvo 4 días sin ir a la guardería. Lo pude dejar con mi madre. Como estaba con fiebre y resfriado, no paraba de pedir brazos. Incluso una noche tuve que dormir con él porque necesitaba tenerme cerca también por la noche. Desde entonces le ha cambiado el carácter. Ahora ya está bien. No tiene mocos, fiebre, etc. Lleva una semana comiendo bien de nuevo pero llora cuando lo dejo en la guardería. No quiere jugar en el parque con otros niños. Apenas se relaciona. Quiere estar todo el tiempo en brazos. Sólo quiere estar en casa. No quiere ir al parque.

4. Garelli, J. C., & Montuori, E. (1997). Vínculo afectivo materno-filial en la primera infancia y teoría del attachment. *Arch Arg Pediatr*, 95, 122-125.

5.1.1.2. ¿Cómo manifiesta la angustia de separación?

Las manifestaciones más típicas son:

— En el caso de bebés, llantos exagerados, de desesperación cuando la figura de apego sale de su campo visual, negativa a estar o ir con otras personas, noches muy difíciles, con muchos despertares y resistencia a irse a dormir.

— Y en el caso de niños mayores, toman un aire más psicológico, como, preocupación exagerada y persistente por los posibles daños que puedan sufrir las personas allegadas al niño, o temor de que no regresen si se van, temor a que una catástrofe provoque la separación, negación a ir a la escuela o resistencia a ello, con el fin de permanecer más tiempo en casa junto a las personas a las que está vinculado. Temor o negativa a dormir fuera de casa, temor o negativa a estar solo, pesadillas sobre temas de separación.

También pueden manifestar angustia de anticipación o quejas somáticas (dolor de barriga, mareos…) cuando el niño prevé una separación.

5.1.1.3. ¿Hasta cuándo se presentan las crisis de angustia?

La angustia de separación, que suele comenzar a los 8 meses, se puede presentar intermitentemente y suele perder intensidad (que no desaparecer del todo) a los dos años, momento en el que ya son capaces de entender que aunque la figura de apego no está presente, ella regresará, y además pueden prever su regreso.

Aun así, las crisis de angustia de separación se pueden presentar en cualquier momento, especialmente cuando el bebé está alcanzando un hito evolutivo (como gatear o andar) o cuando las circunstancias de cada familia le suponga un alejamiento físico o psíquico de su figura de apego: inicio, guardería, vuelta al trabajo, enfermedad… o en niños más mayores, el inicio del colegio.

5.1.1.4. ¿Cómo ayudar(nos) a superarlas?

Con una dosis extra de paciencia, mostrando sensibilidad hacia tu hijo, reaccionando rápido y coherentemente entre la acción del niño y tu respuesta, manteniendo un contacto físico frecuente: besos, abrazos, juegos de falda, etc., manteniendo el contacto visual, procurando estar siempre que puedas en el campo de visión del pequeño y, si no puede ser, hablándole.

Estrategias que te pueden ayudar en bebés y niños pequeños:

✓ Llévalo contigo siempre que puedas. Cuanto más contacto, mejor. Plantéate el porteo: las mochilas, los fulares, etc.

✓ Háblale o cántale si estás en otra habitación.

✓ Cuando no puedas estar con él, déjalo con alguien a quien conozca y se sienta vinculado.

✓ Despídete siempre al marcharte y saluda al volver.

✓ El contacto debe ser continuado y la atención inmediata, día y noche. El bebé puede sentir la angustia de separación independientemente del tiempo que pases a su lado, aunque no trabajes y seas tú su persona de referencia. Es parte de su proceso evolutivo aprender a diferenciarse de ti y entender que si desapareces, volverás. La permanencia del objeto es una habilidad cognitiva superior, que le llevará un poco de tiempo.

✓ Por la noche, póntelo fácil y duerme cerca de él. Las noches en esta etapa suelen ser muy duras, ya que los despertares se incrementan. Muchas madres que trabajan deciden meter al niño en la cama por la noche; es la manera más fácil de satisfacer las necesidades de pecho y contacto de su hijo, y al mismo tiempo dormir lo suficiente para poder seguir el ritmo.

✓ Lo que tu hijo instintivamente necesita es tu presencia. Incluso una madre dormida le sirve, al menos por la noche.

Si deseas ampliar información sobre cómo dormir cerca de tu bebé con seguridad y conocer las diferentes opciones que puedes poner en práctica, ve a la p. 66 y lee **3.2.6.1. El colecho, una opción a tener en cuenta.** Luego, regresa a este punto.

5.1.1.4.1. Juegos para superar la angustia de separación

Estos juegos ayudan a los bebés y niños a superar la etapa de separación. Gracias a ellos se enfrentan al miedo de perder a mamá. Con estos juegos la ven desaparecer y aparecer y les enseña a reconocer la situación y controlar el miedo.

CU CÚ: escondiendo tu cara con tus manos o con un pañuelo y apareciendo con muecas divertidas.

NO ESTOY: el bebé a esta edad cree que si se tapa los ojos no lo podrán ver. Es importante que le sigas el juego y muy extrañada le preguntes «¿dónde está mi niño?» y te sorprendas cuando quite las manos de sus ojos.

EL ESPEJO: jugar frente al espejo es bueno en esta etapa, aunque no será hasta los 18 meses, más o menos, cuando el bebé sea capaz de reconocerse en él.

EL PELUCHE QUE DESAPARECE: coge alguno de sus peluches favoritos y átale una cuerda suave. Luego juega con él escondiendo el peluche por detrás de algún objeto, una mesa, dentro de una caja, o de una bolsa…

Anímalo para que tire de la cuerda y descubra qué hay detrás de ella. Celebra todos los intentos. Al principio tendrás que ayudarlo para que logre coger la cuerda y tirar de ella. Por eso, en ocasiones, será necesario que comiences a jugar sin esconder el muñeco, para que simplemente descubra la relación causa-efecto que existe entre el hecho de tirar de la cuerda y que aparezca el peluche. No deja sin vigilancia el juguete atado con el niño.

¿DÓNDE ESTÁS? Cuando estás en casa puedes jugar a esconderte detrás de la puerta o de muebles mientras el niño te ve, luego le llamas para que acuda a buscarte. Este juego le dará confianza suficiente para afrontar tus partidas. Poco a poco será él el que se esconderá y tú tendrás que buscarle. Tiene que ver siempre dónde te has ocultado. Debes observar la reacción del pequeño en cada uno de los juegos, ya que es importante que no se asuste. Si ves que esto sucede, no te escondas y haz aparecer o desaparecer un títere o muñeco. Dale tiempo para que coja confianza.

5.1.2. La aparición de los dientes

Muchos bebés no consiguen conciliar el sueño o se despiertan a menudo cuando tienen algún diente a punto de salir. La edad de la dentición varía según el bebé, y es tan normal que el primer diente salga a los 4 meses como que no aparezca hasta el año. Sin embargo, hemos decidido tratar el tema en este capítulo, que es cuando suele producirse la dentición en la mayoría de los casos.

Si el bebé está más nervioso e irritable, babea mucho, tiende a morder todo lo que cae en sus manos, o encontramos restos de saliva en las heces, es posible que algún diente esté preparándose para salir. Nuestra experiencia nos ha enseñado que el bebé presenta noches inquietas hasta que el nuevo diente despunta.

> *Ha estado cerca de un mes nerviosa; primero empezó por las noches a despertarse muchas veces quejándose, luego comenzó a comer menos y querer más pecho, así hasta que le han empezado a brotar los dientes. Ahora ya duerme mejor y también come más. Pero de arriba todavía le quedan dos picos por romper, así que aún nos queda un poco más.*

Los remedios más efectivos para aliviar las molestias debidas a la dentición suelen ser los siguientes:

✓ **Dar un masaje suave** con el dedo bien limpio en las encías.

✓ **Ofrecer mordedores** que estén en la nevera para que el bebé pueda morderlos, ya que el frío los alivia.

✓ **Ofrecer trozos de fruta fresca**, siempre y cuando ya estén en su dieta.

✓ **Ofrecer líquidos frescos**. Si el bebé toma leche artificial, hay que procurar que no esté muy caliente. Si toma pecho, probablemente el bebé haya aumentado su demanda. La leche le calma y por eso reclama más.

✓ **Ofrecer trozos duros de pan** si ya le han introducido el gluten.

✓ **Incorporar el cabecero** de la cuna/cama.

En algunos casos, la salida de los dientes puede ir acompañada de fiebre: si fuera necesario, se puede administrar al niño un antitérmico (previa consulta con el pediatra); está contraindicado aplicar dicho medicamento directamente en las encías.

5.1.3. *La alimentación complementaria y su relación con el sueño*

A partir de los 6 meses iniciamos la introducción de nuevos alimentos a nuestro bebé, y el cambio no es siempre bien aceptado. Enfrentarse a nuevos hábitos en su alimentación les puede provocar cierta angustia por la novedad y ésta puede hacer que se despierten por la noche intranquilos.

Muchos padres tienen la esperanza de que cuando se empieza a introducir alimentos sólidos, los bebés dejan de necesitar comer por la noche, pero la realidad es que muchos de ellos continúan necesitando y reclamando su toma de pecho o de biberón por las noches, porque hasta el año todavía son lactantes y los alimentos sólidos se van introduciendo poco a poco, tanto en cantidad como en variedad.

No existe una única forma correcta de introducir los alimentos sólidos; se recomienda seguir las directrices de la OMS y otros organismos oficiales.[5] Éstas, en términos generales, son:

✓ Ir poco a poco, introduciendo los alimentos de uno en uno.

---

5. World Health Organization (2023). *WHO Guideline for complementary feeding of infants and young children 6-23 months of age.*

✓ Dejar pasar unos días entre cada uno de ellos.
✓ No ofrecer alimentos potencialmente alergénicos antes de tiempo.
✓ No forzar nunca al bebé a comer.

Por lo demás, la mejor manera de proceder será la que más se ajuste a las costumbres familiares y gastronómicas de zona donde vivas.

Es posible que el bebé se niegue a probar alimentos nuevos o que sólo los admita en pequeñas cantidades. Recordemos que su alimento principal sigue siendo la leche, y que de allí procede su aporte calórico mayoritario. Un bebé que sigue tomando pecho o biberón a demanda no sufrirá carencias nutricionales incluso si la cantidad de alimentos sólidos que acepta es mínima. Sin embargo, la sabiduría popular insta a los padres a insistirles para que coman más, proponiendo a menudo técnicas bastantes cuestionables como destetar, obligar al bebé a comer unas cantidades fijas, ofrecerle papillas «enriquecidas» en exceso para que se alimenten más, etc.

Si nos centramos en la influencia de la alimentación complementaria y su relación con el sueño, destacamos la necesidad de no sobrealimentar al bebé antes de irse a la cama. Pese a ser una teoría muy extendida popularmente, el exceso de comida sólida puede dificultar la digestión y es muy posible que el bebé llegue a despertarse con mayor frecuencia por este motivo. Es más recomendable ofrecer al niño una cena nutritiva pero ligera.

Recordemos que a esta edad los bebés tienen hábitos alimenticios irregulares, apenas se están integrando a la dieta familiar y los horarios para ingerir alimentos no son estándar y, por ello, insistimos en que la principal consecuencia de ello es que pueden presentar varios despertares por la noche verdaderamente hambrientos. En este caso es conveniente asegurarse de que durante el día el bebé reciba alimentos nutritivos con frecuencia y ofrecerle una cena ligera antes de dormir; también es posible que tenga sed, y además de darle el pecho o el biberón a demanda es conveniente ofrecerle también agua a menudo, sobre todo en climas cálidos.

Si sospechamos que los despertares nocturnos se producen por hambre, lo más indicado es ofrecerle el pecho o el biberón como primera opción, antes de probar otras cosas.

Hasta su primer cumpleaños, la leche (materna o artificial) debe seguir siendo su alimento principal. En el caso de la lactancia natural, la OMS recomienda dar primero el pecho antes de ofrecer la comida sólida hasta el año de edad. Ten en cuenta que si un bebé no recibe durante el día la cantidad de leche que necesita para crecer, puede despertarse por la noche reclamando lo no tomado; por ello es importante seguir ofreciendo el pecho o el biberón a demanda, complementándolo con la alimentación sólida. Después del primer año, el bebé ya está casi integrado a la dieta familiar, sin olvidar que en el caso de que alimentes a tu bebé con pecho, según la OMS, la leche materna sigue siendo una buena fuente de alimento hasta los dos años o más.

5.1.4. Nuevos hitos: sentarse, ponerse de pie, gatear y caminar

Hay noches que se despierta hasta siete veces: cada hora o incluso cada media hora . A veces es como si no tuviera sueño, se pone a gatear o se sienta aunque tenga los ojos cerrados.

En estos meses, la mayoría de los niños adquiere nuevas habilidades, como gatear, ponerse de pie y, en algunos casos, incluso caminar. Cuando los bebés están aprendiendo una nueva habilidad, se entusiasman de tal manera que no cesan de practicarla día y noche, añadiendo más razones para que esta etapa sea dura para los padres: en ocasiones se desvelan en los despertares nocturnos por la necesidad de ensayar. Esto es debido a que el córtex procesa en la noche durante el sueño los patrones motores ensayados por el día.[6]

---

6. Rubin, D. B., Hosman, T., Kelemen, J. N., Kapitonava, A., Willett, F. R., Coughlin, B. F., … Performed, S. S. C. (2022). Learned motor patterns are replayed in human motor cortex during sleep. *Journal of Neuroscience*, 42(25), 5007-5020. https://doi.org/10.1523/JNEUROSCI.2074-21.2022

Así que si tu pequeño está aprendiendo a sentarse o a gatear o está experimentando grititos con su voz, es muy posible que lo haga también a horas intempestivas. En nuestro foro lo llamamos cariñosamente «maratones nocturnos» y hemos comprobado que la obsesión cesa en cuanto dominan la nueva habilidad por completo. Jugar con ellos durante el día y ayudarlos a practicar el sentarse, tumbarse, animarles a gatear haciendo carreras, ponerse de pie con ayuda de los barrotes de la cuna, bajarse, caminar etc. es el mejor truco que se puede probar, sin llegarnos a comportar como entrenadores, por supuesto. En cuanto controlen su nuevo hito, descansarán... Eso sí, hasta el próximo reto.

Cuando se despierten, si no se quejan, no es necesario dormirlos a toda costa. Si oyes que se despierta pero no llora ni se queja (y sabes que está seguro en su cuna, o a tu lado...) puedes dormitar mientras hace su gimnasia nocturna. Cuando se canse y quiera dormir, te lo hará saber. Entonces le duermes como más efectivo te resulte y listo.

5.1.5. Sacarlo de la habitación de los padres

¿Cuál es el mejor momento para trasladar al bebé a su propia habitación? La decisión de cuándo se debe sacar al bebé de la habitación de los padres corresponde sólo a la familia.[7] Pero en muchas ocasiones es sobre los 8-12 meses cuando la mayoría de los padres (algunos antes) comienzan a plantearse trasladar a sus bebés a su propia habitación independiente. A veces, esta decisión viene condicionada por presiones sociales más que por el propio deseo de los progenitores, como muestran algunos mensajes de nuestra comunidad.

---

7. Martínez Rubio, A. (2009). ¿Cuándo dormirá mi bebé de un tirón? (Desarrollo del sueño en la primera infancia) El sueño en bebés menores de 12 meses. *Famiped*, 2(1).

El éxito de ello depende del carácter del niño y de lo preparado que esté para dormir en soledad; si es el momento adecuado, este cambio no supondrá ningún problema y dormirá igual que lo estaba haciendo hasta ahora. Pero si el niño no está preparado, y coincide en pleno episodio de angustia de separación, se despertará más a menudo, se sobresaltará más al verse solo, puede que se desvele por la alerta y los padres tendrán el inconveniente añadido de los viajes nocturnos a su habitación para consolarlo y dormirlo.

Existe la creencia de que los bebés «no se enteran» del cambio de habitación, yo también lo creí cuando la cambié de cuarto con sólo 4 meses. Y es cierto en parte, no se enteran de la habitación, pero sí y mucho de que no está mamá. Comienzan a despertar más, misteriosamente, y cuando se despiertan y no nos sienten se ponen a llorar angustiados y eso les hace desvelarse más.

Hemos podido comprobar con las experiencias compartidas en nuestros foros, que en las etapas de angustia de separación, los bebés que duermen cerca de sus padres se despiertan menos y se vuelven a dormir antes. O al menos, los padres lo sobrellevan mejor.

Yo la cambié con 3 o 4 meses, y con 8 comenzó a despertarse mucho. Con el año, desesperada, volví a llevar la cuna a mi habitación.

....

Considero que cambiarlo de habitación a los siete meses no es una buena idea porque es una etapa en la que comienzan con la dentición y la angustia de separación. Lo más probable es que si lo haces acabes dando infinidad de viajes a su habitación (te lo dice una que dio incontables viajes antes de traerlo de nuevo junto a mí).

Si tu bebé de 7 a 12 meses de edad y muestra signos de angustia de separación, recomendamos postergar la decisión para un poco más adelante. Si no es posible, o ya duerme en su habitación, tienes que ser consciente de que muy probable que durante esta temporada te reclame más en la noche.

Si habéis decidido sacar al bebé de vuestro cuarto, encontraréis las estrategias para cambiar a los bebés a su propia habitación en el punto **6.3.6. El cambio de habitación** (p. 163).

5.2. Consejos básicos para el sueño

Con tal despliegue de novedades: angustia de separación, molestias por los dientes y desvelos para practicar habilidades, tendremos que estar muy atentos a las muestras de cansancio de nuestro bebé y ayudarnos con rutinas flexibles acordes a la edad, que les relajen y les ayuden a predisponerse para el sueño.

Abre tu **Guía Dormir Sin Llorar** y rellena el apartado sobre los objetivos a conseguir en la p. 291. Luego regresa a este punto para seleccionar ideas que te resulten útiles para lograrlos.

5.2.1. Descansar durante el día

En esta franja de edad, muchos bebés necesitan hacer todavía un par de siestas, una corta por la mañana y otra algo más larga por la tarde. Éstas son absolutamente necesarias para el bienestar del pequeño. Como hemos comentado, están viviendo muchos cambios y muchas experiencias que les cansan física y psíquicamente, como son aprender a gatear o andar, y la nombrada angustia de separación.

Presta mucha atención a los síntomas de cansancio que puedan manifestar y, si sospechas que tu bebé no descansa lo suficiente durante el día, intenta poner en práctica las estrategias para siestas.

 Repasa, si es necesario, la metodología para lograr que tu bebé haga siestas regulares del punto **2.2. Siestas regulares** (p. 36).

5.2.2. Rutinas y rituales: preparando el camino del sueño

 *Llevamos una semana en la que está durmiendo casi toda la noche seguida, parece que ha aprendido a controlar los despertares, a veces le oigo que se medio despierta y empieza a moverse pero al momento se calla y se duerme... si se despierta alguna vez, en 10 minutos conseguimos dormirlo. Chicas, quiero animaros a todas a que sigáis intentando todo lo que creáis que le va bien a vuestros bebés... Siempre le dormimos en brazos pero al menos ahora aguanta muchas horas seguidas dormido. Todo ha sido producto de establecer una rutina muy estable, de conseguir que duerma bien las siestas... de tener paciencia y esperar a que su sueño evolucione.*

No hay nada mejor para acabar con la angustia y el miedo que sienten nuestros bebés cuando a esta edad descubren que todo cambia, que mamá se puede alejar, que se pueden quedar solos... que la previsibilidad y sensación de control que les proporcionan las rutinas. En esta etapa más que nunca hay que recurrir a ellas para tranquilizarlos y predisponerlos al descanso. Hay que estar atentos a las señales de sueño, no deben ser demasiado largas y tienen que ser muy relajantes.

Las rutinas funcionan mejor cuando son siempre iguales, sobre las mismas horas y se hacen las mismas cosas. Pueden participar otros miembros de la unidad familiar; además, es totalmente aconsejable que otras personas también sean capaces de relajar y dormir al bebé si éste lo acepta.

A esta edad suelen ser efectivas aquellas que incluyan baño, masaje, música suave o leer un cuento en la cama. También les agradan los mimos, los besos y las caricias. Si está en pleno episodio de angustia de separación, permanece a su lado, echada en la cama, sentada en una silla hasta que se duerma, no intentes escabullirte porque se asustará, le saltarán las alarmas y le costará recuperar la confianza y relajarse de nuevo.

 Repasa, si es necesario, el punto **2.3. Rutinas de buenas noches** (p. 43).

5.2.3. Palabras mágicas

 *Lo mezo en brazos, cuando empiezan a caérsele los ojos, lo dejo en la cuna. Hace un mini intento de llorar pero le pongo la mano en la espalda y le hago shhhhhh shhh shhh al oído muy cerquita y se relaja.*

Usa una clave en forma de susurro, sonido, melodía o frase que ayude a tu bebé a abandonarse al sueño.

Di siempre esta frase o emite este sonido, tipo *shhhhhh*, cuando esté a punto de quedarse dormido. Úsala siempre, cada vez que tu bebé este relajado y muy tranquilo, de esta manera la asociará con bienestar. Hasta que no las haya relacionado y no tengan efecto sedante nunca se las digas cuando esté llorando o nervioso. Cuando se despierte en la noche, prueba a repetirlas, es posible que le induzca de nuevo al sueño y le sirvan de puente para volverse a dormir sin ninguna intervención adicional.

5.3. Otros problemas, otras soluciones

Lee sólo los puntos que tengan relación con tu problemática particular. Si el tema expuesto en un punto no es de tu interés, pasa al siguiente y continúa leyendo.

A lo largo de este punto expondremos la estrategias que podemos probar para minimizar las diferentes causas adicionales que pueden interrumpir el sueño de nuestros bebés en esta etapa.

Es muy común que los pequeños se queden dormidos de alguna manera concreta. Las más típicas son: ser mecidos en brazos o en el carro, mamando, tomando el biberón o chupando su dedo o chupete.

Si estas formas de dormirse suponen un problema, sigue leyendo, tenemos algunos trucos para sobrellevarlas, o en el caso de que sea necesario, eliminarlas.

Seleccionando ideas: Abre tu **Guía Dormir Sin Llorar** y recopila las ideas y trucos que creas que puedan ajustarse a tu Plan de Sueño.

5.3.1. Dormirse en brazos

Quedarse dormido en brazos de mamá o papá es todo un clásico. En el capítulo anterior hemos recogido algunos trucos para que no sea tan pesado. Aquí tienes el atajo: apartado **4.3.1.2. Dormirse en brazos** (p. 103). Léelo, anota en la **Guía Dormir Sin Llorar** lo que te pueda ayudar y luego regresa y continúa leyendo.

5.3.2. Dormirse con el chupete

También hemos hablado de cómo influye el chupete en el inicio del sueño y en los consiguientes despertares en el anterior capítulo. Puedes leerlo en el punto **4.3.1.3. Dormirse con el chupete** (p. 104). Lee ese punto, anota én la **Guía Dormir Sin Llorar** lo que te pueda ayudar y luego regresa y continúa leyendo.

A los trucos descritos, se les puede añadir esta astucia que compartió una madre de nuestro foro.

> *Pues yo estuve un tiempo haciendo lo siguiente: acostaba a mi hija con la cadenita del chupete… Entonces cuando se despertaba cogía la cadena, se la ponía en la mano y ella sabía que al final estaba el chupe… Cuando ya tuvo dominado eso pues pasé a ponerle en las esquinas los chupetes y ella sola los buscaba. Antes de dormirla, le recordaba que mami le ponía los chupes en las esquinas y se los enseñaba.*

5.3.3. Plan cambia-rutinas, dormirse comiendo o siendo mecido…

Como hemos comentado, en este período los despertares pueden ser muy numerosos y si se da que nuestro bebé sólo admite una manera de volver a quedarse dormido puede convertirse en un problema añadido.

Si tu bebé sólo se duerme en brazos, o acunado, o en el cochecito o tomando el biberón, o mamando, y esto te supone un problema y quieres probar ideas para que no relacione estas acciones con el hecho de caer dormido, prueba esta estrategia. Con ella lograrás que tu bebé no dependa de una única acción para dormirse.

No recomendamos probar las siguientes estrategias (especialmente si están relacionadas con la alimentación) antes de que el bebé tenga 7 meses y ya coma más alimentos además de leche. Ten en cuenta también que es muy posible que tu bebé esté atravesando la etapa de la angustia de separación, y por ello es probable que incorporar estas estrategias que le alejan de ti le haga sentirse inseguro. Él te marcará el ritmo; si ves que no lo lleva bien, espera unos días antes de insistir.

Para cambiar una rutina iniciadora del sueño, hay que reformar de forma gradual y suavemente, la asociación que el bebé tiene para comenzar a dormirse, y para ello hay que:

1. **Identificar la asociación**: ¿qué acción necesita tu bebé para quedarse dormido?

2. **Modifícala gradualmente:** una vez identificado el inductor del sueño, cambiamos la manera de dormirlo diaria poco a poco. Justo cuando esté quedándose dormido, deje de mecerlo, de darle el pecho, o de mover nuestros brazos. Si está mamando o tomando el biberón, sujétale con cuidado la barbilla y mécelo suavemente cuando se lo quites. Observa su reacción, si se inquieta vuélveselo a dar, o vuélvele a mecer si ésa es su asociación, y cuando veas que come con menos vigorosidad o que se está quedando dormido, cesas de nuevo.

3. **Insiste:** inténtalo tres, cuatro, cinco veces…, las que veas que puedes, y si te empiezas a cansar, o ves que se está poniendo nervioso, duérmelo como lo haces habitualmente, y mañana, pasado y al otro, cada día, en cada despertar, lo intentas de nuevo. Este cambio se logra con tiempo e insistencia y nos interesa ir despacio y no tensar demasiado la cuerda para que no nos encontremos con un efecto rebote.

Ten en cuenta que un cambio repentino tiene como resultado una reacción intensa. Puede llevar más tiempo alcanzar un objetivo mediante el cambio gradual pero el proceso es más fácil de tolerar por el bebé.

Es importante que pienses sinceramente si quieres cambiar la herramienta que hasta ahora has usado con éxito para dormirlo, ya que exige una gran constancia que deberás valorar si merece la pena por lo que puedes ganar. Con esta estrategia conseguirás cambiar la forma en la que tu bebé coge el sueño, pero los despertares seguirán siendo los mismos.

A mí me costó, sobre todo porque es más fácil seguir como estás, pero al final tiene su recompensa: mi peque mama, y cuando no quiere más, me suelta, se da media vuelta, y se queda frito.

....

Hasta ahora la dormía en brazos, sentada en el sofá del salón a oscuras y meciéndola. Desde hace 4 días, como os digo, la duermo en brazos sentada en mi cama, meciéndola cada vez menos. Lo que pretendo conseguir es que se duerma tumbada en la cama a mi lado, abrazada a mí o como ella quiera, pero sin movimiento. De momento va bien la cosa. Para mi sorpresa, no tarda más en dormirse y mi espalda lo agradece.

....

El cambio lo hice gradualmente, la relajaba en brazos y cuando estaba a punto de dormirse me tumbaba en la cama y la mantenía abrazada. Si se despertaba volvía a intentarlo otra vez. Si a la tercera vez notaba que se ponía nerviosa o yo no podía más, la terminaba de dormir y al día siguiente lo intentaba otra vez. En los despertares hacía lo mismo. No sabría explicar cómo fue el proceso, pero de pronto una noche me tumbé en su cama desde un principio con ella y se durmió así.

Si quieres saber más sobre la relación que tiene dormir al bebé con tu ayuda con las malas noches, ve a la p. 55 y lee el punto **3.2.4. ¿Que el bebé se duerma sin ayuda?** Luego regresa a este punto.

5.3.4. El Plan Padre

En multitud de ocasiones, las madres son las encargadas de dormir a los bebés. Primero por comodidad, después por proximidad y, más tarde, por costumbre. Esto nos lleva a que muchos nos prefieran para la rutina de buenas noches y para dormirse. Cambiar este hábito, como cualquier otro, también requiere paciencia, pero es posible lograrlo. En nuestro foro se pone en práctica muchas veces el «Plan Padre», o «plan pareja». Vamos a ver en qué consiste. Con esta intervención lograremos que nuestra pareja o alguien que nos ayude y sea cercano al bebé consiga dormirlo con éxito al principio de la noche y en los despertares nocturnos que se puedan dar. Como todas, es una técnica progresiva en la que el ritmo lo marcará el bebé y sus reacciones. No temas en dar marcha atrás en un momento dado, no olvides la etapa tan delicada y llena de cambios por que está atravesando.

1. **Sin prisas y con calma:** intenta que el Plan Padre comience un fin de semana o en otro momento en que el papá disponga de 2 o 3 noches después de las cuales no tenga que trabajar al día siguiente.

2. **Involucrar al otro:** para que el Plan Padre funcione es necesario que el bebé se sienta cómodo con él. Eso difícilmente se consigue si intenta calmarlo de buenas a primeras. En cambio, si se queda con el bebé de vez en cuando (no es necesario que mamá se vaya de casa, nos referimos a cambiarle el pañal, bañarle, jugar con él un rato, hacerle mimos…), acostumbraremos al bebé a la presencia de esta persona en momentos de desconexión y será más fácil realizar la «transición» a la hora de irse a dormir. Si el bebé acaba de mamar, y, por tanto, no tiene hambre, puede intentar dormirlo como le resulte más fácil: en brazos y paseando o los dos tumbados en la cama o cantándole una canción. De este modo, el bebé comprobará que se puede dormir, y de forma muy agradable, con otra persona más allá de mamá.

Consiste en intentar involucrar al padre en ayudar al bebé a dormir. En nuestro caso, si soy yo, casi siempre me reclama el pecho, pero si es mi marido, a veces acepta cuatro mimitos y el chupete —sabe que la teta no está a mano— y se vuelve a dormir. Y cuando no cuela, le doy de mamar como siempre y ya está, sin estrés ni malos ratos. Así va disminuyendo la asociación dormir-mamar, es decir, comprueba que hay

Una forma efectiva de que conozca y acepte la novedad se logra con la ayuda un portabebé. Después de haberlo alimentado, pero antes de que esté dormido, paséalo por casa. Cuando esté profundamente dormido, es fácil dejarlo en la cama, sacarlo de la mochila y que lo coja tu relevo. De esta manera, el pequeño asociará los nuevos brazos con caer dormido, y poco a poco aceptará el consuelo de su padre en medio de la noche como una alternativa a tu presencia o al amamantamiento.

3. **Ir paso a paso:** para que el Plan Padre sea efectivo es necesario llevarlo a cabo de forma respetuosa. Aplicar el Plan Padre no significa dejar al pequeño llorando en brazos de papá, sino acostumbrarle poco a poco a dormirse de otra manera y con otra técnica. Si el bebé empieza a llorar sin consuelo, no es recomendable que siga insistiendo, en ese caso lo ideal es que mamá se encargue, y al día siguiente probamos de nuevo.

4. **Pon a papá en medio:** para que la transición sea más suave para el bebé, podemos empezar con una rutina conjunta; en cuanto el bebé se sienta confiado en presencia de ambos, puedes probar a retirarte discretamente. También puede ser útil que papá le atienda

durante los despertares nocturnos, en cuyo caso si se colecha, recomendamos que se sitúe al lado del bebé y le vuelva a dormir meciéndole o dándole palmaditas. Si no funciona, puedes intervenir y dormirlo como de costumbre. Y mañana, probarlo de nuevo.

5. **Pactarlo de antemano:** los bebés pueden inicialmente protestar cuando no acude su madre, pero recuerda, llorar y agitarse en los brazos de un padre amoroso no es lo mismo que llorar solo sin consuelo. Insistimos, no se trata de dejar al bebé llorando, pero al mismo tiempo su padre intentará dormirlo a su manera, y para ayudar a ambos a relajarse es importante que no intervengas a no ser que sea necesario. Habitualmente, si el bebé se encuentra en una habitación con los dos, lo más probable es que busque a su madre y no acepte el cambio. Sugerimos que os pongáis de acuerdo y decidáis cuándo debes intervenir. Por ejemplo, si el Plan Padre no funciona, se lleva el bebé adonde está mamá; o podéis pactar un número máximo de intentos.

Nota para súper papá: ten en cuenta que has de permanecer calmado y paciente ante el reto que supone este proceso nocturno.

> *hasta las 7 h. ¡Me siento tan bien! Me encanta esta solución aunque a veces me gustaría volver a sentir su cuerpecito junto al mío durante la noche… En fin, creo que por el bien de todos, esta organización es mejor…*

5.3.5. Estrategias para madres que dan el pecho

 Si tu bebé toma pecho, sigue leyendo; si no, pasa al siguiente punto **5.4. Conclusiones** en la p. 142.

Es un hecho que actualmente podemos considerar probado que los bebés amamantados tienden a despertarse más por la noche, pero esto no significa que tanto ellos como sus madres (y padres) duerman menos o de peor forma que en el caso de los bebés alimentados con leche de fórmula.[8]

Por otra parte, también es un hecho constatado que los muchos bebés se suelen despertar por la noche independientemente del tipo de alimentación que reciban.[9] Si toman biberón, muchos de ellos también necesitan hacer una toma, con el consiguiente paseo de la madre o el padre a la cocina, el encendido de luces y el inevitable desvelo al preparar el biberón.

 No olvides anotar en tu **Guía Dormir Sin Llorar** las estrategias que consideres útiles para mejorar tus noches de lactancia y ponlas en práctica.

---

8. Elias, M. F., Nicolson, N. A., Bora, C., & Johnston, J. (1986). Sleep/wake patterns of breast-fed infants in the first 2 years of life. *Journal of Pediatrics, 77,* 329.

9. Atas, A. N., & Özerdogan, N. (2021). Perceived sleep quality and fatigue in a population of new mothers: A cross-sectional study comparing relationships with breastfeeding and bottle feeding. *Breastfeeding Medicine, 17,* 155–162.

Los bebés amamantados se despiertan más veces, es cierto, pero la naturaleza lo tiene todo previsto, ya que la leche materna está llena de sustancias que favorecen el sueño tanto del bebé como de la madre.[10]

Durante el amamantamiento intervienen sustancias como la oxitocina y la prolactina, que ejercen un efecto calmante y relajante para la madre, favoreciendo que ésta se vuelva a dormir de una manera más rápida. También el acto de amamantar relaja y cansa a los bebés. El esfuerzo de «ordeñar» el pecho hace que éstos, una vez saciados, se abandonen más rápido al sueño.

La composición de la leche materna, (aminoácidos, azúcares, grasas…) varía según la hora del día, y compuestos responsables de inducir al sueño, como el tritópfano, aumentan su concentración en las tomas del final del día y durante la noche, favoreciendo la consolidación del ritmo circadiano de los bebés.[11]

---

10. Cohen Engler, A., Hadash, A., Shehadeh, N., & Pillar, G. (2012). Breastfeeding may improve nocturnal sleep and reduce infantile colic: Potential role of breast milk melatonin. *European Journal of Pediatrics*, 171, 732.

11. Sánchez, C., Cubero, J., Sánchez, J., Chanclón, B., Rivero, M., Rodríguez, A., … Barriga, C. (2009). The possible role of human milk nucleotides as sleep inducers. *Nutritional Neuroscience*, 12, 2-8.

Ante estas evidencias se llega fácilmente a la conclusión de que **la leche materna está especialmente diseñada para favorecer el sueño**, pero entonces ¿por qué hay madres que no logran descansar?

Lo ideal sería encontrar una solución que favoreciera el ajuste entre los ritmos del sueño del bebé y de la madre. Alguna forma de dormir que facilitase las tomas y evitase que la madre se desvelase en paseos o en incómodas posturas al amamantar. Para ello recogemos algunas ideas:

Dormir con el bebé (o lo más cerca posible). La verdad es que no se sabe qué desvela más: el bebé reclamando alimento cada tres horas o los paseos por el pasillo, darle de mamar en posición sentada y la vuelta por el pasillo de nuevo.

Una de las prácticas más socorridas cuando se está amamantando, sin duda, es el colecho (dormir con el bebé, siempre respetando las normas de seguridad) o tener al bebé en la propia habitación, en su cuna, a tu lado.

Amamantar mucho al bebé durante el día. A los niños pequeños les encanta mamar, aunque a menudo durante el día están tan ocupados que olvidan hacerlo. A veces mamá está tan ocupada que ella también lo olvida. Pero durante la noche, estás tan sólo a unos pocos centímetros de distancia y el niño quiere recuperar el tiempo perdido. (Esta escena es común cuando una madre que amamanta regresa a casa después del trabajo). Encontrando más tiempo para amamantar durante el día, el pecho será menos necesario durante la noche.

Incrementar el contacto físico durante el día. Lleva a tu bebé en una bandolera o portabebés y dale más contacto durante el día. Cuando crezca disminuye la cantidad de tiempo que necesita estar en contacto, pero aún es pequeño y lo precisa. A veces, el amamantamiento durante la noche puede ser una señal del bebé, que le recuerda a su madre que no tenga tanta prisa en que se independice. En un desarrollo sano de la independencia, el niño va y viene, se aleja y se aferra. Muchas madres notan que sus bebés y niños pequeños muestran un aumento de la necesidad de mamar y de ser cogidos antes de emprender un nuevo estado de desarrollo como puede ser gatear o caminar.

Despertar al bebé para una tetada completa justo antes de irte a la cama. De este modo tu sueño se verá interrumpido una vez menos, y tú (es de esperar) podrás dormir seguido un poquito más. Esperamos que estas estrategias especialmente pensadas por madres lactantes te ayuden en esta etapa.

5.4. Conclusiones

El sueño de los niños de 8 a 12 meses es muy inquieto. Es una edad de gran maduración física y cognitiva. El niño comienza a gatear e intentar andar, con lo que descubre que se puede alejar de su madre y esto le provoca temor. Tiene que superar la angustia de separación, y por si todo esto no fuese suficiente, la salida de los dientes también le molesta.

Para mejorar el sueño de un bebé de esta edad hay que ser paciente y trabajar en las estrategias que le permitan relajarse a la vez que se fomenta la confianza. Para los padres, tener presente que sólo es una etapa ayuda a sobrellevar la intensidad de este período.

En este cuadro resumen recogemos las conclusiones de la encuesta respondida por 430 familias de nuestro foro cuando ya habían logrado superar los problemas de sueño de sus bebés. Nos indican las características del sueño de sus pequeños cuando llegaron a nuestro foro y las conclusiones que sacaron. Léelo con atención, puede darte pistas para abordar vuestra situación.

Conclusiones de los usuarios de DormirSinLlorar.com

- Ésta es, sin duda, la franja de edad más numerosa entre los participantes en nuestra encuesta, pues a esta edad llegaron a nuestro foro nada menos que el 29 % del total.
- Las respuestas recibidas nos indican que el 28 % de «nuestros» bebés dormía en su habitación, aunque solo un 7 % conseguía conciliar el sueño sin ayuda. La manera más efectiva de ayudarlos a dormir era el pecho (49 %),

aunque también era un remedio bastante popular que mamá o papá se echasen a su lado (21 %).

• Observamos que las siestas son más regulares: si bien un 7 % no es nada regular y un 1 % adicional duerme de forma intermitente a lo largo de todo el día, un 90 % presenta cierta regularidad: un 42 % duerme dos, mañana y tarde; un 36 % lo hace sólo por la tarde y el 2 % restante sólo por la mañana.

• A la hora de decidir qué «problema» requería atención inmediata, los resultados son: un 31% indicaba que le gustaría que su bebé durmiera del tirón y un 28% se conformaría con menos despertares.

• En el momento de la encuesta tan sólo el 10% de los bebés encuestados no han logrado todavía dormir sin despertares; los demás sí que lo hacen, la mayoría (66%) lo logró entre los 19 y los 36 meses.

• El 53% de los padres relaciona la mejoría a la maduración del sueño (la práctica totalidad, el 88%, considera muy importante entender que el sueño es un proceso evolutivo), mientras que un 21% nos señala que la rutina les ha resultado beneficiosa.

5.4.1. *Plan de acción*

Esperamos que la información recogida en este capítulo haya dado respuestas a tus dudas y hayas obtenido ideas para aplicar en tu familia. Éste es el momento de abrir la **Guía Dormir Sin Llorar** y trabajar con ella en tu *Plan de acción para dormir más*. Relee este capítulo las veces que necesites y no dudes en conectarte a nuestro foro si necesitas más ideas, ayuda o alguien al otro lado con quien compartir la experiencia. Te esperamos.

Capítulo 6
Bebés de 1 a 2 años

6.1. ¿Cómo duermen los bebés de 1 a 2 años?

Durante el primer año de vida, los pequeños comienzan a disfrutar de su independencia y a participar más en la vida de los adultos, gracias a sus nuevas habilidades motoras y sociales.

El sueño de los bebés de uno a dos años es muy similar al que tenían en la etapa 8-12 meses en cuanto a estado evolutivo, necesidades y características. El proceso de maduración del sueño que se inició sobre los 6 meses se consolida, y el bebé es cada vez más autónomo y capaz de dormir más horas sin interrupciones. No obstante, hay que tener en cuenta que en esta etapa continúa desarrollándose cognitivamente. Esa maduración psíquica, entre otras causas que comentaremos más adelante, puede ser el detonante para más despertares.

6.1.1. La angustia de separación

La angustia de separación es un hito evolutivo por el que pasan todos los bebés sobre los 8-9 meses. Al llegar al año la fase aguda posiblemente ya esté superada, pero nos volveremos a encontrar con ella sobre los 18, los 24 y los 36 meses, así como siempre que el pequeño perciba que su rutina cambia, que padezca alguna enfermedad o cualquier otra razón que le pueda hacer sentir que se pone en peligro su consolidación con su figura de apego.

 Hemos hablado de la angustia de separación en la p. 115 en el punto **5.1.1. La angustia de separación y el apego.** Si necesitas más información sobre ella, te recomendamos su lectura y que luego regreses a este punto.

 *Nuestro hijo siempre ha dormido bien, pero recientemente se puso muy enfermo con una gastroenteritis seria que le duró casi tres semanas. Lo tuvimos que hospitalizar, y la mayoría de las noches sólo podía conciliar el sueño sobre el pecho de su madre. Ha pasado casi un mes, y mi hijo ya ha superado la enfermedad; sin embargo, ahora le cuesta mucho conciliar el sueño. Las noches las pasa dando vueltas y vueltas. Ya no quiere dormir solo y llora insistentemente si intentamos dejarlo.*

El escritor Eduardo Punset en su libro *El viaje al amor* nos habla del «laberinto del apego». Nos cuenta cómo los niños buscan la interacción durante su primer año de vida, mientras que en el segundo año se produce la adquisición de un nuevo concepto: «la continuidad del pasado, del ahora y del futuro». Continúa mencionando que será «a los tres años y medio cuando la teoría del apego infantil seguro empieza a funcionar como un resorte propio del niño, sin necesidad de que los padres lo tutelen con la intensidad de antes».[1] Por lo tanto, es muy posible que el sueño del niño en esta etapa sea «temido e inquieto», tal y como describe Rosa Jové en su libro *Dormir sin lágrimas*.

Es importante remarcar estos conceptos relacionados con la angustia de separación: inquietud, temor, etc. porque la hora de dormir es entendida por el niño como una separación de sus padres.

---

1. Punset, E. (2007). *El viaje al amor: las nuevas claves científicas.* Destino.

6.1.2. Salida de más dientes

Si deseas ampliar información sobre cómo aliviar las molestias de la salida de los dientes, ve a la p. 122 y lee el punto **5.1.2. La salida de los dientes.** Luego, regresa a este punto.

La salida de nuevos dientes o de los primeros molares son motivo de sobra para despertares nocturnos. Los colmillos suelen irrumpir a esta edad, y las molestias aumentan. Antes de que podamos ver el diente, éste va empujando la encía para hacerse hueco y suele provocar dolor (a veces incluso destemplanza). Una vez que el diente aparece, cesa el malestar y tendremos una tregua hasta el próximo.

Con la edad que tiene tu peque, hay muelas y colmillos que les torturan. Cuando tengas una noche malísima, mírale la boca.

....

Desde hace unos días, coincidiendo con que ha empezado a andar y además le están saliendo los colmillos y las muelas, le cuesta mucho más dormirse, está muy nervioso. Sólo quiere irse a corretear y a jugar y no consigo relajarlo.

6.1.3. Nuevos hitos: caminar, correr, hablar...

Sobre esta edad los bebés comienzan a caminar. Esta nueva habilidad necesita práctica, lo que significa experimentar día y noche hasta llegar a controlarla. Para evitar que nuestro pequeño dedique la noche a sus ensayos, hay que facilitarle que lo haga durante el día, evitando el uso prolongado de la sillita, hamaquita... Intenta que esté en el suelo el máximo tiempo posible. Como casi todo, es pasajero, ya que cuando consiguen controlar la novedad vuelven a dormir como antes.

Otro hito en su desarrollo es la adquisición del lenguaje: pasa de comunicarse a través del llanto a decir palabras. Al principio, de una o dos sílabas: *papá, mamá, pan...* Luego irá incrementando su vocabulario y terminará la etapa construyendo frases simples como *Pan sí.* Una vez más, esto puede afectar a la hora de dormir y en ocasiones intentarán ensayar de madrugada. Todo pasará cuando adquieran vocabulario y el lenguaje deje de ser una novedad fascinante.

> *Conmigo se lo pasa pipa y se desvela aún más. Se levanta, se sienta... Le digo «¡A mimir!», y se tumba corriendo, pero a los 2 segundos ya está de pie. Y encima me dice «Ta tannnn» [Ta chaann]. Yo me río por no llorar.*
>
> *Ya veréis en cuanto cumplan 1 añito, cuando cada día es una cosa nueva. Aunque estemos agotadas por no dormir, lo que realmente estamos es fascinadas con cada cosita nueva que hacen o dicen. Yo a veces me quedo embobada observándola cómo descubre e intenta hacer cosas cotidianas de mayores: ya coloca el tapón de la caja de leche, el teléfono en la base...*

Hemos hablado de los nuevos hitos y su relación con el sueño en el capítulo anterior, si deseas ampliar información ve a la p. 125 y lee el punto **5.1.4. Nuevos hitos: sentarse, ponerse de pie, gatear y caminar.** Luego, regresa a este punto.

6.1.4. Las rabietas

Aunque depende de cada personalidad, en esta etapa pueden aparecer las primeras rabietas; es la manifestación de su estrenada y cada día mayor independencia. Se desplaza, intenta comunicarse (aunque no siempre lo consiga), se siente con más autonomía... Pero a veces sus deseos chocan con los nuestros. Entonces aparecen los temidos berrinches. Una ayuda para estos momentos es describirle con palabras esos sentimientos. Debemos acompañarlo, demostrarle que lo seguimos queriendo y, sobre todo, que lo comprendemos. Así, dispondrá de herramientas para reconocer y canalizar sus frustraciones y podrá usar el lenguaje apropiado para expresar sus sentimientos.[2] En esta edad, además, recibe más correcciones y regañinas: se desplaza rápidamente, alcanza todo lo que está a su mano y a menudo se encuentra con un «No». Para contrarrestar estos impulsos de ira y relajarlos antes de irse a dormir, nos aseguraremos una buena dosis de mimos. También ayuda hablar de los conflictos del día (aunque no te pueda responder), explicándole por qué le hemos regañado, qué ha descubierto durante el día, qué hemos hecho, de qué se ha asustado, etc. Le demostraremos y le diremos con palabras cuánto lo queremos para que ninguna preocupación al respecto le quite el sueño.

6.2. Consejos básicos para el sueño

Para ayudar a dormir y garantizar un buen descanso nocturno a un bebé de uno a dos años hay que favorecer la siesta durante el día, así como una rutina relajante antes de irse a la cama.

6.2.1. Descansar durante el día. Siesta, sólo una

Alrededor del año de vida, muchos niños dejan de hacer dos siestas, pero siguen necesitando una, generalmente después de comer, algo más larga. Mientras dura este ajuste es normal que el niño se muestre algo desubicado y soñoliento durante el día y que llegue a la noche con los horarios alterados. Es importante observarlo y estar atentos a sus señales para ayudarle a conciliar el sueño en la siesta y por la noche lo más tranquilamente posible.

---

2. Si deseas saber más sobre rabietas y educar en positivo, te recomendamos la obra: González C. *Bésame Mucho, cómo criar a tus hijos con amor.* Temas de Hoy.

A esta edad necesitan la siesta de la tarde tanto como dormir por la noche. Si ya tiene un horario establecido, hay que respetarlo para que el cansancio no le haga pasarse de hora y trastoque el resto de actividades diurnas y tampoco afecte a su sueño nocturno. Las señales de sueño más típicas de los bebés de esta edad son:

— Reducir la actividad.
— Bostezar.
— Frotarse los ojos.
— Tumbarse en el suelo.
— Fallos en la locomoción (están más torpes, se caen con facilidad...).

Cuando veas estos signos de sueño en tu bebé, no lo dudes: es el momento de ponerlo a dormir (es posible que incluso sea un poco tarde). Cuando a un bebé se le «pasa la hora», su cansancio le pone de mal humor y se activa mucho por el nerviosismo. Da la sensación de que le ocurre cualquier cosa menos tener sueño. Puede ayudar darle la oportunidad de dormir una siesta en las horas centrales del día, a una hora fija (por ejemplo, después de comer) que deje un intervalo de 5-6 horas con la hora de dormir.

 Para identificar el mejor momento para que tu bebé haga su siesta, te recomendamos utilizar el horario que encontrarás en la **Guía Dormir Sin Llorar (p. 294)**, así como la lectura del punto **2.2.1. Plan de siesta** en la p. 36. Luego regresa a este punto.

6.2.2. Rutinas y rituales: preparando el camino hacia el sueño

Para los niños, el momento de irse a la cama es uno de los mejores del día porque las rutinas asociadas suelen incluir mimitos y carantoñas, y ahora comienzan a guardar recuerdos conscientes de ello. Es posible que la razón que te ha llevado a leer este libro sea porque en vuestro caso la rutina no existe o, por el contrario, porque es tan larga e inefectiva que parece no tener final.

La ausencia de rutina dificultará la relajación del bebé, y una rutina eterna pone de manifiesto la inseguridad del pequeño, que evita el momento del adiós. A esta edad, los bebés comienzan a manifiestar miedos. Intentar que se duerman solos agrava el problema, puesto que la inseguridad creada por la soledad sólo hará que la ansiedad aumente. Los niños necesitan compañía para entrar en el país de los sueños. Para ello, nos pedirán que les acompañemos con demandas de agua, pipí, luz, otro cuento… Pretender que duerman solos por imperativo es contraproducente: sólo servirá para que sus miedos crezcan y se vuelvan más inseguros, agravando y alargando el problema. Si tu hijo necesita que estés a su lado hasta que le llegue el sueño, lo mejor y más rápido será que hagas lo posible por complacerlo. Solo de esta forma se sentirá más seguro, se dormirá antes, pasaréis un tierno momento juntos y, como dijimos antes, el recuerdo de las noches de su infancia será positivo y lleno de seguridad.

A veces, sin querer, les transmitimos nuestro estado de ánimo. En ocasiones, es suficiente con cambiar el chip e intentar disfrutar del momento de acostarlo en vez de vivirlo como un suplicio.

Algunas ideas para este punto se pueden resumir como sigue:

✓ Mantenerlo **activo durante el día**, salir al parque, jugar, reír, correr… Todas estas actividades cansarán al pequeño explorador y le predispondrá para el sueño (no debes olvidar dejarle descansar en su siesta, es muy importante).

✓ Establecer una **hora relativamente fija para ir a dormir.** Eso favorecerá que la rutina empiece al menos 1 hora antes y que no llegue muy cansado a la noche.

✓ Dos horas antes de la hora de ir a dormir, **evitar las actividades excitantes irse** como los juegos, las cosquillas, los ruidos, las luces brillantes y las pantallas.

✓ **La casa se va a dormir.** El bebé no aceptará irse a la cama si sospecha que cuando él duerme, la actividad continúa en casa. Haz un poco de teatro: baja persianas, luces, apaga la televisión, bosteza, etc. Así parecerá que todos nos vamos a dormir. Si no tolera el aburrimiento y ves que se pone nervioso, prueba a hacer un puzle juntos.

✓ **Buenas noches a todos.** Desead juntos *buenas noches* a todos los habitantes de la casa antes de ir a la cama, ya sean personas, animales, peluches o fotografías.

✓ **Hablar de cómo ha ido el día.** Recordar las actividades que habéis hecho durante el día es un bonito ejercicio de comunicación, aunque el pequeño no pueda responder. Hablar de los enfados o las negativas que haya recibido durante el día hará que se relaje. Este momento es idóneo para recordarle a tu hijo que, haga lo que haga, siempre es amado. Algo tan simple le hará sentirse tranquilo y será garantía de buenas noches.

✓ **Leer un cuento** con voz pausada, sin prisa… Un cuento sencillo con el que el bebé disfrute es la mejor manera de llamar al sueño. Nunca cuentes historias que le asusten.

Mientras trabajas en encontrar la rutina ideal, sé flexible, obsérvalo, y si está muy activo, espera un poco antes de intentar dormirlo.

Cuando mi peque está revolucionado, lo dejo jugar porque si no me pongo de mala leche y eso se lo transmito a él, que no tiene culpa ninguna. Simplemente dejo que se desfogue un rato y luego vuelvo a intentarlo. Eso sí, si ya veo que se va a pasar de rosca (se lo noto porque gruñe y se le ponen los ojos rojos), utilizo la mochila para dormirlo. A mí me resulta efectiva.

Mi niño tiene 12 meses y hasta ahora lo dormía en brazos y paseando, si no, no se dormía. Llevo un par de semanas visitando el Foro y he empezado con el Plan y parece que me funciona de momento bastante bien. De la rutina que hacía

6.2.3. Dormir juntos sigue siendo una buena idea

Pese a que a esta edad algunos bebés ya duermen en cuartos separados, nosotras seguimos recomendando la cercanía, especialmente si el niño manifiesta angustia de separación o miedos y las noches son complicadas porque reclaman a sus padres. Margot Sunderland, psiquiatra infantil y autora de una veintena de libros, entre ellos *La ciencia de ser padres*, opina que dormir junto a los hijos tendría que ser una práctica habitual hasta los 5 años, ya que, según esta especialista, «Los estudios científicos demuestran que cuanto más contacto tiene el niño en la infancia, más tranquilo y menos temeroso será de adulto. Es así porque el contacto físico ayuda a regular el sistema de respuesta al estrés del cerebro infantil».

Estas investigaciones están basadas en los avances científicos relacionados con el estudio del desarrollo del cerebro de los niños. Se utilizaron escáneres para analizar cómo reaccionan a circunstancias particulares.

Por ejemplo, uno de ellos muestra que un niño separado de alguno de sus padres experimenta una actividad cerebral similar a la del dolor físico.[3]

Si tu hijo ya duerme en otra habitación y generalmente no hay problemas no es necesario cambiar nada, pero si las noches se hacen interminables o ves que sufre por miedos, planteáros dormir alguno de los dos en su habitación o permitir que duerma con vosotros si lo desea. Dormir cerca de los hijos no los malcría, más bien al contrario: crecen más felices porque se sienten amparados y seguros.

Si no estáis cómodos los tres en la misma cama, podéis acoplar su cuna a vuestra cama o simplemente volver a poner su cuna en vuestro cuarto. También se puede usar una cuna de viaje o acoplar una cama pequeña.

Si deseas ampliar información sobre cómo dormir cerca de tu bebé con seguridad, ve al punto **3.2.6.1. El colecho, una opción a tener en cuenta** (p. 66). Luego, regresa a este punto.

Por fin mi hijo ha dormido 7-8 horas seguidas, o por lo menos yo no me he enterado de sus despertares, y eso que duerme en un colchón de cama individual al lado del nuestro, que es de matrimonio. A veces se despierta y se vuelve a dormir solo. Hace siestas de dos horas e incluso tres horas del tirón. Inimaginable antes.

---

3. Sunderland, M. (2007). *La ciencia de ser padres.* Grijalbo.

6.2.4. *Alimentos que favorecen el sueño*

A nadie se le ocurre abusar del café o de alimentos pesados de digerir si queremos dormir bien. Con los niños pasa lo mismo.

El triptófano de ciertos alimentos genera serotonina en nuestro organismo, un neurotrasmisor que, junto a la melatonina, reduce el tráfico nervioso y la actividad cerebral.[4] Los alimentos que se detallan[5] a continuación contienen triptófano en pequeñas cantidades, por lo que pueden inducir el sueño de tu bebé:

✓ Verduras y hortalizas frescas o poco cocinadas (contienen ácido butírico), que también favorece el descanso.
✓ Alimentos ricos en vitamina B: pescado, huevos, pollo, pavo, espinacas, tomates, patatas, judías, cereales, frutos secos. Los frutos secos, en caso de niños menores de 3 años, deben utilizarse molidos o en salsas.
✓ Alimentos ricos en calcio, como el queso y la leche.
✓ Legumbres, en particular la soja y sus derivados, como el tofu.
✓ Frutas como el plátano, la piña y el aguacate.

Si estos alimentos se combinan con carbohidratos, la biodisponibilidad en el sistema nervioso central del triptófano es superior. Para sintetizar la serotonina y para que se dé una buena conexión nerviosa, el organismo, además de triptófano, requiere de otros nutrientes como los ácidos grasos omega 3 presentes en el pescado azul, y oligoelementos como el magnesio y el zinc, presentes en las verduras de hoja verde y en la carne. El tentempié ideal para antes de irse a la cama, no lo dudes, es el típico y efectivo vaso de leche. Si toma pecho, pues leche en el envase original. Los alimentos a evitar en las cenas porque son excitantes son los que contengan cafeína y azúcar.

4. Binks, H., Vincent, G. E., Gupta, C., Irwin, C., & Khalesi, S. (2020). Effects of diet on sleep: A narrative review. *Nutrients,* 12(4), 936.
5. Sears, W., & Sears, M. (2010). T*u hijo dormirá… y tú también.* Integral.

6.3. Otros problemas, otras soluciones

Seleccionando ideas: abre tu **Guía Dormir Sin Llorar** y recopila las ideas y trucos que creas se ajustan a tu Plan de Sueño.

Lee sólo los puntos que tengan relación con tu problemática particular. Si el tema expuesto en el punto no es de tu interés, pasa al siguiente y continúa leyendo.

En este punto analizaremos los problemas más frecuentes que pueden dificultar el sueño y propondremos trucos para mejorarlo.

6.3.1. Dormirse en brazos

Muchos bebés se duermen siendo mecidos. Normalmente, a esta edad esta necesidad está muy relacionada con la ausencia de rutina o con el cansancio acumulado. Una rutina constante de «buenas noches» nos puede ayudar a modificar esta conducta.

Yo también dormí a mi hija la mayor en brazos durante un montón de meses (más o menos 20), luego la mecí en la cuna, cuando la pasé a la cama me quedaba a su lado hasta que se durmiese y hoy me quedo unos minutos cuando apago la luz hasta que la oigo respirar tranquila.

Era muy nerviosa, nunca quería ir a dormir, era difícil verle un gesto de sueño y a veces cuando se le iban cerrando los ojos te la llevabas a la cama y parecía que revivía. Fue un proceso largo, pero la experiencia me hizo darme cuenta de que necesitaba unas rutinas.

Llevo dos semanas durmiéndola sentada y sin apenas moverme. Le doy el biberón en su habitación prácticamente a os-

> *curas, le cuento un cuento, le canto una canción. Estoy muy*
> *sorprendida porque creí que no lo aceptaría, pero no ha sido*
> *así: se está durmiendo muy bien, mucho mejor que cuando*
> *la mecía en brazos, más tranquila.*

6.3.2. Plan cambia-rutinas, dormirse comiendo, siendo mecido, etc.

Si tu bebé tiene una rutina apropiada y relajante y descansa durante el día, no está atravesando ninguna fase de angustia de separación ni está aprendiendo ningún hito evolutivo ni le está saliendo ningún diente, pero por la noche sólo consigue dormirse de una única forma (mecido, acariciándolo, mamando, succionando…) y esto se está convirtiendo en un problema para ti, puedes probar el Plan cambia-rutinas del capítulo anterior.

Anota en la **Guía Dormir Sin Llorar** lo que te pueda ayudar del punto **5.3.3. Plan cambia-rutinas,** dormirse comiendo o siendo mecido (p. 133) y luego regresa a este punto.

6.3.3. Plan Padre

El Plan Padre es una estrategia compartida con la pareja. Consiste en involucrarla en la rutina diurna y especialmente nocturna del bebé para lograr que él también sea capaz de dormirlo. El Plan Padre es bastante útil en bebés amamantados o en aquellos que sólo encuentran consuelo en el regazo de mamá.

Lee el punto **5.3.4. El Plan Padre** en la p. 135, luego regresa aquí y continúa leyendo.

6.3.4. *Biberones nocturnos*

 Si tu bebé toma muchos biberones por la noche, te resulta cansado y necesitas cambiarlo, sigue leyendo. Si no, pasa al siguiente punto.

Algunos bebés se despiertan varias veces en la noche y sólo concilian el sueño si toman un biberón. Es lógico pensar que si hace esto es porque tiene hambre o sed. En estos casos es conveniente descartar la posibilidad de que el pequeño presente respiración oral y duerma con la boca abierta, y la sequedad de boca que produce sea la causa de la necesidad de beber. Hablaremos de ello en el punto **10.1.7. Apnea del sueño y ronquidos** en la p. 230. Si todo está correcto pero te resulta pesado y necesitas evitar estos tentempiés nocturnos, prueba estas estrategias. No las hemos propuesto antes porque hasta el primer año, el bebé es considerado lactante: su alimentación básica es la leche, y en su dieta hay, además, otros alimentos llamados «complementarios». Una vez que la alimentación sólida está bien instaurada, no antes, puede ser un buen momento para reducir las tomas con este plan de pasos combinados previa consulta a su pediatra:

✓ Asegúrate de que come suficiente a lo largo del día. No se trata de sobrealimentarlo, pero sí de que lleve una dieta sana y variada y que tenga asegurada una ingesta de medio litro de leche diario.

✓ Disminuye progresivamente la cantidad de leche que le ofreces durante la noche (10 ml en cada despertar) o bien diluye poco a poco la leche en más agua hasta que sólo quede un biberón con agua, que posiblemente pronto ya no le interese tomar.

✓ Si quieres suprimir el biberón y darle la leche de otra forma, prueba con las indicaciones que encontrarás en el punto **5.3.3. Plan cambia-rutinas, dormirse comiendo, siendo mecido…** (p. 133).

6.3.5. Estrategias para madres que dan el pecho

Si tu bebé mama constantemente y quieres cambiar esta costumbre, puedes probar con las siguientes técnicas para conseguir un destete parcial nocturno, siempre que sea mayor de un año y tenga instaurada la alimentación complementaria. No recomendamos la puesta en práctica de estas estrategias antes del año, ya que hasta esta edad el bebé se considera lactante, y su alimentación ha de ser a demanda. Además, ten en cuenta que suprimir tomas nocturnas puede provocar un descenso de prolactina –esta hormona se sintetiza por la noche–, lo que hará disminuir la cantidad de leche disponible para el bebé durante el día.

✓ **Duérmelo «casi» sin mamar** intentando poco a poco dejarlo en la cuna o en la cama sin el pecho en la boca. La finalidad es tratar que concilie el sueño sin succión, pero es un proceso que hay que tomarse con calma. Como no vamos a permitir que llore, no lo vamos a conseguir en un día ni en dos… Cuando se despierte, le das pecho o lo que necesite para ayudarlo a dormir, pero antes de que se duerma lo intentas soltar introduciendo un dedo en la boca y sujetando suavemente su barbilla. Es muy posible que el bebé se agarre de nuevo. Si te ves con ánimo, inténtalo una vez más (mamar + soltar adormilado), y si no lo logras y estás cansada o el bebé se está enfadando, para por esa noche, duérmelo como siempre y inténtalo de nuevo al día siguiente, y al otro y al otro… Sé constante pero sin agobios. Si persistes, conseguirás que se duerma sin mamar, y técnicamente se despertará menos llamándote para que lo ayudes a volverse a dormir.

✓ **No dejes el pecho tan disponible.** Una vez que tu bebé haya sido alimentado para dormir, usa tu dedo para separarlo del pecho. Cúbrete y duerme tapada para que no huela tan fácilmente la leche.

✓ **Dale de mamar en una postura incómoda.** Así le supondrá un esfuerzo quedarse prendido al pecho y preferirá soltarse voluntariamente cuando esté saciado y quiera dormir.

✓ **Simplemente di «no».** Si tu bebé tiene más de un año y medio, puedes decirle con voz firme pero calmada «Mamá duerme, duerme tú también».

✓ **La teta cansada.** Alrededor de los 18 meses, tu bebé ya tiene la capacidad de entender frases sencillas. Puedes enseñarle a no mamar por la noche escenificando nuestro cuento *La teta cansada*.[6]

La teta cansada
Montserrat Reverte Vicuña

Érase una vez un niño feliz en una familia feliz que se alimentaba de una teta feliz. La teta era mágica: servía para comer, para curar, para acompañar y para dormir.
Una noche que el niño se despertó, oyó llorar a su amiga teta.
Le preguntó: ¿Por qué estás tan triste, tetita?
La teta se secó una lágrima que asomaba, y con un pucherito le contestó: Ya no soy una teta feliz. Soy una teta cansada.
El niño, feliz, preocupado y un poco triste al ver llorar a la tetita, le preguntó de nuevo:
¿Y qué puedo hacer para que vuelvas a sonreír?
Muy fácil, le contestó entre hipidos la teta, un poco más tranquila. Necesito dormir toda la noche para poder tener fuerzas mañana y seguir contigo mucho tiempo. Si duermo toda la noche sin que me llames, estaré descansada y fuerte y volveré a ser feliz. No vas a estar solo. Mamá y papá te pueden cantar, te pueden abrazar, te pueden dar la mano. Así sabrás que estamos contigo y así dormirás como yo,
toda la noche seguida.

---

6. Disponible gratuitamente en www.dormirsinllorar.com/la_teta_cansada.htm

¿Y mañana volveré a beber leche tuya y tú serás feliz?,
le preguntó el niño frotándose los ojos.
Sí, le contestó ella. ¿Tenemos trato, entonces?
El niño, bostezando y cerrando los ojos, le dijo antes de quedar-
se definitivamente dormido: ¡¡SÍ!!
La teta, sonriendo, le deseó buenas noches, y aquella noche
durmió y durmió...
¡Y descansó!

• • •

Cuando lo ayudes a irse a dormir (o en el primer o segundo despertar), la última frase que debería oír tu bebé es «Mamá se va a la cama,
tú te vas a la cama y la teta duerme...». Cuando se despierte durante
la noche, lo primero que tiene que oír es un amable recordatorio: «La
teta está durmiendo». Si no se conforma y llora, se negocia: «Bueno,
un poquito, contamos hasta 5 y la dejamos dormir».

Esta técnica, como todas las que proponemos, también requiere al
menos una o dos semanas de repetición hasta que entienda el mensaje
de que el día es para alimentarse y la noche para dormir. Si eres
perseverante, acabará funcionando.

— Si duerme en tu misma cama, **aumenta la distancia entre ambos
al dormir**. Intenta ponerle en una cama *sidecar* (adosada a la tuya),
en un colchón o futón a los pies de tu cama, al lado de tu pareja o
incluso en otra habitación con un hermano.

— Observa a tu bebé, marcará el ritmo. **Observa su comportamiento
diurno como una señal para ver si el cambio en el estilo de
crianza nocturna está funcionando.** Si después de varias noches
de trabajar en el destete nocturno el bebé es el mismo de siempre
durante el día, continúa con el cambio gradual. Pero si lo notas más
aferrado, quejoso o incluso distante, tómalo como una pista de que
no lo lleva bien y ve más despacio en el destete nocturno o pospón
la misión unos días si es necesario.

Le dije que por el día podía tener toda la tetita que quisiera, pero que por la noche estaba cansada y que dormía… La primera vez se despertó ¡4 veces! (todo un récord)… Y hoy (una semana después) ha dormido de un tirón de 21.00 h. a 04.30 h., de 04.30 h. a 05.30 h. y se ha despertado a las 07.00 h. Qué voy a decir, ¡que estoy encantada! Os explico lo que hago: Se despierta, le digo bajito …«Tssss… la tetita está dormida y Lucía también tiene que dormir, no vamos a despertarla…». Si refunfuña un poco, le digo que va a despertar a los vecinos o algo así… Pero en general se da la vuelta y se duerme ¡ELLA SOLA!

Veía que mi hija entendía prácticamente todo, pues ya tiene un año y medio. Le conté la historia que leí en el Foro, que las tetitas tenían que dormir y descansar también por las noches. Que le daba por la noche antes de dormir, y luego las dejábamos descansar. Y también le decía que cuando fuera de día, las despertábamos para que pudiera ella tomar leche. Así conseguí que no se durmiera con el pecho pegado en la boca como hacía antes. Lo que hago ahora es que después de la rutina de dormir le doy de mamar, pero antes de que se quede dormida con ella en la boca le cuento la historia y ella me abraza, la acaricio y me tumbo con ella hasta que se duerme, que es en cinco minutos o menos. Cuando está profundamente dormida, me aparto, y si en las noches se despierta, normalmente me busca, se tumba a mi lado y se vuelve a dormir o la acaricio y duerme.

Recogemos más ideas sobre la lactancia nocturna en el punto **5.3.5. Estrategias para madres que dan el pecho**, p. 139.

6.3.6. *El cambio de habitación*

 Si quieres trasladar al bebé a su propia habitación, sigue leyendo. Si no, pasa al siguiente punto.

Cualquier cambio en la vida del bebé se debe llevar a cabo de forma paulatina y respetuosa.

A este respecto, señalamos que los padres deseosos de que su bebé se independice a menudo están siendo víctimas de consejos bienintencionados pero no solicitados; recordamos que palabras del tipo «No le sacaréis nunca de vuestra cama» es un mito, pues la mayoría de los niños deciden dormir en su habitación entre los 3 y los 5 años de edad. Si aun así quieres acostumbrar a tu hijo a dormir en su habitación, habrá que tener en cuenta los siguientes aspectos:

✓ Es mejor **elegir un momento de tranquilidad para empezar la transición**. No es recomendable que coincida con el comienzo de la guardería, el nacimiento de un hermanito, una mudanza o algún otro cambio en su rutina habitual.
✓ Tener claro que el cambio de habitación no conseguirá necesariamente que el niño duerma mejor.
✓ Jugar con el niño en su habitación durante el día hará que la perciba como **un lugar seguro** y divertido.
✓ La mejor forma de acostumbrarle a dormir en su cuarto sin llantos ni sufrimiento es haciendo que el **cambio sea lo más suave posible**. Uno de los padres puede trasladarse temporalmente con él a su dormitorio, para que el niño vaya acostumbrándose a él pero al mismo tiempo se sienta acompañado. Si hay un hermano mayor, también podremos optar por hacer **una cama de hermanos**, que duerman juntos en la misma habitación o incluso en la misma cama.
✓ Si tiene un peluche favorito, ponerle a dormir con él/ella después de una relajante rutina.
✓ Antes de dormir, podemos cogerlo en brazos y enseñarle los objetos del cuarto para que se familiarice con ellos y con su ubicación: la

oscuridad puede transformar un inofensivo peluche en un monstruo terrorífico.

✓ Puedes usar una lamparita quitamiedos que ilumine tenuemente la habitación.

✓ Deja un vaso con agua (mejor con tapa) en su mesita de noche, así si tiene sed puede beber por sí mismo.

✓ Si no se ha dormido del todo cuando acaba la rutina pero está tranquilo en su cama, puedes **entrar y salir de su cuarto** a ratos, para darle la seguridad de que estás ahí y la oportunidad de dormirse por sí mismo.

✓ Si necesita que te quedes a su lado **hasta** que se duerma las primeras semanas, hazlo; esto alimentará su confianza. **Es una forma perfecta de acabar el día.**

✓ Si el niño suele dormir *del tirón*, podremos explicarle que mamá o papá se marchará a la otra habitación en cuanto se duerma para que no se despierte desubicado, recordándole que si nos necesita, podrá llamarnos.

✓ Es habitual que al principio reclame su lugar en la cama de los padres o acuda a ella en caso de un despertar nocturno; a este respecto, recordamos que **todo aprendizaje necesita un período de rodaje, y lo mejor es no forzar, no obligarlo a permanecer en su cuarto contra su voluntad.** En ese caso, podemos acompañarlo a su dormitorio y quedarnos con él el resto de la noche, o bien hacerle nuevamente hueco en nuestra cama e intentarlo otra vez la noche siguiente.

✓ Si los despertares o los llantos se hacen más frecuentes, deberemos valorar la posibilidad de que todavía no esté preparado, y por tanto volverlo a intentar pasado un tiempo.

Tengo un nene de 13 meses con el sueño agitado y hace un mes decidimos pasarlo a su habitación. La primera semana durmió mucho mejor. Sólo se despertaba una o dos veces. Luego hubo una semana que acabé durmiendo con él porque se despertaba demasiado (hemos puesto su colchón al lado de otro y duerme en el suelo, yo puedo tumbarme y

> *dormir a su lado si es necesario y para darle el pecho). Ahora sigue como antes: dos o (generalmente) tres despertares por noche. No he notado ninguna mejoría ni empeoramiento.*
>
> ....
>
> *Al principio me pasaba toda la noche con él, pero se ha acostumbrado a que esa es su cama (de hecho, cuando le digo «A la cama», va corriendo y se sube al colchón).*
>
> ....
>
> *Estamos mirando camas para cambiarlo a su habitación y creo que voy a coger una nido, de esas que se saca la de abajo, de tal manera que me iré con él cuando lo necesite. Él dormirá en la de arriba dejando abierta y disponible la de abajo, así si se cae lo hace en blandito.*

6.4. Conclusiones

El sueño del bebé de uno a dos años está condicionado por sus vivencias diurnas. A esta edad comienzan a relacionarse con el mundo de una forma más activa, a mostrar sus preferencias y carácter, y en cada cambio o novedad experimentarán momentos de angustia de separación. Cuando empiecen a caminar, posiblemente también se resientan las noches porque adoran practicar sus nuevas habilidades a todas horas. Es posible que la salida de los colmillos y los últimos molares también afecte su sueño.

Para ayudar a dormir a un bebé de esta edad, nos podemos apoyar en la rutina de buenas noches y en asegurarnos de que tenga sus momentos de descanso durante el día. Es posible que abandonen la siesta matinal, así que hay que tener paciencia mientras dure el ajuste de horarios.

En esta tabla recogemos las conclusiones en cuanto al sueño de sus bebés de las familias que llegaron a nuestro foro cuando sus pequeños tenían entre un año y dos. Léela con atención, pues puede ofrecerte pistas sobre cómo abordar el sueño de tu bebé.

Conclusiones de los usuarios de DormirSinLlorar.com

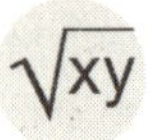

• Un total de 126 bebés (22%) se encontraban en esta franja de edad cuando sus padres descubrieron nuestro Foro.

• Observamos que el porcentaje de niños que colechan va descendiendo: en el tramo de 0-3 meses era del 79%; bajó al 75% en el tramo de 4-7 meses, y al 63% en el tramo de 8-12 meses. En esta franja, los bebés que colechan de forma habitual conforman el 58% del total.

• Cada vez son más los bebés que duermen en su habitación (31% frente al 18% del tramo 0-3 meses) y también los que colechan de forma ocasional (11% frente al 3, 1 y 9%, respectivamente).

• Un 14% se duerme solo, mientras que los demás necesitan algún tipo de ayuda para poder conciliar el sueño: el 39% lo hace con el pecho, y un 23% quiere que mamá o papá se echen a su lado. Las predicciones agoreras según las cuales dormir al bebé en brazos le impedirá conciliar el sueño de otra forma se demuestran claramente equivocadas: sólo el 4% de los niños en este tramo de edad necesita ser mecido para dormirse (este porcentaje asciende al 22, 9 y 12%, respectivamente en los tramos anteriores), y en los tramos sucesivos dicho porcentaje se reduce al 0%.

• Sigue habiendo despertares, aunque con variaciones. En esta franja de edad encontramos el valor más alto hasta el momento para 1 y 2 despertares (18% en ambos casos); sin embargo, los niños que se despiertan más de 4 veces descienden al 13%, menos de la mitad que en el tramo anterior.

• La duración de los despertares también se reduce: la práctica totalidad (86%) se desvela durante menos de 10 minutos (el 45% se duerme en menos de un minuto y el 41% restante tarda entre 5 y 10 minutos).

- El pecho sigue siendo la forma más efectiva de volverlo a dormir (37 %).
- Tampoco hay variaciones en cuanto a los objetivos que se plantean los padres: a un 40 % le gustaría que durmiera del tirón y un 17 % pide que se reduzcan los despertares.
- En todos los demás aspectos, no hay variación respecto de los tramos anteriores. También en esta franja de edad, los padres indican que han empezado a dormir del tirón mayoritariamente entre los 19 y los 36 meses (41 %), y el «truco» más valorado sigue siendo entender que el sueño es un proceso evolutivo (52 %).

6.4.1. Plan de acción

Esperamos que a lo largo de este capítulo hayas encontrado respuestas y trucos prácticos para mejorar el sueño de tu bebé en esta etapa. Ahora toma la **Guía Dormir Sin Llorar** y trabaja con ella para poner en practica tu *Plan de Sueño*. Relee este capítulo las veces que necesites y no dudes en acudir a nuestro foro si quieres compartir con otros padres. Estaremos encantadas de ayudarte.

Capítulo 7
Niños de 2 a 3 años

7.1. ¿Cómo duermen los niños de 2 a 3 años?

El sueño de los niños a esta edad continúa siendo algo inquieto. Pese a ser muy parecido fisiológicamente al sueño adulto, todavía quedan por sortear algunas situaciones que lo pueden alterar y dificultar.

Ante ti tienes a una persona cada vez más independiente, de la que muchas veces se espera un comportamiento maduro y una autonomía que tal vez aún no pueda alcanzar.

A esta edad aparecen los miedos y las pesadillas, que coinciden en la mayoría de los casos con la retirada del pañal y la responsabilidad que le supone este nuevo reto. Por otra parte, el niño ya sabe que «sigue habiendo vida» cuando se va a dormir. Sabe que aunque mamá o papá lo acompañen a acostarse, se levantan después y siguen haciendo cosas

¡Hasta se podrían marchar! Así que el sueño es intranquilo e inquieto. Es fácil encontrar a niños de esta edad que se quedan dormidos haciendo cualquier actividad con tal de no separarse de sus padres en el momento de dormirse. Una vez más, es tarea nuestra ayudar a nuestros hijos a superar esa angustia y esa ansiedad repitiéndoles que estaremos a su lado cuando lo necesiten, en cualquier momento del día o de la noche; no sólo debemos decirlo; además, tenemos que cumplirlo.

> *Marcos tiene 28 meses y siempre durmió muy bien por las noches, salvo temporadas de mocos y demás, pero por lo general le decías que a tomar el bibe y él mismo contestaba que después «a mimir».*
>
> *Pero desde hace más o menos un mes es decirle tomar el bibe y ya empieza con «Mimir no, no quiero», y una tras otra... Cuando después de algún rato consigo convencerlo de que tiene que irse a la cama, negocio con él que un cuento, acabo el primero y me pide un segundo, cuando acabo el segundo esperando que se quede... empieza con que tiene miedo, que quiere hacer pis... Cualquier cosa menos dormir... Si lo dejo, se levanta y va adonde esté.*

Si prestas atención a las necesidades de tu hijo, le estarás regalando un sentimiento de seguridad que le acompañará siempre.[1] A lo largo de este capítulo trataremos las distintas estrategias para superar estos pequeños inconvenientes.

7.1.1. Rabietas: los terribles dos

Tu pequeño deja de ser bebé y está entrando en la primera infancia. Es cada vez más independiente. Ya comienza a controlar el lenguaje y a manifiestar sus deseos y su carácter. En ocasiones, sus deseos chocarán con los tuyos, y mostrará su disconformidad generalmente con rabietas porque aún no sabe reconocer sus sentimientos con mucha destreza. Aunque hable cada vez más, todavía no es capaz de expresarse como le gustaría. Estas pequeñas discusiones familiares, pueden interferir en las noches. Para los niños pequeños, sus padres son un referente importante: las discusiones, regañinas o castigos debidos a esas rabietas que no pueden controlar derivan en inquietud, dificultad para ir a la cama y malos sueños o pesadillas. Estos estallidos de carácter empezarán a disminuir de forma significativa cuando tu hijo adquiera un mayor

---

1. Filliozat, I. (2005). *El mundo emocional del niño.* Oniro.

dominio del lenguaje y de inteligencia emocional que le permitan reconocer, aceptar y poner palabras a lo que siente.

Para sobrellevar esta etapa con un enfoque positivo que ayude a los pequeños a crecer y que las noches sean más llevaderas, compartimos estas estrategias:

✓ **Identificar, evitar, distraer:** lo más importante es **entender por qué ocurre**, y es mucho más efectivo **intentar evitar la rabieta antes de que se produzca** que pararla cuando ya ha empezado. Si sabes qué situaciones ponen en jaque a tu pequeño, evítalas si es posible: el cochecito de monedas en la esquina, el móvil, la tableta, los juguetes de su amigo, los caramelos en el supermercado… Si no te has dado cuenta y te ves venir el berrinche, intenta distraerlo. Si no lo has podido evitar y no logras calmarlo, tranquilamente le *cambias el decorado* y, si puedes, te lo llevas a otro lugar. No te pongas nerviosa ni te sientas juzgada. Sólo es una etapa que los padres que tenemos niños conocemos. Sé paciente, cariñosa y comprensiva. Pasará.

✓ **Valorar:** antes de decir «no», es buena idea **preguntarse si lo que está pidiendo es realmente tan descabellado**. Evidentemente, si lo que quiere es peligroso o dañino, habrá que prohibirlo (ver siguientes puntos), pero si lo que quiere es jugar un rato más, merendar pera en vez de manzana o ponerse la camiseta que él quiere en vez de la que tú has elegido, **no pasa nada por ceder**.

✓ **Negociar:** los tratos funcionan: «Te dejo 5 minutos más de juego (o hasta que acabes) y luego nos bañamos»; en la medida de lo posible, **dejarlo elegir**: «Hace frío y hay que llevar bufanda, ¿prefieres la azul o la roja?».

✓ **Rediseñar la casa a prueba de niños:** lo que sea frágil, valioso, lo que no quieras que toque, ponlo fuera de su alcance. Tapad enchufes, restringid el acceso a ventanas y terrazas, apartad detergentes, cuchillos, etc. De este modo, al haber menos «tentaciones», se reducirán los pulsos.

Cuando realmente hay que decir «no» **es importante validar sus sentimientos**. Aunque se lo expliques, es posible que considere nuestra negativa una injusticia. Si se enrabieta, es mejor estar a su lado, explicarle las veces que haga falta por qué no puede ser, intentar distraerlo con otra cosa, ofrecerle alternativas aceptables a lo que ha pedido… Si la rabieta es «contundente» –si intenta pegar, morder o romper algo–, abrázalo o dale espacio si ves que no lo acepta. Cuando se le pase, vuelve a explicarle lo sucedido y **pacta una alternativa** para la próxima vez.

Los cachetes no se deben utilizar nunca. Los cachetes no educan, no enseñan, no son efectivos a corto ni a largo plazo. Lo único que consiguen es distanciarnos del niño y que en un futuro haga las cosas a escondidas. Es peligroso entrar en esta dinámica, ya que cuando un cachete deja de ser efectivo se prueba con dos, y así sucesivamente. Un cachete es maltrato (tratar-mal). Para evitar que la tensión se acumule, verbalízala: «Ahora voy a tranquilizarme un ratito porque necesito serenarme y estoy a punto de perder la paciencia». Si ves que estás a punto de explotar, sal de la habitación, respira hondo, toma un vaso de agua, relájate como sea y, cuando estés más tranquila, vuelve.

Mi hijo acaba de cumplir 2 años y desde hace unas semanas la hora de irse a dormir ¡¡es imposible!! Ha empezado con algunas «rabietas» por el día (parece que se enfada por todo… porque se le cae un juguete o porque se le rompe una loncha de queso…), pero la verdad es que eso no me preocupa mucho, creo que es normal y lo llevo con paciencia.
Lo que me preocupa es que ha empezado con esas rabietas porque no se quiere dormir, tanto a la hora de la siesta como por la noche. La rutina del dormir la llevábamos muy bien y se dormía relativamente fácil conmigo acostada a su lado. Ahora directamente no quiere dormir, no quiere acostarse ni que lo coja en brazos. Está muy cansado y eso hace que todavía llore más y más.

Educar a un niño de dos años es un reto. Es un trabajo a largo plazo: tarde o temprano se recoge lo sembrado, pero es posible que los resultados de lo que se hace ahora lleguen dentro de años.

Las rabietas forman parte de una etapa evolutiva: existirán mientras el niño no llegue a una edad más madura, hagáis lo que hagáis. La diferencia es que, aunque no lo parezca, vuestra actitud supone un aprendizaje para el niño, y el día de mañana aprenderá a solucionar los conflictos del mismo modo en que os ve resolverlos. Se le puede enseñar a escuchar, dialogar, ceder y negociar; o bien se le puede enseñar que el que tiene la razón es el que grita más alto o pega más fuerte.[2]

7.1.2. Miedos

Los niños y los bebés sienten miedo cuando algo amenaza su frágil percepción de seguridad. El miedo nos alerta y nos prepara para luchar o huir, es una emoción muy útil para nuestra supervivencia, y por eso, en mayor o menor grado, nos acompañará toda la vida. Dado que el miedo nos pone en alerta, en estas condiciones será imposible conciliar el sueño. El miedo y la seguridad son contrarios: si trabajas en identificar qué asusta a tu hijo y abogas por aumentar su seguridad, redundará en beneficio de su sueño.

Los niños pequeños no tienen la capacidad de distinguir la fantasía de la realidad. Si existe en su mente, para ellos es real. El paso más importante para ayudarlo es averiguar qué los inspira. Si no se encara la fuente de esos sentimientos nunca se podrá erradicar: esos monstruos, fantasmas, brujas o piratas son una petición de ayuda, clara y urgente, que se debe responder con empatía, tranquilidad y protección. Los miedos afectan al sueño. Para dormir necesitamos sentirnos seguros, porque mientras dormimos dejamos de controlar la realidad. Entramos en otro mundo, soñamos e incluso tenemos pesadillas...

---

2. Para afrontar esta etapa con disciplina positiva, recomendamos el libro: Faber, A. & Mazlish, E. *Cómo hablar para que sus hijos le escuchen y cómo escuchar para que sus hijos le hablen.* Ediciones Medici.

Los miedos más frecuentes, según la edad de aparición, son:[3]

→ 0-6 meses: pérdida súbita de apoyo (sustentación), ruidos fuertes.

→ 7-12 meses: miedo a las personas extrañas y a los objetos que surgen súbita e inesperadamente.

→ 12-24 meses: miedo a separarse de los padres, retrete, heridas, desconocidos.

→ 2-3 años: multitud de situaciones que incluyen ruidos fuertes como aspiradoras, sirenas, alarmas, camiones, tormentas, perros grandes, una habitación oscura, separarse de los padres. Objetos o máquinas grandes y cambios en el entorno personal. Miedos que aparecen durante el control de esfínteres.

→ 3 años: máscaras, oscuridad, animales, separarse de los padres.

→ 4 años: separarse de los padres, animales, oscuridad, ruidos, incluyendo los nocturnos.

→ 5 años: animales, separarse de los padres, oscuridad, gente «mala», lesiones corporales.

→ 6 años: seres sobrenaturales como fantasmas, brujas, etc. Lesiones corporales. Truenos y relámpagos, oscuridad, dormir o estar solos, separarse de los padres.

→ 7-8 años: seres sobrenaturales, oscuridad, miedos basados en sucesos aparecidos en los medios de comunicación, estar solos, lesiones corporales.

→ 9-12 años: exámenes escolares, rendimiento académico, lesiones corporales, aspecto físico, truenos y relámpagos, muerte, oscuridad (en menor proporción).

También se pueden dar ilusiones hipnagógicas, una serie de fenómenos físicos y mentales que preceden o siguen al sueño en el momento de bajar la guardia y dormirse o a la falta total de conciencia al despertar.[4] Se manifiesta con diferentes sensaciones, tales como la impresión

---

3. Morris, R. J., & Kratochwill, T. R. (1983). *Treating children's fears and phobias: A behavioral approach.* Pergamon Press.
4. Challamel, M. J., & Franco, P. (2011). Insomnio y trastornos de la instauración del ritmo día/noche en los niños pequeños. *EMC-Tratado de Medicina*, 15(4), 1-6.

de caer a un precipicio o la sensación de tener hormigas u otros animales correteando por la piel, alucinaciones visuales o auditivas, etc. Son sensaciones que muchos adultos reconocemos haber vivido. Los niños pequeños también las viven, pero no las entienden, y eso les puede hacer temer el momento de irse a la cama. Si tu pequeño tiene miedo a irse a dormir, intenta averiguar qué lo provoca y, si es posible, neutralízalo:

✓ **Observar su habitación tal y como él la ve de noche**: puede que la sombra de un objeto proyectado sobre la pared pueda parecer terrorífico. Tal vez a esas horas haya algún ruido «misterioso», como una lavadora o las ramas de un árbol que golpean la ventana, y puedas corregirlo.

✓ Si lo que le asusta es la oscuridad, **juega de día a estar a oscuras en la habitación** y buscaros con una linterna, o a hacer sombras chinas en la pared. Permítele que duerma con una luz suave o la luz del pasillo encendida.

✓ **Evita las pantallas** y controla las imágenes e historias que ve.

✓ **Utiliza una luz quitamiedos** o una linterna que encienda cuando quiera.

✓ **No alimentes su miedo** con historias del *hombre del saco*, monstruos y otras «estrategias educativas» para que ceda o *se porte bien*. No permitas que nadie lo asuste con cuentos ni bromas pesadas.

✓ **No niegues sus miedos,** porque para él son reales. Explícale con palabras sencillas a qué se deben, asegúrale que estáis cerca y nada puede ocurrirle, y busca estrategias para vencerlos juntos.

Busca ayuda profesional si el niño no quiere estar en su dormitorio a solas ni durante el día, siente pánico de noche o se muestra reacio a hablar de sus temores con la familia.

Hemos inventado dibujos que se comen los monstruos, hemos puesto una lucecita antiseñoras verdes (el monstruo que le atormentaba), hemos levantado un poco las persianas, hemos dejado la puerta abierta, hemos colgado una foto mía para asustar a los monstruos (mira que tengo que ser fea… je je). Pero lo que mejor ha funcionado era que él sabía que

si tenía miedo podía venir con nosotros o alguno de nosotros iba con él. Pasaron unas semanas y lo controló.

....

Mi hija tuvo una racha que decía que había un sapo en su cama y se despertaba llorando. Y eso que mi niña siempre ha sido de las valientes: no le dan miedo los perros ni los bichos ni nada en general. Yo le decía que no había ningún sapo, lo buscábamos, y no mejoraba. Cuando decidí hacer una especie de broma en la que aplastaba al sapo con la almohada, mi hija se rio un montón y se le fue el miedo.

....

Mi hijo de dos años y medio, que siempre ha sido muy independiente y tranquilo, tiene miedo o más bien pánico a todo: a los perros, a las palomas, a los coches (que ya va bien), a todo. Y la cosa se ha complicado ahora sin pañal; parece que ha superado el miedo al lavabo, pero creo que le da terror hacerse pipí encima. Lo que creo que ha empeorado la situación ha sido la retirada del pañal. Como rectificar es de sabios, esperaremos un poco más. Solo tiene 2 años.

7.1.3. Dejar los pañales

Sobre los dos años muchos bebés comienzan con el control de esfínteres para abandonar el uso de los pañales. Una vez más, nos enfrentamos a nuevos retos y preocupaciones que pueden incrementar sus miedos y afectar a su sueño. Para evitarlo te recomendamos que tengas en cuenta los siguientes aspectos:

✓ Para que se relaje y descargue un poco la obsesión de estar limpio, **juega a juegos que ensucien,** como remover tierra, barro, aplastar plastilina, pintar… Disfrutar manchándose puede evitarle pesadillas con la limpieza.

✓ **Reduce la ingesta de líquidos** durante el final de la tarde y el principio de la noche.

✓ Alienta al niño para que **orine justo antes de irse a dormir.**

✓ Asegúrale que **no debe sentirse culpable si se le escapa el pis**.

✓ En el caso de que sea incapaz de controlar, tienes que saber que la enuresis o la encopresis (escape de heces) son **trastornos benignos y que, en ningún caso, se debe hacer sentir mal al niño por ello**.

A propósito de este tema, queremos resaltar que el Manual Diagnóstico y Estadístico de los Trastornos Mentales (DSM por sus siglas en inglés) define la enuresis como la «emisión repetida de orina durante el día o la noche en la cama o en la ropa de forma involuntaria, por lo menos dos veces por semana durante un mínimo de tres meses consecutivos, en un niño/a con una edad de por lo menos 5 años (o un nivel de desarrollo equivalente)», y la encopresis como la «evacuación de heces, de consistencia normal o anormal, de forma repetida, involuntaria o voluntaria, en lugares no apropiados para este propósito (incluida la ropa interior), no debida a trastornos somáticos. El curso raramente es crónico».[5]

7.2. Consejos básicos para el sueño

Como hemos visto, lo que pasa en el día influye en el sueño nocturno. Es imposible ayudar a dormir a un niño pequeño sin tener en cuenta sus emociones y los retos a los que se enfrenta durante el día.

A esta edad, para dormir tranquilo necesita vencer la angustia que le provocan los choques de intereses con sus padres cuando hace uso de su recién estrenada independencia, los nuevos retos del control de esfínteres y los miedos que su mente despierta y el continuo aprendizaje le provoca. Para superar estos inconvenientes, necesitaremos que el niño no llegue muy agotado a la noche, intentando que tenga una siesta durante el día, y haremos hincapié en una rutina que sea muy relajante y que le proporcione la seguridad de que lo queremos y estamos con él, ahora y siempre.

---

5. Más información sobre el control de esfínteres: https://enfamilia.aeped.es/temas-salud/encopresis

Vigila el cansancio. Yo veía a mi peque muy irritado cuando había pasado una mala noche o se despertaba más temprano o no hacía siesta, por ejemplo.

Recogemos estrategias para las siestas en niños mayorcitos en **6.2.1. Descansar durante el día, siesta, sólo una** (p. 149).

7.2.2. Mediante rutinas y rituales, preparar el camino del sueño

Una buena rutina, predecible y relajante, es la clave del éxito del sueño de los niños. A esta edad, **la rutina de buenas noches comienza dos horas antes de irse a la cama**. Empieza con bajar la actividad, apagar las pantallas; de hecho a esta edad ni siquiera son recomendables bajar la intensidad de las luces, poner iluminación de ambiente, jugar juegos relajados y tranquilos y evitar carreras y cachondeo.

- ✓ **Flexibilizar las rutinas**: si bien las rutinas de buenas noches suelen darles seguridad, evita ser demasiado estricta. Crecen muy rápido y éstas se deben adaptar a sus nuevas exigencias: si antes se dormía al pecho o con una canción, ahora necesitará un ritual más elaborado. Permítele opinar y pactar aspectos del nuevo ritual de desconexión.

- ✓ **Crear una tabla rutina:** déjalo crear la suya propia, decidir qué tareas quiere hacer para lograr el objetivo. Déjalo decidir el orden, negocia el tiempo de cada paso y colócala en un lugar donde podáis verla y seguirla. Si el niño es muy pequeño, puedes usar fotos. Si es más mayorcito, puedes usar dibujos descargados de Internet y pintados por él. Usa la tabla como guía. Al ser algo que él ha diseñado, le permite disfrutar de su autonomía, a la vez que sigue las normas porque él mismo las ha decidido. No recomendamos el uso de premios o pegatinas, ya que el niño

178

únicamente se concentraría en el premio y olvidaría el proceso y el objetivo.

✓ **Repasar el día:** la ventaja de dormir a un niño mayor es que se puede hablar con él. Es un buen momento para conversar sobre lo que ha ocurrido durante el día, aclarar malentendidos o hacer proyectos para el día siguiente. Si lo ayudamos a expresar sus inquietudes, se dormirá más relajado.

> *Tienen un mundo por descubrir, eso excita a cualquiera; además se llevan más regaños porque las trastadas y los peligros son mayores. Por eso me gusta la idea de jugar a revisar el día para explicarles lo bueno y lo malo, de forma que le ayude a que no tenga pesadillas con las novedades, los regaños o lo que sea. Yo le pregunto a mi hijo: «¿Ha sido un día feo o bonito?». Empezamos a jugar cuando tenía 15 meses y sólo hablaba yo, y él metía baza con algún monosílabo. Ahora me lo cuenta todo, claro que ya tiene casi 3 años.*

7.2.3. Cercanía en la noche

Es muy normal que los niños no quieran dormir solos. Somos una especie dependiente y social y siempre necesitamos a los demás. Si te lo pide, acompáñalo hasta que se duerma. El contacto da seguridad y ayuda a que se relaje para conciliar el sueño. Hazle saber que siempre estarás a su lado, día y noche. Es importante valorar el grado de «molestia» que nos provoca esta situación y medir objetivamente si el tiempo que nos pasamos a su lado acariciándole la cabecita o tarareando una nana es tan necesario para nosotros. Si sienten que tenemos prisa o estamos nerviosos, su radar se pondrá en alerta y costará mucho más dormirlos. La etapa de bebé ha llegado a su fin, y antes de lo que creas, también pasará la etapa de niño pequeño. No tengas prisa en que sea independiente, eso también llegará y te aseguramos que cuando así sea, echarás de menos estos momentos. Relájate, disfruta del privilegio y acompáñalo a dormir.

Si la niña te necesita, por la razón que sea, todas son váli-das, pues te quedas con ella hasta que concilie el sueño. Y así se duerme tranquila, sin miedos, sin la angustia de pensar «Mamá me deja sola cuando tengo miedo». Si lo haces, al cabo de un tiempo empezará a tranquilizarse, a estar más segura y no necesitará despertarse tantas veces por la noche para comprobar si estás o si no estás, si acudes o si no. No es malo que te quedes con ella, no es malo que se acostumbre a dormirse acompañada, lo malo es que asocie el momen-to de dormir con angustia, miedo y soledad, que es lo que le está pasando ahora. Eso sí puede causarle problemas de sue-ño en un futuro. Sigue tu instinto.

Hablamos también sobre ello en el punto **6.2.3. Dormir juntos sigue siendo una buena idea** en la p. 153.

7.2.4. Alimentos que favorecen el sueño

Hay alimentos que, por su particular composición, favorecen la relaja-ción y el sueño. Merece la pena tenerlo en cuenta para planificar cenas adecuadas para nuestros hijos.

Hablamos sobre este tema en el punto **6.2.4. Alimentos que favorecen el sueño** en la p. 155.

Seleccionando ideas: abre tu **Guía Dormir Sin Llorar** y recopila las ideas y trucos que creas que puedan ajustarse a tu Plan de Sueño.

7.3. Otros problemas, otras soluciones

A esta edad se pueden manifestar problemas particulares que no se dan por igual en todos los niños. Presentamos estrategias para superar las pesadillas, los terrores nocturnos, la alimentación y el destete nocturnos, así como el cambio de habitación.

7.3.1. ¿Pesadillas o terrores nocturnos?

Iniciamos este punto con una pregunta, porque es fácil confundirlos e incluso hacerlos sinónimos. Las pesadillas y los terrores nocturnos son dos fenómenos totalmente distintos: las *pesadillas* son sueños que se manifiestan al final de la noche, en el último estado de sueño ligero (REM); en cambio, los *terrores nocturnos* se producen a las 2-3 horas del inicio de la noche, cuando descansamos en sueño profundo. En el primer caso, si el niño se despierta, recuerda el sueño y acepta ser consolado. En el segundo, al ser un trastorno cercano al sonambulismo, es muy difícil despertarlo y consolarlo, y en el caso de que lo hiciera, sería incapaz de recordar nada sobre el episodio. Hablemos más sobre ello y de cómo actuar en un caso y en otro.

7.3.1.1. Las pesadillas

Son quizás el trastorno de sueño más común y frecuente: prácticamente la totalidad de los niños tienen o han tenido alguna. Se definen comúnmente como «un mal sueño», una experiencia angustiosa, aunque imaginaria, que causa mucho miedo y provoca un despertar completo.

La edad a la que suelen empezar es incierta: algunas fuentes indican que es improbable, por no decir imposible, que los bebés puedan tenerlas, y atribuyen el sueño agitado, los movimientos, los pataleos y los gemidos a un mecanismo de control de las fases de sueño que a esa edad todavía es imperfecto. Ciertamente, es más fácil detectarlas en niños algo mayores, cuya capacidad de lenguaje es suficientemente amplia como para poderlas describir.

En general, los sueños son el mecanismo del que todos (niños y adultos) disponemos para procesar emociones y experiencias vividas. En la fase REM del sueño se va asimilando todo lo que nos sucede y también lo que nos preocupa. Esto es lo que ocurre con las pesadillas: muchas veces son la respuesta inconsciente a una situación de estrés, un miedo inexpresado, una experiencia violenta vivida o presenciada, un cambio inesperado o una rutina nueva. Un niño de esta edad puede estar angustiado porque el pipí no se le escape, por ejemplo. Sus miedos, su incomprensión de lo que sucede en el mundo y sus temores aparecen en la madrugada y hace que los despertares sean frecuentes, sobre todo en la segunda mitad de la noche. A pesar de ser consideradas un trastorno del sueño, en realidad las pesadillas no constituyen un problema y están presentes hasta en un 30 % de los niños desde los 2 años.[6] Si son recurrentes o no remiten con la edad, es recomendable consultar con un psicólogo para descartar que se deban a un trauma o problema emocional.

Amatxu, cuéntame un cuento bonito, de esos que me cuentas tú. Uno sin libro, que he tenido una pesadilla y no consigo volver a dormirme porque me da miedo... Yo, medio dormida, con la lengua que casi ni respondía a mi adormilado cerebro, empiezo a inventarme un cuento de unos peces en el fondo del mar y que uno de ellos se escapa del cole para ir a ver una carrera de anémonas preciosas, con colores muy bonitos... Se sienta en el cama de golpe y da un grito: «Ama!!!!!, que las anémonas no se mueven, que viven pegadas al fondo del mar...». Total, que al final se ha dormido, pero a mí me ha sonado el despertador, y ahí les he dejado, al padre y al hijo roncando al unísono.

Lo habitual en una pesadilla es que el niño se despierte del todo y parezca desorientado. Antes de los 6 años es difícil que consiga distin-

---

6. Challamel, M. J., & Thiriom, M. (2003). *Mi hijo no duerme, ¿qué puedo hacer?* Obelisco.

guir entre sueño y realidad.[7] Para el pequeño, lo que ha vivido en sueños es muy real. En ese caso, decirle «Eso no es nada» o «Solo ha sido un sueño» no servirá para tranquilizarlo. Por ejemplo, si ha soñado que le perseguía un fantasma, probablemente no conseguiremos calmarlo si nos limitamos a explicarle que ha sido producto de su imaginación, y sólo se tranquilizará si inspeccionamos juntos la habitación (o la casa entera) en busca de fantasmas y demás seres sobrenaturales. Es recomendable tranquilizarlo y después analizar con el pequeño lo ocurrido e intentar explicárselo.

✓ Si el niño se despierta asustado por una pesadilla, ante todo será necesario tranquilizarlo, abrazándolo o llevándolo a la cocina a tomar un vaso de agua…

✓ Cuando te describa su pesadilla, intenta empatizar con él/ella. No le restes importancia con frases del tipo «Eso no existe» o «Es una tontería». Puedes ayudarlo a entender que lo que ha soñado sólo ha tenido lugar en su imaginación, que su cama (o la nuestra) es un lugar seguro donde está a salvo.

✓ Si la pesadilla ha sido protagonizada por un ser imaginario, explícale que no existe en la realidad, ya que un fantasma se puede dibujar o ver en la televisión, pero no es real. Cuando en la pesadilla ha intervenido una persona a la que conoce, ayúdalo a diferenciar lo real de lo imaginario y explícale que eso no ha pasado y que la persona que ha aparecido en su pesadilla en realidad no tiene la culpa de su sueño.

✓ Cuando se vuelva a dormir, sugiérele que piense en cosas que le gustan o en momentos felices para que esas imágenes reemplacen a las pesadillas.

¿Cómo evitarlas? En realidad no existen técnicas para evitar la aparición de pesadillas; pero en el caso de ser recurrentes o si el niño teme a irse a la cama por si tiene un mal sueño, puedes probar estas estrategias:

---

7. Kimmins, C. W. (1856). *Children's Dreams, an unexplored land.* G. Allen & Unwin Ltd.

✓ **Dormir cerca:** los niños que comparten la misma cama o la misma habitación sufren menos pesadillas. Muchas familias que primero han hecho dormir a sus hijos en habitaciones separadas y después en una cama familiar, explican que el **hecho de dormir juntos conlleva una reducción inmediata de los malos sueños.**[8]

✓ **Usar la magia:** un ritual, un hechizo antimonstruos, un repelente para fantasmas… Coge un envase tipo pistola, vacíalo, límpialo bien, rellénalo de agua o colonia, ponle un dibujo de lo que quieres ahuyentar y rocía con él la casa.

✓ **Inventar un final alternativo** y feliz para la pesadilla.

✓ **Destruir la pesadilla:** otro truco para librarse de un mal sueño consiste en **dibujar la pesadilla y después romperla en mil pedazos.** Los dibujos son una buena vía de escape para nuestros sentimientos y miedos. Si el niño habla sobre ella mientras la dibuja, mucho mejor.

7.3.1.2. Terrores nocturnos

Los terrores nocturnos se manifiestan al principio de la noche, cuando los niños llevan dormidos menos de 3 horas, en una fase de sueño profundo o sueño lento. Pueden manifestarse a cualquier edad: desde los 6 meses hasta la edad adulta. Se describen diferentes comportamientos de intensidad creciente con una misma causa: *un despertar parcial en una fase de sueño profundo,*[9] manifestados de manera leve, como despertarse y no saber lo que quiere ni reaccionar del todo correctamente a la atención de los padres, que también se conoce como despertar confuso, hasta los más inquietantes, en los que el niño grita sentado en su cama con los ojos abiertos y expresión aterrada. Este

8. Haslam, D. (1985). *Trastornos del sueño infantil.* Ediciones Martínez Roca.
9. Torres Molina, A. (2010). Parasomnias: Alteraciones del sueño frecuentes en el niño con síndrome de apnea obstructiva del sueño. *MediSur,* 8(6), 46-53.

episodio puede durar hasta diez minutos; después, el niño se vuelve a acostar y sigue durmiendo.

Como no está consciente, no acepta contacto ni consuelo, no escucha. Es difícil despertarlos en este estado y, además, es totalmente desaconsejable porque puede provocar una multiplicación y una prolongación de los episodios. Lo único que puedes hacer por tu hijo es intentar tranquilizarlo verbalmente intentando no despertarlo hasta que se calme. Si eso sucediese, no se acordará de nada de lo sucedido. Al no recordar nada, no temerá volver a dormir, como puede suceder con las pesadillas.

Los terrores nocturnos no son resultado de ningún trauma ni alteración psicológica o psiquiátrica grave, aunque el estrés o los cambios pueden propiciarlos. Este trastorno es completamente inofensivo para el niño, pero para los padres puede parecer alarmante, ya que la sensación que da es que el niño esté teniendo una rabieta en plena noche: se agita, llora, grita, suda, rechaza el contacto físico, puede llegar a sentarse, ponerse de rodillas o de pie y en casos extremos autolesionarse, porque son capaces de bajarse de la cama e incluso caminar. Todo esto está muy relacionado con el sonambulismo.

Algunos factores, como la ansiedad a la hora de irse a dormir (angustia de separación, *véase* p. 115), estrés o una actividad muy intensa durante el día, el cansancio físico excesivo a la hora de acostarse, la falta de descanso diurno por omisión de siesta, fiebre, medicamentos o sustancias como la cafeína pueden influir en su aparición o aumentar la frecuencia e intensidad de los episodios. También hay que prestar una especial atención a que el niño no ronque y no respire por la boca, ya que los trastornos respiratorios del sueño pueden estar relacionados con estos eventos.[10]

---

10. Torres Molina, A. (2010). Parasomnias: Alteraciones del sueño frecuentes en el niño con síndrome de apnea obstructiva del sueño. *MediSur*, 8(6), 46-53.

¿Qué se puede hacer al respecto? Si sospechamos que los terrores nocturnos pueden deberse a un exceso de cansancio físico, **intenta que se vaya a dormir más relajado o adelanta la hora de irse a la cama**, ofreciéndole actividades que no agoten sus fuerzas, evitando acortar o suprimir la siesta antes de tiempo y, si es necesario, retrasa el **horario de la siesta** o alarga su duración.

Todas las fuentes consultadas coinciden en que es preferible **no despertar al niño mientras dura el episodio**, porque se rompería el ciclo de sueño. Podría, incluso, llegar a agravar el problema; sin embargo, algunos recomiendan los despertares programados. Se trata de anotar, durante un tiempo, la hora a la que se ha dormido y las horas en las que tienen lugar los terrores nocturnos con el objetivo de establecer un patrón. Una vez establecido, se despierta completamente al pequeño con unos 15 minutos de antelación.[11] En cuanto se vuelve a dormir no tendrá más episodios durante esa noche.

Nota muy importante: sólo se debería recurrir a esta técnica de despertar programado en casos extremos: si el niño se lesiona o si

---

11. Grupo de Trabajo de la GPC sobre Trastornos del Sueño en la Infancia y Adolescencia en Atención Primaria. (2011). *Guía de Práctica Clínica sobre Trastornos del Sueño en la Infancia y Adolescencia en Atención Primaria. Guías de Práctica Clínica en el SNS.* Ministerio de Sanidad Política Social e Igualdad. Madrid.

los terrores nocturnos son muy acusados, frecuentes, intensos o persistentes, siempre previa consulta a un profesional.

Cuando volvimos del hospital, en los días posteriores se despertaba chillando, como dormido pero nerviosísimo, no quería contacto físico e incluso me pegaba, y de repente se quedaba tranquilo y volvía a descansar. Estos episodios se daban además, al principio de la noche, entre la una y las tres.

....

Sara lleva ya unos días con unas rabietas de aúpa, creo que está en plena fase de rabietas de los 2 años, cualquier cosa puede ser el detonante: estar yo sentada o de pie, quitarle la tapa del yogur o no... Pues esta noche, sobre las 2.30 y después de una semana malita y con fiebre, va y se despierta y se pone a llorar de una manera que no teníamos forma de calmarla. Hemos estado intentando cogerla porque se hubiera hecho mucho daño de lo nerviosa que estaba. Uffff, no sé, qué mal rato he pasado... Estaba fuera de sí...

7.3.2. Plan Padre

Si nuestro hijo únicamente acepta la compañía de mamá para irse a dormir, intenta que tu pareja logre compartir este momento poniendo en práctica el «Plan Padre».

Te recomendamos la lectura del punto **6.3.3. El Plan Padre** en la p. 157.

7.3.3. Biberones nocturnos

Si tu niño/a toma biberones por la noche, te resulta cansado y necesitas un cambio, lee el punto **6.3.4. Biberones nocturnos** en la p. 158.

7.3.4. Estrategias para madres que dan el pecho

Si tu bebé toma leche materna y mama muchas veces por la noche, te resulta cansado y necesitas un cambio, lee el punto **6.3.5. Estrategias para madres que dan el pecho,** en la p. 159.

7.3.5. Dormir en su habitación y permanecer en ella

Éste es uno de los problemas más compartidos en nuestra comunidad, y después de ver las causas que pueden atemorizar a un niño de esta edad, se prevé que será un reto lograr que nuestro pequeño permanezca felizmente toda la noche en su habitación y en su cama. Ante esta situación, y teniendo en cuenta las circunstancias que confluyen, ser flexibles nos ahorrará algunos dolores de cabeza y frustraciones. Si el problema es que no acepta bien dormir en su habitación, y los miedos, pesadillas u otras inquietudes le llevan a vuestro cuarto, puedes poner en práctica estos trucos, que os ayudarán a sobrellevar la situación:

✓ **Tratar de motivarlo** para que decida dormir en su habitación, permitiéndole, por ejemplo, elegir unas sábanas nuevas o cambiando la decoración del cuarto.

✓ **Acostumbrarle progresivamente a dormir solo.** Al principio uno de los padres puede trasladarse a su dormitorio y así dormir acompañado. Al cabo de un tiempo, le podemos explicar que nos marcharemos una vez esté dormido y más adelante decirle que nos iremos después de leerle el cuento, pero que si nos necesita acudiremos en cuanto nos llame. Es importante, en todo caso, hacerle saber que puede contar siempre con nosotros.

✓ **Ir y venir:** cuando esté listo para dormir, permanece allí un ratito más. Después, con cualquier pretexto, sal un momento y vuelve en 5 minutos. Regresa en cuanto te llame, no dejes que llore, e inténtalo de nuevo. Haz esto cada noche, regresando en el tiempo acordado hasta que se sienta confiado y ya no exija la guardia a los pies de su cama.

✓ **Cama especial**: otra solución sencilla es usar una colchoneta hinchable para niños y tenerla debajo de vuestra cama. Si vuestro hijo necesita vuestra compañía, puede ir durante la noche y dormir en ella sin despertaros siquiera.

Me han dicho en la guardería que me echa en falta porque no me ve y por eso me viene a buscar en la noche…

....

Hemos descubierto por qué se despierta tantas veces. No quiere estar solo. Llevamos dos días que hemos probado que cuando se despierta, en vez de cogerlo y mimarlo, pues o bien mi marido o yo (según quién entre a su habitación) nos tumbamos en la cama de al lado y le decimos que estamos ahí, nos hacemos los dormidos y él nos mira y se vuelve a acostar y se duerme solito.

....

Llevamos desde el viernes con la camita especial en nuestra habitación y, ¡atención! Llevamos tres noches durmiendo bastante bien.

Si tu hijo duerme contigo y deseas que lo haga en su cuarto, lee el punto **6.3.6. El cambio de habitación** en la p. 163.

7.4. Conclusiones

Pese a que el sueño de los niños a esta edad mejora notablemente, en muchas ocasiones pueden alterarlo las pesadillas o los terrores nocturnos, los cuales son debidos principalmente al nivel madurativo y a las nuevas aventuras del día a día. En esta edad, conocida como «la primera adolescencia», los pequeños muestran su independencia y sus ganas de experimentar, y a veces se llevan regañinas y correcciones que aumentan su angustia, lo que repercutirá en las noches.

Para que el sueño sea lo más reparador posible, debemos prestar atención a su descanso diurno, favoreciendo la siesta. Y ayudarlo a caer en los brazos de Morfeo con una cuidada y relajante rutina de buenas noches en la que habremos limado las asperezas que se hayan podido presentar durante el día para que se duerma feliz y tranquilo, sintiéndose querido.

En la siguiente tabla recogemos un resumen de las respuestas de 450 familias de las características que presentaban sus hijos cuando llegaron al foro de **DormirSinLlorar** buscando ideas para mejorar su sueño, y sus conclusiones cuando solucionaron el problema y las noches mejoraron.

• Las siestas también se van reduciendo. Si bien el 11 % sigue siendo impredecible, un 65 % duerme una sola siesta por la tarde, y sólo un 2 % duerme 2 veces al día.

• Por primera vez observamos una variación en los objetivos que se plantean los papás: un 26 % sigue considerando el problema más importante dormir del tirón, pero un 28 % valora más lograr que el niño se duerma sin ayuda.

• También consiguieron dormir del tirón mayoritariamente entre los 19 y los 36 meses (57 %), y sus padres atribuyen la majora a la maduración del sueño (45 %), aunque también se valoran el colecho y las rutinas, ambos con el 18 %.

• Casi todas las familias (96 %) consideran imprescindible entender que el sueño es evolutivo y adaptarse a ello para lograr mejorar las noches.

7.4.1. *Plan de acción*

Esperamos que con la lectura de este capítulo hayas conocido las causas diurnas que interfieren en el sueño nocturno de los niños de esta edad y que hayas obtenido estrategias útiles para crear tu **Plan de Sueño.**

Es el momento de trabajar con la **Guía Dormir Sin Llorar**: con su ayuda, diseña un plan y ponlo en práctica. Relee este capítulo las veces que sea necesario y si necesitas más ayuda, no dudes en acudir a nuestro foro para padres. ¡Suerte!

Continúa las instrucciones de la **Guía Dormir Sin Llorar**, prueba y evalúa tu **Plan de Sueño.**

Otros puntos que te pueden interesar:
4.3.3. Regreso al trabajo y cuidado por otras personas (p. 107).

Capítulo 8
Niños de más de 3 años

8.1. ¿Cómo duermen los niños de más de 3 años?

Comenzamos este capítulo destacando que, incluso si los cambios se han hecho esperar, durante esta etapa las mejoras se irán sucediendo. A esta edad los despertares siguen reduciéndose hasta desaparecer. ¡Por fin llegan las ansiadas noches del tirón que se mantienen en el tiempo!

Se va suprimiendo gradualmente la siesta. En algunos casos desaparece por decisión del niño; en otros, de manera forzosa porque en algunos colegios no la hacen. Cuando eso ocurre, el pequeño suele responder al cambio mostrándose más nervioso o irritable, hasta que consiga su adaptación. Su organismo acabará por acostumbrarse al nuevo horario, pero mientras tanto podemos ayudarlo intentando adelantar paulatinamente la hora de acostarse, reduciendo poco a poco los estímulos para evitar la acumulación de cansancio y ofreciéndole una actividad relajante con la que pueda reemplazar la siesta.

Al ser más autónomo, es posible que se sienta preparado para dormir solo y decida hacerlo en su habitación; si no lo decide por iniciativa propia, puede ser un buen momento para motivarlo. En ambos casos, sería buena idea intentar que el cambio fuera lo más gradual y progresivo posible, y quizás durante un tiempo haya retrocesos y cambios de parecer, por lo que la flexibilidad será la clave para el éxito.

El ritual de «buenas noches» sigue siendo importante: los niños necesitan la compañía de los padres a la hora de irse a la cama. En esta etapa, la rutina de buenas noches suele ser cambiante, y muchas veces el niño intenta alargarla todo lo posible aunque sabe que la separación de los padres durante el sueño sólo es temporal, y que si lo han ido haciendo hasta ahora, acudirán en cuanto los llame.

Finalmente, a esta edad es bastante frecuente la aparición de trastornos del sueño, como pesadillas o terrores nocturnos, motivados por el cansancio acumulado al desaparecer la siesta o por los miedos típicos. Si bien en algunos casos estas molestias surgen con anterioridad, a partir de los 3 años suelen incrementarse en intensidad y frecuencia.

A lo largo del capítulo analizaremos las causas que pueden entorpecer el sueño feliz de los pequeños y buscaremos soluciones para mitigarlas.

Lleva ya medio año que duerme toda la noche de tirón, salvo etapas de inseguridad o de enfermedad, cuando se viene a nuestra cama o nos llama por la noche. Incluso alguna noche se ha despertado, nos ha pedido agua y se ha ido ella sola a dormir otra vez.

Y llevamos unos días que después de la lectura del cuento en el salón (sin televisión y con luz tenue) nos da un beso y se va ella sola a la cama a dormir.

Ha sido una decisión tomada por ella misma. Y estoy muy orgullosa de mi niña. Esto demuestra una vez más que el sueño es un proceso evolutivo y que cuando ellos están preparados se sueltan. Todos los niños terminan durmiendo solos y toda la noche del tirón.

Hay que tener paciencia y saber respetar su evolución.

Ahora estoy con la pequeña, colechando y con el pecho. No tengo ninguna prisa, no tengo dudas, y eso me hace más segura. Además, me permite disfrutar al 100 % de estar con ella, de acompañarla. Sé que con el tiempo ella se dormirá solita y hará como su hermana: se marchará a dormir sola a su habitación. Ahora, a ver el inicio del colegio: si le afecta o no. Pero como siempre, si nos necesita, nos va a tener a su lado.

8.1.1. Miedos

El miedo a la oscuridad y a toda la legión de criaturas terroríficas que la habitan es muy frecuente en la infancia. Los niños son muy imaginativos y pueden conjurar en su mente toda clase de seres sin esfuerzo, dado que todavía no han adquirido totalmente la capacidad de distinguir lo real de lo imaginario. En nuestro foro, la mayoría de consultas de esta edad tienen como protagonista el miedo, que impide a los niños iniciar el sueño y descansar tranquilos, por lo que prácticamente la totalidad de este capítulo estará dedicado a este tema y sus diferentes manifestaciones.

El niño puede manifestar miedo a cualquier cosa: un peluche, la imagen de un libro, una historia… Puede descubrir al monstruo de turno a través del relato de algún amigo o en un cuento o una pantalla… ¡Cuidado con los dibujos animados, están llenos! Durante la noche, el miedo se maximiza debido a la oscuridad, a las sombras, a los ruidos que rompen el silencio y a la soledad.

Es posible que el niño se niegue a irse a la cama, se resista a quedarse dormido o empiece a tener pesadillas. Debemos ser conscientes de que los niños carecen de las herramientas emocionales necesarias para hacer frente a los miedos. Les cuesta distinguir la realidad de la ficción, su sentido del tiempo no está completamente desarrollado y no controlan sus emociones como podría hacerlo un adulto, por lo que necesitan nuestra ayuda para enfrentarse a sus temores.

✓ Si el niño tiene miedo a la hora de ir a la cama, **pregúntale directamente qué es lo que le asusta** para identificarlo y trabajar sobre ello.

✓ Para ayudarlo **a vencer el miedo a la oscuridad**, déjale una luz encendida, pon una lámpara antimiedo o una linterna a su alcance.

✓ La magia suele ser muy socorrida. El miedo a los seres inexistentes se combate utilizando las mismas armas. Podemos **inventar un hechizo** antimonstruos o dar poderes mágicos a un muñeco para que ahuyente a cualquier atacante nocturno.

✓ También suele dar resultado **contarle cuentos** que lo ayuden a analizar sus miedos y a normalizarlos, como una historia de un fantasma ridículo al que nadie teme.

✓ Debemos explicarle que **los miedos son normales y que todos nos asustamos de vez en cuando**. Al mismo tiempo, es recomendable que nos vea tranquilos y confiados y no contagiarlo con nuestros propios temores.

✓ Tenemos que recordar que a veces no distinguen bien la realidad de la ficción; puede ser buena idea encender la luz e inspeccionar la habitación con él o ella para que vea, por ejemplo, que la sombra amenazadora que parecía un fantasma sólo era la silueta de un juguete.

¿Has probado a usar un espray imaginario antimonstruos y anti-lo-que-le-dé-miedo? Les suele dar seguridad… y en mi caso funciona. O que un pijama de los que tenga posea poderes antipesadillas o cosas de esas. Mi hijo tiene uno de Harry Potter que «lo protege».

A lo mejor, en vez de negar sus miedos (me refiero a decirle que no pasa nada, que la bruja no hace nada, etc.) puedes intentar mostrarle tu comprensión. Contarle alguna historia sobre ti misma para reconfortarla. Por ejemplo, que tú de pequeña también tenías miedo de las brujas y que tu mamá te agarraba fuerte hasta que se te iba el miedo y luego ya se te pasaba y podías dormir tranquila. Algo así. A mí, cuando veo que algo le hace sufrir, me funciona bastante contarle cosas así de cuando yo era pequeña, para que vea que es normal lo que siente, que no le pasa sólo a ella, y que luego se supera.

A veces dice que hay una bruja, un cocodrilo o un pirata malo.

Hablamos más sobre los miedos y de las estrategias para superarlos en el punto **7.1.2. Miedos** (p. 173).

8.1.2. El inicio del colegio

En nuestro país, la Educación infantil comienza en el curso escolar en el que el niño cumpla los tres años. Aunque esta etapa no es obligatoria, la mayoría de las familias escolarizan a sus pequeños por distintas razones.

A algunos niños la entrada en el colegio les supone un cambio drástico en sus vidas: separarse de mamá por primera vez, tener que ir solitos al baño, permanecer unas horas con un cuidador al que no conocen, un entorno desconocido, etc. Otros, en cambio, se adaptan perfectamente a la nueva rutina y asimilan el cambio sin ningún problema aparente. Existen niños que ya han ido a cursos anteriores, otros que se han quedado en casa con algún cuidador, con los abuelos... Y aun existiendo estas variables, casi todos los padres coinciden con que la entrada en el colegio suele desestabilizar a sus hijos en algún aspecto: unos empiezan a morderse las uñas, otros dejan las siestas, otros afrontan sus primeros conflictos con sus iguales y otros, claro está, empiezan a dormir peor.

Una vez más, la paciencia y la empatía serán las aliadas para restablecer la situación. Hay que comprender que el inicio del colegio les altera y buscar las estrategias que les hagan sentirse queridos y seguros:

✓ Implica a tu hijo en la compra de sus útiles nuevos, mochilas y otros artículos personales que llevará al colegio. En la medida de lo posible, permite que sea quien elija el color, la forma, su personaje favorito…

✓ Habla con tu hijo/a sobre el colegio, sobre su derecho a aprender cosas nuevas, sobre el hecho de jugar aprendiendo o aprender jugando.

✓ Cuando lo dejes en el cole, despídete de forma cariñosa, pero no muestres inseguridad, duda o sentimiento de culpabilidad por dejarlo/a.

✓ No lo chantajees diciéndole que si llora te irás triste o que si no se quiere quedar tú tendrás problemas.

✓ No mientas sobre los horarios de salida: no le digas que volverás en 20 minutos cuando regresarás en 2 horas.

✓ Después del día en el colegio, pregúntale sobre sus actividades, escúchalo, elogia sus logros, responde a sus inquietudes y habla sobre sus miedos.

Es necesario escuchar al niño para poder ayudarlo a superar esta etapa de cambios. Refuerza la confianza con una rutina agradable que le ofrezca la seguridad de que *nada cambia* en casa.

8.2. Consejos básicos para el sueño

Para ayudar a los niños de esta edad a dormir tranquilos, hay que reforzar la sensación de seguridad mediante rutinas agradables escogidas por ellos y tratar los temas que les angustian o que les provocan inseguridades y miedos. Veamos cómo lograrlo.

8.2.1. Rutinas y rituales: preparar el camino del sueño

Las rutinas continúan siendo grandes aliadas para transmitir seguridad a los niños, y también los adultos necesitamos de ellas para vivir tranquilos. En tiempos de cambio estamos más inquietos y más nerviosos. Será porque, como se dice coloquialmente, «el ser humano es un animal de costumbres».[1]

Algunas ideas para crear una rutina para un niño de esta edad serían:

✓ Enseñarlo a **reconocer por sí mismo las señales de cansancio y flexibilizar la rutina en consecuencia**.

✓ **Negociar de antemano** los cuentos que vas a contarle o las canciones que vas a cantar para evitar alargar el ritual más de la cuenta.

✓ **Leer** cada noche un capítulo de un libro para niños grandes. Tal actividad promueve la intimidad y la sensación de propósito compartido. Además, los libros son buenos aliados para tratar los temas que le preocupan porque muchos de ellos están reflejados en los cuentos.

---

1. González, M. C., Hidalgo, C. A., & Barabási, A. L. (2008). Understanding individual human mobility patterns. *Nature,* 453(7196), 779-782.

✓ Aprovechar el momento **para repasar lo ocurrido durante** el día, para planificar las actividades del día siguiente, para **limar asperezas si las ha habido** y para conversar con tranquilidad y sin prisas. Así lo ayudaremos a relajarse y a dejarse vencer por el sueño.

✓ **Técnicas de relajación:** sería bueno enseñarles a inspirar y espirar lentamente, a la vez que hacemos el ejercicio mental de ir aflojando el cuerpo.

✓ Si se resiste a dormir, revisa los horarios, puede que no tenga sueño todavía. Revisa también la rutina de desconexión (presencia de luz brillante y/o pantallas), puedes inventar juegos en los que no se deba hablar ni moverse, como el juego del silencio, fingir ser estatuas, etc.

Recogemos más ideas para esta edad en el punto **4.2.2. Mediante rutinas y rituales, preparar el camino del sueño** en la p. 163.????

8.2.2. Cercanía en la noche

En el mundo occidental, los miedos nocturnos se han convertido en algo habitual y son la causa de la mayoría de los problemas de sueño a esta edad. Mayoritariamente, estos miedos surgen debido a la costumbre de acostar a los niños solos en su habitación.

Se trata de puro instinto de supervivencia: en tiempos pasados, un niño que pasara la noche solo se veía expuesto a todo tipo de peligros mortales. Evidentemente, los tiempos han cambiado, y hoy en día en nuestra sociedad un niño puede dormir en su cama sin riesgo para su vida, pero el cerebro sigue reaccionando como antaño, de la misma manera que el de nuestros ancestros hace miles de años.

No sólo los niños tienen miedo. Nosotros, los adultos, tenemos serias dificultades para dormir cuando nos han dicho, por ejemplo, que hay una oleada de robos en el vecindario o que se esperan cambios laborales en nuestra empresa.

Siempre debemos tomarnos en serio los miedos nocturnos y ayudar a superarlos con compañía (uno de los padres puede dormir temporalmente en su cuarto si lo necesita). Si el problema se alarga o impacta demasiado en la familia, se recomienda valorar con un especialista y con el pediatra de una forma multidiciplinar que pueda aislar las causas que están provocando esta ansiedad en el niño para ponerle remedio.[2]

Hablamos sobre la cercanía en la noche en el punto **6.2.3. Dormir junto a él sigue siendo una buena idea** en la p. 153.

Mi hijo mayor de 5 años es un niño que nunca nos había dado muchos problemas para dormir, pero ahora sólo quiere dormir con nosotros o que alguno de nosotros duerma en su cama.

Coincide con el hecho de que ha empezado a tener miedos (he leído que es habitual en los niños de 5-6 años).

Es capaz de mantenerse despierto desde las 3 o 4 de la madrugada, al lado de nuestra habitación (intenta no hacer ruido para que podamos dormir… él entiende que es una situación que no nos gusta). Dice que no quiere dormir porque no quiere tener pesadillas, porque tiene miedo a ruidos… y sólo duerme si es con nosotros… Nos preocupa realmente que no descanse (además, es un niño muy activo y acostumbra a llegar derrotado al final del día) e intentamos saber qué es lo que le provoca esta reacción tan bestia, y por más vueltas que le damos, no encontramos la fuente real del problema.

2. Kushnir, J., & Sadeh, A. (2012). Assessment of brief interventions for nighttime fears in preschool children. *European Journal of Pediatrics,* 171(1), 67-75. https://doi.org/10.1007/s00431-011-1488-4

8.2.3. Cenas para dormir

Del mismo modo que existen alimentos que nos predisponen a la actividad y la alerta, otros ejercen un efecto relajante en nuestro organismo.

Encontrarás más información sobre estos alimentos en el punto **7.2.4. Alimentos que favorecen el sueño** en la p. 180.

8.3. Otros problemas, otras soluciones

En este punto hablaremos de algunos problemas adicionales que interfieren en las buenas noches de algunos niños, como las pesadillas, los terrores nocturnos, la enuresis nocturna y los celos. También compartiremos trucos para que permanezcan en su habitación, si duermen en ella, y trucos para dejar el chupete si lo usan para dormir.

Seleccionando ideas: abre tu **Guía Dormir Sin Llorar** y recopila las ideas y trucos que creas que puedan ajustarse a tu Plan de Sueño.

8.3.1. Malos sueños

Este tema está ampliamente desarrollado el punto **7.3.1. ¿Pesadillas o terrores nocturnos?** en la p. 181. Si tu hijo se despierta por la noche gritando y/o llorando, léelo, y luego regresa a este punto.

8.3.2. *Mojar la cama, enuresis nocturna*

La enuresis consiste en la emisión involuntaria e inconsciente de orina en niños mayores de 5 años. No habría que preocuparse si el niño no controla la diuresis por la noche antes de los 5 años. Una forma de que estos escapes a esta edad (2-5 años) no afecten a las noches es usar pañales nocturnos, y si por el día controlan la micción, prescindir de ellos.

También es frecuente que entre los 6 y los 10 años haya algún escape ocasional sin tener un significado patológico. Este trastorno llega a afectar al 10-13 % de los niños de 6 años y al 6-8 % de los de 10 años.[3, 4]

Se considera *enuresis primaria* cuando el niño de más de 5 años nunca ha conseguido controlar la micción, y *secundaria,* cuando lo tenía superado por un período de al menos 6-12 meses y vuelve a tener escapes. La enuresis secundaria está relacionada con el estrés o problemas emocionales, que pueden producir las experiencias típicas de esta edad que les preocupan y se manifiestan con la pérdida del control de la micción. Hay que determinar los motivos que les están produciendo estrés o angustia para actuar sobre ellos y neutralizarlos. Los escapes también pueden estar relacionados con la apnea del sueño; si tu pequeño ronca, acude a tu pediatra.[5]

Es necesario consultar con el pediatra para valorar un tratamiento cuando el niño comienza a sentirse incómodo con sus síntomas, o antes si tenéis sospechas de que puede haber una causa orgánica detrás,[6] lo

3. Úbeda, M. I., Martínez, R., & Díez, J. (2005). Guía de práctica clínica: enuresis nocturna primaria monosintomática en atención primaria. *Rev Pediatr Aten Primaria,* 7(3), 7-151.
4. Hjalmas, K., Arnold, T., Bower, W., Caione, P., Chiozza, L. M., von Gontard, A., Han, S. W., Husman, D. A., Kawauchi, A., Lackgren, G., Lottmann, H., Mark, S., Rittig, S., Robson, L., Walle, J. V., & Yeung, C. K. (2004). Nocturnal enuresis: An international evidence based management strategy. *Journal of Urology,* 171(6 Pt 2), 2545-2561.
5. Su, M.-S., Xu, L., Pan, W.-F., & Li, C.-C. (2019). Current perspectives on the correlation of nocturnal enuresis with obstructive sleep apnea in children. *World Journal of Pediatrics,* 15(2), 109-116. https://doi.org/10.1007/s12519-018-0199-6
6. Espino Hernández, M. M., Luis Llanes, M. I., Ordóñez Álvarez, F. Á., Ortega López, P. J., & González Rodríguez, J. D. (2022). Protocolos diagnósticos y terapéuticos en Nefrología pediátrica (Protocolos AEP). www.aeped.es/protocolos/

que estará relacionado con su edad, la intensidad del cuadro y la importancia que le deis al asunto.

Mi hijo mayor ha llevado pañal por la noche hasta los 4 años y medio. El pediatra siempre me dijo que no era alarmante ni preocupante que todavía no controlara el pis (duerme profundamente y no se entera de nada).

....

Mi hijo se ha estado haciendo pis hasta hace algo menos de un mes, cuando cumplió los 6 años. Ahora tiene algún escape, pero poco a poco se está normalizando.

Bebía muchísima agua a la hora de cenar y cuando se acostaba, resultado: pañales empapados. Lo llevamos al pediatra y nos derivó a urología infantil cuando tenía 5 años, allí nos dijeron también que sufría enuresis nocturna y que procurásemos que bebiese a lo largo de la tarde. Dada su edad, no quiso mandarle ninguna medicación ni tratamiento, porque nos comentó que los niños, más que las niñas, solían ser más proclives a hacerse pis durante la noche, sobre todo si tenían el sueño profundo y que podía ser normal hasta los 7 años.

Le comenté que teníamos que ganar definitivamente al «señor del pis» (me lo inventé para explicarle que cuando nacemos, el señor del pis está con nosotros, y que a medida que vamos controlando el pis se va haciendo pequeñito hasta desaparecer del todo, aunque a veces crece un poquito cuando tenemos un escape, pero que eso no resultaba importante porque a la noche siguiente le hacíamos menguar controlándolo). Lo más importante es que si tiene un «accidente», vea que no pasa nada, que es algo normal y puede pasar de vez en cuando.

Lo más importante: que sea él quien vea la necesidad de no beber tanto por la noche. Hay que tener paciencia, no enfadarse y transmitirle al niño que lo va a lograr, que a nosotros también nos pasó y si fuimos capaces de vencer al señor del pis, él también lo hará.

Yo, con el mayor lo quité [el pañal] y volví a poner 3 veces. Hasta que no cumplió 5 años, que empezó a salir seco todas las noches y entonces pude quitárselo, y nunca ha tenido un escape. Pero si se lo hubiese vuelto a hacer con frecuencia, se lo hubiese puesto otra vez como hice antes. Mucha gente me decía que una vez dado el paso, no se me ocurriera volver atrás, pero no les hice ni caso y me ha ido muy bien.

....

Mi peque se envalentonó y me pidió que no le pusiera más pañales.

Estuvo todas las vacaciones sin hacerse pis, pero al empezar el colegio ha vuelto de nuevo, así que tendremos que usar pañal una temporada más.

8.3.3. Celos de hermanos

Si uno de los cambios en la vida del niño es que ha llegado un hermanito, es normal que las noches se compliquen, porque los celos se suman a las otras causas que provocan inquietud y malestar. Los celos se pueden manifestar en cualquier momento y sin importar el orden de nacimiento de los hermanos.
Es decir, si se trata del hermano pequeño, puede tener celos del mayor, y viceversa.

Así como los adultos podemos sentir celos de nuestra pareja o de nuestras amistades, los niños también sienten celos de otros amiguitos, y con más razón de sus hermanos, porque es con ellos con quienes comparten tiempo, espacio y lo más preciado: su madre, la atención de los padres o, en el plano más material, sus juguetes.

Los celos suelen ser mayores cuanto menor es la diferencia de edad. El mayor todavía necesita lo mismo que el pequeño: brazos, mimos, compañía constante… y, por tanto, la competencia es mayor. Los celos entre hermanos son completamente normales, y es absurdo (y muchas veces contraproducente) pretender negarlos, reprimirlos o erradicarlos.[7] Sin embargo, puedes ayudar a tus pequeños a sobrellevar sus emociones teniendo en cuenta ciertos aspectos:

✓ **Pregunta y escúchalo:** los niños reaccionan de distintas maneras frente al enfado o la frustración. Muchas veces percibimos esos celos en forma de rabietas. Un oído dispuesto a escuchar y una respuesta empática ayudarán.

✓ **Ponte en sus zapatos:** todos somos distintos, independientes y capaces de tener diversos sentimientos. Tratar de entender los sentimientos de los niños es una herramienta muy eficaz para evitar discusiones. **Los sentimientos no se discuten.**

✓ **Acepta sus sentimientos:** los padres somos responsables de la educación y del cuidado de nuestros hijos, pero también tenemos la obligación de respetar sus creencias y sus propias decisiones. Trata de darle nombre a sus emociones, eso le hará sentirse menos confundido.

✓ No compares: es común hacer comparaciones: «Es mas débil, Es mejor que tú», «Come mejor»… Muchas veces los adultos somos los que fomentamos esos celos. A nadie nos gusta que nos comparen; tampoco a nuestros hijos. Es preciso definir el rol de cada uno y explicar que su hermano es pequeño y necesita que lo alimenten, pero que él es mayor y puede hacerlo solo. «Yo estoy aquí para lo que cada uno necesite».

✓ **Involucra:** muchas veces, la relación entre dos miembros de la familia es única. Si permitimos que los hermanos se involucren en algunas tareas, será más fácil que esa relación se comprenda mejor; puedes pedir a tu hijo mayor que saque del armario la ropa de su hermanito, que colabore en el momento del baño… Así entenderá que el pequeño no puede hacerlo solo y por eso necesita de su madre, y además percibirá que él/ella también es importante en esos momentos.

---

7. González, C. (2003). *Bésame Mucho.* Temas de Hoy.

✓ **Dales su propio tiempo y espacio:** los celos pasarán, y si no pasan del todo, la reacción frente a ellos será distinta. Si los hermanos ya son mayorcitos (por ejemplo, 2 y 5 años), déjalos jugar solos, y si surge una pelea, permite que ellos mismos la resuelvan. Trata de no intervenir en «cosas de niños».

8.3.4. Dormir en su habitación toda la noche

A esta edad podéis **llegar a un acuerdo de compromiso**. Puedes hablar con tu hijo acerca de las visitas nocturnas y tratar de buscar entre todos una solución satisfactoria a través de la empatía, la negociación y el compromiso, tres valores muy útiles que aprenderá de la experiencia.

Si tiene más de 5 años y es capaz de asumir nuevas responsabilidades, también puedes adoptar a una mascota para que duerma con él/ella. Si te decantas por esta idea, ten muy claro que una mascota implica nuevas responsabilidades y compromisos en casa.

Si quieres cambiar a tu hijo a su habitación o ya duerme en ella pero os visita por la noche, encontrarás más estrategias respetuosas en el punto **7.3.5. Dormir en su habitación y permanecer en ella** en la p. 188.

8.3.5. *Dejar el chupete*

El uso del chupete se encuentra muy arraigado en nuestra sociedad. Es un utensilio que se inventó para suplir el pecho de la madre, calmar el llanto del bebé y ayudarle a conciliar el sueño.

Se ha comprobado en algunas investigaciones que el efecto de mamar reduce el estrés y el dolor en un proceso puntual, como cuando un pequeño recibe una vacuna, esto se conoce como tetanalgesia, y a falta de teta, el chupete podría acercarse a este efecto.[8] Su uso guarda relación con una menor duración y exclusividad de la lactancia materna. También puede ser el responsable de algunas otitis medias y ciertos problemas dentales.[9]

Las recomendaciones de la Asociación Española de Odontopediatría en cuanto al uso del chupete en relación con el tema que nos atañe (el sueño del niño) son las siguientes:[10]

—En los **bebés amamantados,** la mejor recomendación es **evitar el chupete** para favorecer la instauración de una lactancia materna eficaz.

—En los **niños lactados artificialmente,** la recomendación del **uso del chupete es especialmente importante,** ya que presentan otras características que pueden aumentar el riesgo del SMSL (síndrome

8. Marín Gabriel, M. Á., del Rey Hurtado de Mendoza, B., Jiménez Figueroa, L., Medina, V., Iglesias Fernández, B., Vázquez Rodríguez, M., Escudero Huedo, V., & Medina Malagón, L. (2013). Analgesia with breastfeeding in addition to skin-to-skin contact during heel prick. *Archives of Disease in Childhood - Fetal and Neonatal Edition,* 98(6), F499-F503. https://doi.org/10.1136/archdischild-2012-302921

9. Lozano de la Torre, M. J., Pallás Alonso, C. R., Hernández Aguilar, M. T., Aguayo Maldonado, J., Arena Ansótegui, J., Ares Segura, S., Gómez Papí, A., Díaz Gómez, M., Jiménez Moya, A., Landa Rivera, L., Lasarte Velillas, J. J., Martín-Calama Valero, J., Martín Morales, M., Paricio Talayero, J. M., & Romero Escós, M. D. (2011). Uso del chupete y lactancia materna. *An Pediatr* (Barc), 74(4), 271.e1-271.e5.

10. Sociedad Española de Odontopediatría (2012). El chupete no produce malformaciones dentales si se abandona antes de los tres años. www.odontologiapediatrica.com/para-padres/uso-y-abuso-de-los-chupetes/

de muerte súbita del lactante); se ha constatado en algunos estudios que **el uso del chupete puede evitar el SMSL.**[11, 12]

—Los efectos perjudiciales que ejerce sobre la correcta alineación de los dientes son pasajeros. Eso sí, para que las piezas dentales vuelvan a su lugar, **el chupete debe desaparecer antes de los tres años de edad.** Se estima que para que las malformaciones sean apreciables es necesario ejercer una presión más o menos constante durante seis horas diarias, aproximadamente. El factor tiempo, junto al de la energía que el niño aplique en la succión, marcarán la diferencia en este aspecto. Si únicamente utilizan el chupete en momentos puntuales como al irse a dormir, por ejemplo, o se limitan tan solo a sostenerlo dentro de la boca sin chuparlo.

El uso continuado del chupete descoloca los dientes, pero esta situación, tal y como se refleja en un trabajo de la Junta Americana de Odontología Pediátrica, es reversible apenas unos meses después de interrumpir el uso del dispositivo.[13]

Por otra parte, una revisión del Departamento Odontopedriático de Georgia (EE. UU.) concluye que **el chupete es abandonado de forma espontánea frecuentemente entre los 2 y los 4 años de edad,** y que la succión del dedo presenta un riesgo superior de prolongarse más allá de la edad preescolar. Por ello, algunas autoridades pediátricas recomiendan para niños que presentan succión no nutritiva el uso de chupete, evitando que utilicen el dedo como sustitutivo.[14]

A continuación compartimos algunas estrategias para que la retirada del chupete no sea muy traumática e interfiera lo mínimo en el sueño de

11. Hauck, F. R., Omojokun, O. O., & Siadaty, M. S. (2005). Do pacifiers reduce the risk of sudden death syndrome? A meta-analysis. *Pediatrics,* 116(3), 716-723.
12. Li, D. K., Willinger, M., Petitti, D. B., Odouli, R., Liu, L., & Hoffman, H. J. (2006). Use of a dummy (pacifier) during sleep and risk of sudden infant death syndrome (SIDS): Population based case-control study. *BMJ,* 332(7532), 18-22.
13. Soxman, J. A. (2007). Non-nutritive sucking with a pacifier: Pros and cons. *General Dentistry,* 55, 59-62.
14. Adair, S. M. (2003). Pacifier use in children: A review of recent literature. *Pediatric Dentistry,* 25, 449-458.

tu pequeño. Corresponden a niños con una edad cercana a los 3 años. En este paso se ha producido cuando han estado preparados para ello y con su colaboración. Se trata de un objeto de consuelo y seguridad, sobre todo en la época del destete o en ausencia de los padres. Si se retira antes de tiempo, es probable que lo sustituya por otro, como chuparse el dedo, que, como hemos visto, también tiene un efecto lesivo para los dientes y no se puede eliminar tan fácilmente como el primero.

Hace un mes conseguimos que dejara el chupete, al que estaba muy enganchada. Desde entonces está lloriqueando casi todo el día, con más rabietas, más protestona e incluso sin querer dormir la siesta.

✓ Previamente a la retirada del chupete habrá que ir acostumbrando al niño a usarlo sólo cuando se vaya a la cama o en situación de mucha tensión emocional.

✓ Para evitar que se lo tome como una decisión impuesta, **planteádselo como un proyecto común**.

✓ **Explicadle que es importante que deje el chupete** porque ya se está haciendo mayor, que el chupete es bueno para los bebés pero para los niños mayores puede ser malo porque pone feos los dientes.

✓ Durante el día, **aléjalo de su vista,** aunque conserva uno cerca por si acaso.

✓ Si lo pide, **intentad distraerle** con la esperanza de que se olvide: *Ahora vamos a buscar el chupete… pero primero vamos a hacer…*

✓ Si lo usa para dormir, escondedlo debajo de una almohada para dárselo en caso de «emergencia». **Si lo pide, reforzadle su actitud** («Eres un campeón, ¡qué mayor!»). Si llora o veis que lo pasa mal, dádselo, y al día siguiente lo intentáis de nuevo, y pasado y al otro. **Tened paciencia.** Como todo, necesita su **tiempo si queréis hacerlo de la forma más respetuosa posible.**

8.4. Conclusiones

En general, el sueño de los niños de más de tres años es bastante bueno. Los motivos que pueden trastocar la paz nocturna tienen relación con los miedos, acrecentados por la soledad, y con los cambios y retos a los que se enfrentan durante el día. Estos miedos pueden manifestarse con negativas a irse a dormir y con despertares y paseos nocturnos. Idear una estrategia destinada a incrementar la sensación de seguridad del niño y atender a sus demandas son las mejores herramientas para lograr nuestros objetivos en el Plan de Sueño.

Una vez más, en el siguiente recuadro final recogemos los datos de las familias que respondieron nuestra encuesta acerca de qué problemas presentaban sus hijos para dormir y las estrategias que usaron para mejorarlo. Es el cuadro con menos sujetos, dado que la mayoría de las familias que llegan por primera vez a **DormirSinLlorar.com** lo hacen cuando sus hijos son más pequeños.

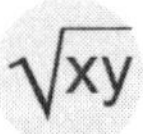

• Componen este tramo 30 niños en total, y es el porcentaje más reducido de toda la encuesta (sólo un 7% de los niños tenían más de tres años cuando llegaron a nuestro Foro).

• El porcentaje de niños colechadores sigue disminuyendo: los que duermen en su habitación son casi la mitad, un 43%. Curiosamente, los que colechan también alcanzan el 43% (un 30% duerme con mamá y papá, y un 13% sólo con mamá). Los que colechan esporádicamente también representan el 13%.

El 50% de los progenitores se echa a su lado para ayudarlo a dormir; un 20% lo hace con el pecho, y un 10% concilia el sueño sin ayuda.

La mitad de los niños en esta franja de edad tarda entre 10 y 20 minutos en quedarse dormido.

Un 27% duerme seguido, y un 30% sólo se despierta una vez por noche.

En el 60% de los casos, los despertares duran menos de un minuto; un 30% se desvela entre 5 y 10 minutos.

Para ayudarlos a dormir de nuevo, un 20% recurre a palabras clave como «shhh», y un 13% al pecho; otras técnicas que dan resultado son abrazarlos, dejar que toque el pelo de mamá e irse con él a su cama.

Las siestas se han regularizado: un 40% las ha eliminado y otro 40% duerme una por la tarde. Un 10% sigue sin dormir de forma regular.

El 70% de los padres encuestados considera que el tiempo óptimo de sueño debería situarse entre 7 y 10 horas.

Entender que el sueño es un proceso evolutivo gana sobre otras técnicas para mejorar las noches (67%). Siguen, por igual, el colecho y la rutina, ambos con un 13%.

8.4.1. Plan de acción

Esperamos que la información de este capítulo te haya resultado útil y hayas encontrado respuestas e ideas para poder elaborar tu Plan de Sueño con la **Guía Dormir Sin Llorar**. Trabaja con ella para lograr el objetivo que te hayas propuesto y no dudes en visitar nuestro foro si necesitas más ideas o quieres compartir tu experiencia con otros padres. ¡¡Te esperamos!!

Continúa las instrucciones de la Guía Dormir Sin Llorar, prueba y evalúa tu Plan de Sueño.

Otros capítulos que te pueden interesar:

Capítulo 9
Dormir a dos o más

Con un bebé es más fácil llevar unos horarios, pero ¿qué pasa cuando tenemos a dos niños que se llevan poco tiempo o mellizos o gemelos? Vamos a dar algunas ideas que hemos recopilado en el foro que pueden ayudar a que las noches sean mejores y más llevaderas y las rutinas de buenas noches más efectivas.

Seleccionando ideas: abre tu **Guía Dormir Sin Llorar** y recopila las ideas y trucos que creas que puedan ajustarse a tu **Plan de Sueño.**

Después de mucho tiempo sin dormir, lo que funciona es lo que te permite dormir más. ¿Que quiere dormir como los murciélagos colgado del techo? Pues si no se hace daño, que duerma así… ¡Ya cambiará!

9.1. Hermanos de diferente edad

Si se trata de un bebé pequeño y un niño mayor, existen varias opciones:

✓ El padre puede dormir al mayor mientras la madre duerme al pequeño. Si el niño duerme en otra habitación, se le puede acompañar hasta que se quede dormido o pasar toda la noche con él, según lo preparado que esté para dormir solo.

✓ Si la pareja no está disponible, la madre puede dormir primero al bebé y después al mayor, o tumbarse en una cama y dormir a los dos a la vez. Mientras le da el pecho o biberón al más pequeño, le puede contar o leer un cuento al otro y acompañarlos hasta que se duerman. La mayoría de las veces, los mayores sólo necesitan la compañía para sentirse seguros y queridos. La sola presencia de la madre o padre tranquiliza al pequeño.

✓ Si está en la misma habitación que los padres y el espacio lo permite, se puede poner una cama adosada a la cama grande, y la cuna al otro lado. Así, los adultos duermen en la cama, el niño también y el bebé en la cuna sidecar cerca de la mamá.

✓ Cuando el bebé tenga ya más de un año, puede dormir en la misma cama que el hermanito.

> *Se despiertan mucho por la noche. Algunas noches son buenas y sólo se despiertan una vez cada uno, pero la mayoría de las noches son mucho peores, llegando a algunas, como la de hoy, en la que se han despertado cada uno 4 o 5 veces más las 3 veces que se ha despertado su hermano mayor. En resumen, 10 o 12 despertares en total casi cada noche. Soy madre de familia numerosa, preparo oposiciones que comienzan a finales de este mes, llevo mi casa… Creo que no hace falta explicar cómo me siento física y anímicamente.*

9.2. Mellizos o gemelos

Si se trata de mellizos o gemelos, también hay algunos trucos que merecen la pena valorar para que todos descansen más:

✓ Si son amamantados, alimentarlos a la vez con la ayuda de cojines.

✓ **Pedir ayuda por el día.** Cuidar a dos niños de la misma edad requiere un gasto extra de energía, por ello es importante que **la madre pueda descansar**. Puede dormir a la vez que los niños. Si cuenta con ayuda familiar, se puede que pasen un rato y que entretengan a los niños mientras que la madre descansa. La madre puede delegar las labores de casa en su pareja o contratar, si es posible, a alguien para que se ocupe.

✓ Poner a dormir a los **niños juntos desde el primer momento**. Los gemelos están acostumbrados a dormir juntos, puesto que han sido compañeros de útero durante todo el embarazo. Al ponerlos juntos en una misma cama/cuna, los bebés siguen un horario de sueño similar, sincronizan sus sueños. A partir de los 4 meses, los bebés pueden empezar a moverse y a estirarse, por lo que podrían molestarse. Es el momento de separarlos si pensamos que así descansarán más.

✓ Compartir la misma cama. A muchas madres de gemelos les ha funcionado **ponerse en medio de los dos, colocando a los bebés de espaldas**. Si el espacio lo permite, se puede adquirir una cama grande o adosar una cuna o una cama pequeña junto a la de la pareja.

Tener a alguien que te solucione comidas, compras y te coja a uno de los niños cuando se ponen a llorar a la vez no tiene precio (por no hablar de la compañía). No digo que no haya habido momentos en que tanta ayuda no sea un poco agobiante y hubiera deseado estar sola con mis peques, porque la ayuda se convierte en el lema de la familia y no te dejan sola ni a sol ni a sombra, y no con todas tienes la misma confianza, pero es cierto que la gente se vuelca con la mejor intención.

....

Mis gemelos eran tan pequeños que durmieron juntos en la misma cuna durante meses. Cuando comenzaron a molestarse, los pusimos uno en la cabeza y otro en los pies y luego en

✓ Colaboración de la pareja. Si con un bebé **es imprescindible**, con dos, más. El padre puede hacer por la noche todo lo que hace la madre, excepto dar el pecho: puede cambiar el pañal, acercarlo a la madre, dormirlo una vez haya hecho la toma, mecerlo…

✓ Intentar que tengan el **mismo horario de sueño**. Acompañándolos a dormir o durmiendo cada padre a un niño. Si no se cuenta con ayuda, suelen ser muy prácticas las hamacas o la silla de paseo. Una vez que están en la fase de sueño profundo, se les puede pasar a su cama.

✓ **Adaptarse a las necesidades de ambos**. Como padres de gemelos o mellizos, ya os habréis dado cuenta de que no son iguales, y así como cada uno tiene su propia personalidad, también tienen formas distintas de dormir.

Como todos los bebés, irán quemando etapas en las que el sueño se verá afectado de diferentes maneras. Puede darse el caso de que uno esté en una etapa de más apego con la madre y el otro no, que a uno le salgan los dientes y al otro no, o que adquieran nuevas habilidades a la vez pero les afecte de distinta manera. Es entonces cuando conviene observarlos, y si uno requiere más atención se le puede acompañar para dormir y al otro ponerlo cerca en una cuna sidecar, por ejemplo.

Marcos suele irse a la cama a las 21.00 h. reventado de todo el día. Se cae rendido tomando el biberón de la cena o tras darle los cereales con cuchara, se duerme en brazos meciéndolo en poco tiempo. Iván, por su lado, depende del día. No suele dormirse con el biberón ni tras la cena, sino que se queda despierto entre media hora y una hora y media. Es raro que pase este tiempo jugando tranquilo, aunque a veces sí lo hace; mayoritariamente se va quejando y sólo desea estar cerca de papá o mamá. Tampoco quiere que lo durmamos en brazos ni que lo mezamos, le suele molestar que lo toquen o achuchen en demasía, al contrario que a su hermano Marcos. En realidad, incluso para tomarse el biberón, Iván prefiere estar tumbado en el cojín de lactancia con las piernas elevadas sobre mamá o papá y mientras come recibir suaves caricias en la frente, el nacimiento del pelo, que le cojan la manita o le toquen con la palma de la mano la barriguita muy suave. Con estas caricias, y a veces susurrándole, se va relajando y acaba durmiéndose. Si por algún motivo oye un ruido por leve que sea en el momento en que se está adormeciendo y se despierta, ¡horror! La crisis de llantos y desconsuelo está asegurada durante por lo menos media hora hasta que se duerme agotado. Y es imposible calmarlo ni con chupetes ni con biberones ni cogiéndolo en brazos; como mucho con una nana susurrada o con un continuo y cariñoso shhh-shhh mientras se le coge la mano o se le pone la palma de la mano abierta sobre la mejilla.
A Marcos lo ayudamos a dormirse acunándolo. Hemos conseguido en las dos últimas semanas dejarlo en la cuna cuando ya está casi dormido, con los ojos cerrados pero no completamente lacio, en la cuna y se acaba por dormir solo. Lo que es imposible es dejarlo en la cuna para que se duerma solo cuando está con los ojos abiertos por muy cansado que esté.

Por otro lado, a Iván, como ya he relatado, lo ayudamos a irse relajando y a dormirse con todo un periplo de susurros, nanas, caricias y arrumacos, pero sin tomarlo en brazos porque se agobia y se retuerce como una lagartija hasta que lo dejas solo. En las dos últimas semanas, sin embargo, sí hemos conseguido que no coja rabietas y dejarlo en la cuna cuando todavía está en proceso de dormirse pero no dormido del todo. La clave parece estar en dejarlo tumbado sobre un costado (que es como le gusta dormir) y hacerle ligeramente sshhh-shhh, mientras le tomas la mano o le acaricias la nariz de arriba abajo. Se acaba por dormir solo si no hay ruidos que le distraigan. Marcos se duerme en minutos. Iván, desde diez minutos a una hora, ¡depende de lo excitado que esté! A veces, si tiene demasiado sueño, todavía es peor, como si no quisiera dejarse llevar por el sueño. Como he descrito, cada gemelo duerme de un modo muy distinto y tiene sus propias manías, así que lo que sirve para uno no necesariamente sirve para el otro. Lo que sí comparten los dos es la rutina.

Capítulo 10
Molestias que quitan el sueño

10.1. Enfermedades

Infecciones virales o parasitarias, infecciones de oído, intolerancias, alergias, congestión nasal, tos… Todos estos contratiempos alteran el sueño de tu bebé, y ten por seguro que no podrá descansar mientras dure el proceso. En cuanto la situación se normalice, lo hará también su sueño. Si sospechas que puede estar enfermo, llévalo al pediatra para que te indique el tratamiento que le ayude a superar la enfermedad y que se sienta mejor lo antes posible.

Si sospechas que tu hijo puede estar padeciendo alguna de las enfermedades o trastornos descritos, lee el punto que corresponda y visita al pediatra.

10.1.1. Gases y cólicos

En general, cualquier señal de inquietud y llanto sin causa aparente se suele relacionar con cólicos o gases, pero el llanto o malestar no tiene que deberse a que el niño tenga ganas o necesidad de eructar, sino que puede haber otras muchas causas, como frío, aburrimiento o necesidad de compañía. Si no se le calma, al llorar y gritar tragará más aire, lo que complicará el cuadro. Cuando se le coge en brazos y se le sujeta en una posición vertical, se está facilitando la expulsión de éste en forma de eructos. Los gases no son otra cosa más que el aire que el bebé ha tragado. La mejor forma de evitarlos es intentando que el niño trague la menor cantidad posible de aire durante su alimentación y, lógicamente, evitando que llore.

10.1.2. Reflujo gastroesofágico

El reflujo gastroesofágico o regurgitación es la salida por la boca del contenido gástrico, generalmente leche, en poca cantidad y sin esfuerzo, a diferencia del vómito. A veces tiene lugar rezumando por la comisura de la boca, y con mayor frecuencia tras cambios de postura o movilización del bebé.

Representa una alteración del cierre de la unión del esófago con el estómago que favorece la vuelta del contenido gástrico hacia el esófago. El reflujo afecta en mayor o menor medida a la mitad de los bebés menores de 3 meses de edad, y suele resolverse espontáneamente sin necesidad de tratamiento. Los signos y síntomas varían según la gravedad del problema, son:

✓ **Un inicio temprano:** el reflujo se presenta en las primeras semanas de vida del bebé. Si un bebé ha dormido bien desde el principio y a los 4 meses se despierta con molestias, es poco probable que tenga reflujo.

✓ **Despertares frecuentes y con dolor:** el bebé se despierta de repente, algunas veces gritando.

✓ **Posición para dormir:** el bebé duerme mal cuando está tumbado y duerme mejor boca abajo que boca arriba. Recordemos que está totalmente contraindicado poner al bebé a dormir sobre su estómago; en menores de 9 meses, aumenta el riesgo de muerte súbita.

✓ **Poca calidad del sueño:** el bebé está intranquilo, se retuerce, se arquea hacia atrás y hace movimientos raros con frecuencia.

✓ **Vómitos:** el bebé vomita a menudo y con fuerza, especialmente cuando está tumbado boca abajo. A veces, vomita como un volcán.

✓ **Cólicos de día:** episodios frecuentes de llanto desconsolado durante el día, a diferencia de los «cólicos», que se producen a última hora del día.

✓ **Respiración irregular durante el sueño**: todos los bebés pequeños muestran una respiración algo irregular durante el sueño, pero el reflujo gastroesofágico se relaciona con episodios prolongados de respiración detenida durante el sueño.

✓ **Ruidos guturales**: como si el bebé estuviera haciendo gárgaras, traga de forma ruidosa, con sonidos de asfixia y arcadas.

✓ **Producción excesiva de babas.**

✓ **Eructos húmedos:** con la burbuja de aire, sale un poco de leche.

✓ **Aliento ácido.**

✓ **Tos crónica.**

✓ **Mal humor general:** está irritable y sólo se calma en brazos o comiendo.

Si éste es el caso de tu pequeño, consulta con el pediatra y explícale todos los síntomas para poder valorar la situación. Según la gravedad, el pediatra puede recetar un antiácido o derivar al especialista para que le realicen unas pruebas especiales y que reciba tratamiento.

Consejos para ayudar a dormir mejor a un bebé con reflujo:[1,2]

✓ Alimentar al bebé con frecuencia y en pequeñas cantidades: los bebés, al igual que los adultos, tienen más probabilidades de tener acidez después de una gran comida que después de un refrigerio.

✓ Dar el pecho tan a menudo y durante tanto tiempo como sea posible: los bebés que toman el pecho, por naturaleza, comen más a menudo, y la leche materna es un antiácido natural. Se evacúa del

---

1. Para saber más sobre el reflujo, recomendamos la lectura de estos documentos https://enfamilia.aeped.es/temas-salud/reflujo-gastroesofagico-en-bebes https://enfamilia.aeped.es/temas-salud/enfermedad-reflujo-gastroesofagico

2. Rosen, R., Vandenplas, Y., Singendonk, M., Cabana, M., DiLorenzo, C., Gottrand, F., Gupta, S., Langendam, M., Staiano, A., Thapar, N., Tipnis, N., & Tabbers, M. (2018). Pediatric Gastroesophageal Reflux Clinical Practice Guidelines: Joint Recommendations of the North American Society for Pediatric Gastroenterology, Hepatology, and Nutrition and the European Society for Pediatric Gastroenterology, Hepatology, and Nutrition. *Journal of Pediatric Gastroenterology & Nutrition,* 66(3), 516-554. https://doi.org/10.1097/MPG.0000000000001889

estómago mucho más rápidamente que la comida o la leche de fórmula. También hace que las deposiciones sean más blandas y fáciles de transitar, con lo que se reduce el riesgo de estreñimiento.

✓ Si no das el pecho, consulta con el pediatra para que valore si es útil usar leche preparada hipoalergénica y predigerida. Con el biberón, te recomendamos seguir la misma regla: menos cantidad pero más veces.

✓ Eructar mejor: un estómago lleno de aire agrava el reflujo: si tu pequeño toma el pecho, lo más probable es que eructe al pasarlo de un pecho a otro. Si toma biberón, que eructe cada poco; te sugerimos utilizar biberones anticólicos.

✓ Mantener al bebé incorporado y sin moverlo después de comer: llevar al bebé en brazos, abrazado o colgado en el portabebés al menos media hora después de cada toma. Los movimientos han de ser suaves.

✓ Tranquilizar al bebé con el pecho, en brazos… Podéis turnaros en su cuidado para transmitirle tranquilidad.

✓ Vestirlo para dormir: la ropa tiene que ser holgada. Hay que evitar la ropa que quede sujeta a la cintura, que sea estrecha o pañales que le aprieten.

✓ Posición para dormir: la más segura es boca arriba. Las cuñas antirreflujo no están recomendadas por riesgos de seguridad.[3]

✓ No fumar en presencia del bebé: la nicotina estimula la producción de ácidos gástricos y relaja el esfínter esofágico inferior, dos factores que agravan el reflujo.[4] También favorece el riesgo de

---

3. Mannen, E. M., Carroll, J., Bumpass, D. B., Rabenhorst, B., Whitaker, B., & Wang, J. (2019). *Biomechanical analysis of inclined sleep products.* Univeristy of Arkansas.

4. Djeddi, D., Stephan-Blanchard, E., Léké, A., Ammari, M., Delanaud, S., Lemaire-Hurtel, A. S., … & Telliez, F. (2018). Effects of Smoking Exposure in Infants on Gastroesophageal Reflux as a Function of the Sleep–Wakefulness State. *The Journal of Pediatrics,* 201, 147-153.

muerte súbita del lactante. Nunca se debe fumar en presencia de un niño.

10.1.3. *Parásitos intestinales u oxiuriasis*

La oxiuriasis, comúnmente llamada *lombrices,* es la infestación intestinal producida por un gusano llamado oxiuro; afecta hasta a un 30 % de los niños en edad escolar. La transmisión es fecal u oral, por ingestión de alimentos o tierras contaminadas. Produce un intenso picor anal por la noche, por lo que altera el sueño del pequeño. También puede aparecer falta de apetito e irritabilidad y picor vulvar en las niñas. Si se examina la zona anal, se pueden apreciar los gusanos (blancos y de 4-6 mm aproximadamente de largo). También se puede poner unos instantes cinta adhesiva por la zona del ano para que en el laboratorio busquen los huevos del parásito con el microscopio.[5]

Si sospechas que tu bebé puede tener lombrices, consulta con su pediatra para que lo valore y prescriba el mejor tratamiento posible.

Hace cuestión de un mes (ahora tiene 18 meses) el niño está más inquieto, empieza a comer con mucha ansia y de buenas a primeras se pone nervioso y deja de hacerlo. Hay que distraerlo con inventos para que coma, no se puede dormir, ni la siesta ni durante la noche, se acuesta y al ratito se despierta gritando y llamándome; lo acuesto, se levanta, se vuelve a acostar solito, se levanta… Hasta que le hice caso a la abuela y le hice una analítica para ver si tenía lombrices, y… señores… ¡¡Bingo!! ¡¡Lombriceeeeeeeees!!

---

5. Barros García, P., Martínez Escribano, B., & Romero González, J. (2023). Parasitosis intestinales. *Protoc Diagn Ter Pediatr,* 1, 123-137. www.aeped.es/protocolos/

10.1.4. Catarros, tos, mocos

Tiene su nariz congestionada y no puede respirar, ¡ni siquiera comer! o tose toda la noche entorpeciendo su descanso… ¿Cómo aliviarlo? He aquí algunas buenas ideas:

✓ Ante todo, que lo vea su pediatra.

✓ Hacer vapor con un aparato humidificador o colocando un recipiente con agua o una toalla mojada sobre el radiador.

✓ Puede aliviarse a la hora del baño, antes de acostarlo, si dejas abierta la ducha chorreando agua caliente, le echas unas gotitas de suero fisiológico en la nariz y junto con el vapor de la ducha, se descongestiona con facilidad.

10.1.5. Salida de los dientes

La salida de los dientes también puede interferir en el sueño. Durante este período, es habitual que duerman más intranquilos y se despierten más veces debido al dolor que les produce este episodio.

Les puede aliviar dándole mordedores refrigerados (no congelados) o usando gel para encías –siempre previa consulta al pediatra–. Ten en cuenta que, aunque por el día no parezca estar molesto, el dolor de los dientes parece que se siente más en la noche. Ten paciencia: en cuanto rompa el diente, habrá una tregua… hasta la salida del próximo.

Hablamos más sobre este tema en el punto: **5.1.2. La salida de los dientes** en la p. 122.

10.1.6. *Alergias e intolerancias*

10.1.6.1. Dermatitis atópica

La dermatitis atópica es la enfermedad cutánea crónica más frecuente en la primera infancia. Su prevalencia varía entre el 6 y 15 % en España y ha ido experimentando un incremento continuado en los últimos 30 años.[6] El picor intenso, junto con erupciones en la piel, constituye el signo más típico de la dermatitis atópica, lo que dificultará el sueño de los pequeños.

> *Estaba durmiendo mejor, pero por culpa de la dichosa dermatitis atópica todo se está yendo al traste. A pesar de que la embadurno de cremas hidratantes y le pongo la pomada que me recetó el pediatra, la nena intenta dormirse pero no puede por el picor.*

En los niños con dermatitis atópica se asocia con frecuencia sensibilización alérgica a alimentos en los primeros años de vida y posteriormente a alérgenos del aire. Alrededor del 50 % de los lactantes y niños pequeños con dermatitis atópica desarrollan alergia respiratoria (rinoconjuntivitis y/o asma) a lo largo de su vida, y hasta un 80 % se asocia a la sensibilización a las proteínas de huevo.[7]

Se caracteriza por una piel seca que se inflama con frecuencia, produciendo intenso picor y rascado que la intensifica y facilita su infección. No tiene tratamiento curativo pero suele mejorar con la edad. Su duración y las molestias se pueden reducir con un tratamiento adecuado.

Si sospechas que tu bebé puede tener dermatitis atópica, consulta con su pediatra.

---

6. Jaume Escarrer, M., & Guerra Pérez, T. (2019). Dermatitis atópica. *Protoc Diagn Ter Pediatr,* 2, 161-175. www.aeped.es/protocolos/
7. Sicherer, S. H., Sampson, H. A. (1999). Food hypersensitivity and atopic dermatitis: Pathophysiology, epidemiology, diagnosis, and management. *J Allergy Clin Immunol,* 104, 114-122.

Te presentamos algunas recomendaciones para aliviar el picor:

✓ Evita ropas de fibras irritantes, muy ajustadas o de abrigo excesivo, así como tejidos de lana. También hay que tener en cuenta la ropa de las personas adultas cuando sostienen al bebé en brazos, evitando estas fibras.
✓ Refresca el dormitorio.
✓ Quita las etiquetas de las prendas de vestir.
✓ Lava la ropa y las sábanas con detergente suave y no utilices suavizante.
✓ Mantén las uñas del niño/a cortas y limpias.

En cuanto al baño, no es recomendable una frecuencia mayor de 2-3 baños o duchas semanales, salvo que lo requieran las condiciones higiénicas. Deben ser de corta duración (5-10 minutos), con agua a temperatura agradable, tibia, no excesivamente caliente. Se pueden utilizar jabones de avena o con pH ácido. No frotar con una esponja. Finalizando el baño y con la piel aún húmeda, aplica un aceite de baño (de almendras, de oliva, si lo tolera bien), posteriormente se seca, sin restregar, con una toalla de algodón e inmediatamente aplica una crema hidratante/emoliente. No utilices lociones perfumadas.

10.1.6.2. Alergias alimentarias o intolerancias a alimentos

Las alergias alimentarias afectan a la piel, las vías respiratorias, los intestinos e incluso pueden llegar a provocar cambios en el comportamiento. Si la causa de las malas noches fuese una alergia o intolerancia, aparecerían ciertos signos en la piel o las vías respiratorias. Algunas señales de que nuestro bebé puede padecer una intolerancia alimentaria son:

✓ Sueño intranquilo, despertares frecuentes.
✓ Estómago hinchado después de la comida o muchos gases.
✓ Ruidos de los intestinos e intraquilidad después de comer.
✓ Cambios en las deposiciones (diarrea o estreñimiento) después de introducir en la dieta un alimento nuevo.

✓ Erupciones en las mejillas, codos o rodillas.

✓ Párpados hinchados o manchas oscuras bajo los ojos.

 Siempre que sospeches que tu bebé puede estar padeciendo una intolerancia o alergia alimentaria, no le des más el alimento que la ha desencadenado y consulta rápidamente a un pediatra.

 Para evitar reacciones adversas con la introducción de la alimentación complementarias recomendamos respetar las pautas oficiales vigentes al respecto. Consulta a tu pediatra. Hemos tratado este tema en el punto **5.1.3. La alimentación complementaria y su relación con el sueño** en la p. 123.

10.1.7. Apnea del sueño y ronquidos

El síndrome de apneas-hipopneas del sueño (SAHS) es un trastorno respiratorio durante el sueño caracterizado por una obstrucción parcial prolongada de la vía aérea superior y/o obstrucción intermitente completa que interrumpe la ventilación normal durante el sueño y sus patrones normales. Tiene una incidencia del 3 al 5 % y ha sido poco reconocido hasta los últimos años.[8]

Si el pequeño tiene apnea del sueño, los períodos sin respiración hacen que el sueño no sea de calidad y no descanse lo suficiente, lo que

---

8 Sánchez-Serrano, A., Calvo-Boizas, E., Morales-Martín, A. C., Sánchez-Velez, T., Fernández-Sánchez, J. L., Benito-González, F., Diego-Pérez, C., Gil-Melcón, M., Sánchez-Barrado, E., Morán-Sánchez, J. C., Marín-Cassinello, A., de Paz-Sánchez, A., Blanco-Rueda, J. A., Vázquez-Casares, G., Martín-Gómez, M. C., Santos-Gorjón, P., & Barajas-Sánchez, V. (2019). Guía de práctica clínica para el diagnóstico y tratamiento quirúrgico del síndrome de apnea obstructiva del sueño en pacientes de dos a ocho años de edad. *Revista ORL,* 10(4), 279. https://doi.org/10.14201/orl.20736

se traducirá en un malestar diurno, y en niños mayores, en cambios en el comportamiento y rendimiento escolar.

Una de las manifestaciones de la apnea son los ronquidos, aunque no es un indicador definitivo; otro signo que se puede manifestar es la necesidad de mamar o beber leche o agua varias veces durante la noche, debido a la sequedad de boca al dormir con ella abierta para poder ventilar mejor. Ante estos signos, visita al pediatra u otorrinolaringólogo con una grabación de los ronquidos para su valoración. La grabación por parte de los padres de los ronquidos durante el sueño del niño (es suficiente con unos minutos) es útil para que el pediatra pueda analizar las alteraciones referidas por los padres. Cuando hay una apnea del sueño, la respiración es ruidosa, alternándose con períodos silenciosos de 10-15 segundos donde no respira, para luego inspirar gran cantidad de aire. En algunos casos, se puede producir por un tamaño anormalmente grande de las amígdalas (hipertrofia). Estas apneas hacen que se despierten de un sobresalto por la falta de aire. En ocasiones están relacionas con la enuresis nocturna, ya que la descarga de adrenalina que sigue al sobresalto provoca el vaciado de la vejiga.

10.2. Parasomnias

Se trata de una anomalía que afecta al patrón de sueño. Es más común en niños que en adultos por las características de las fases del sueño de los niños, que pasan más tiempo en fase N3. Se regula con la edad, de lo que se deduce que los más pequeños son más propensos a presentar este tipo de trastorno. Por lo general, suele desaparecer espontáneamente, y en la mayoría de los casos no precisa tratamiento. A continuación veremos cuáles son los trastornos del sueño más frecuentes, por qué se producen y qué podemos hacer al respecto.

10.2.1. Pesadillas y terrores nocturnos

Tratamos las pesadillas y los terrores nocturnos en el punto **7.3.1. ¿Pesadillas o terrores nocturnos?** en la p. 181.

10.2.2. Sonambulismo

Se estima que entre el 10 y el 30 % de los niños padece alguna forma de sonambulismo. Si contamos también los que lo sufren de forma leve (agitarse o moverse en sueños o hablar dormidos), el porcentaje es mucho mayor. En la mayoría de los casos, desaparece con la edad.

El sonambulismo puede ser incompleto (el niño habla, se sienta, se incorpora en la cama o incluso se levanta, pero acto seguido vuelve a tumbarse) o completo (se levanta y empieza a deambular por la casa o a hacer algún tipo de actividad).

En muchos casos, tiene un componente hereditario, pues es más frecuente que un niño sea sonámbulo si sus padres también lo han sido durante la infancia. Algunos científicos lo atribuyen a una inmadurez del sistema neurológico, más concretamente a un desorden del sistema neurálgico de alerta.

Como en el caso de los terrores nocturnos, suele producirse en el pasaje de una fase de sueño más profundo a otra de sueño más ligero.

Los episodios pueden durar desde pocos minutos a un par de horas, pero a diferencia de las pesadillas y los terrores nocturnos, el niño no siempre está angustiado: en ocasiones puede llorar o gritar, pero otras simplemente irá a la bañera a darse un baño o a la cocina a coger un paquete de galletas. Si se le habla, puede contestar, aunque no de forma coherente. Generalmente mantiene los ojos abiertos, aunque al estar dormido no percibe los obstáculos, y si se encuentra con uno tiende a tantearlo. Se puede intentar prevenir actuando como con los terrores nocturnos: tratando de evitar o por lo menos limitar, en la medida de lo posible, un exceso de cansancio físico a la hora de acostarse.

Si se produce un episodio, lo mejor es reconducir al niño hasta la cama lo antes posible. Suele llorar si se le intenta coger en brazos, así que en ese caso, llévalo de la mano o ponte detrás empujándolo suavemente por los hombros. En todo caso, es bueno acompañarlo para vigilarlo y evitar que se haga daño. No es recomendable colocar vallas, rejas y demás sistemas de contención para impedir que salga de la cama porque puede sentirse atrapado y autolesionarse intentando escapar; en cambio, es aconsejable cerrar la puerta de casa con llave, impedir la apertura de ventanas, limitar el acceso a patios y terrazas y apartar, en la medida de lo posible, los muebles y demás objetos con los que pueda tropezar. Es mejor no despertarlo, no por la leyenda de que les puede dar un ataque al corazón, sino porque si eso ocurre, se despertará muy asustado y desorientado, a la vez que se interrumpe el descanso y con ello se propicia que se alarguen en el tiempo.

Si mientras deambula, se tumba o se queda en posición horizontal, seguirá durmiendo tranquilamente como si nada hubiera pasado: puede quedarse dormido en el suelo, en el sofá o en los lugares más impredecibles. Si eso ocurre, al tratarse de una fase de aligeramiento del sueño, es mejor esperar algunos minutos antes de llevarlo de vuelta a la cama para evitar que se despierte.

10.2.3. *Adormecimiento brusco*[9]

Se manifiesta como un conjunto de conductas estereotipadas de movimientos repetitivos de tronco, cuello o cabeza que ocurren inmediatamente antes de iniciar el sueño y se mantienen durante el sueño ligero. Las más típicas son mecerse de un lado a otro tumbado en la cama o dar cabezazos contra la almohada para conciliar el sueño. Es frecuente en lactantes y niños hasta los 2-4 años de vida, momento en el que cesa de forma espontánea, aunque en algunos casos puede persistir hasta la adultez. Si a los 5 años el niño continúa haciéndolo, consulta con el médico para valorar la causa.

Se trata de un trastorno benigno que cesará con el tiempo y que puede provenir de un cúmulo de ansiedad o tensiones. Estos movimientos rítmicos se dan con más frecuencia en casos de carencias afectivas o desvinculación; se observa mayormente en niños procedentes de orfanatos.[10] Si un niño sano y con una vinculación correcta presenta estos síntomas, es posible que esté ansioso y esa sea la causa de las malas noches. La mejor estrategia para que deje de hacerlo consiste en

---

9. También conocido como *jactatio capitis*.

10. Taylor, S. E. (2002). *Lazos vitales. De cómo el cuidado y el afecto son esenciales para nuestras vidas*. Taurus, pp. 60-61.

lograr que el niño se sienta seguro y protegido eliminando la fuente de ansiedad.

Para dormir, si el niño o la niña es pequeño, lo mejor es mecerlo. En niños grandes, lo más efectivo es tumbarse a su lado en la cama.

Si no se interviene identificando y eliminando la ansiedad, corremos el riesgo de que estas acciones persistan más allá de los 5 años, y al no eliminar la causa, es posible que al crecer encuentren una nueva forma de liberarla con otras conductas también anómalas pero más acordes con la edad, como morderse las uñas, u otras.

Capítulo 11
Fármacos y otras sustancias

Capítulo redactado por Begoña Sanz Echevarría, doctora en Ciencias (Bio-química y Biología Molecular) por la UPV/EHU. Profesora e investigadora.

Las cifras de consumo de somníferos entre la población adulta en Espa-ña son inquietantes. Estamos a la cabeza de Europa en uso de somníferos y tranquilizantes. Es un dato muy preocupante ya que se ha registrado el máximo de la serie histórica con un 23,5 % de la población que los consume.[1]

Muchos bebés y niños no se libran de este hábito creciente; a los medicados por prescripción pediátrica se unen los que toman fármacos que se pueden comprar sin receta en cualquier supermercado con la es-peranza de que duerman mejor. Pero medicar a los niños no es la solu-ción a los problemas de sueño. Administrar un somnífero no es un gesto libre de riesgos, y menos en el caso de bebés y niños, cuyos cerebros están desarrollándose. Debemos ser conscientes de que este tipo de medica-ción altera el equilibrio neuroquímico del cerebro, lo que puede in-terferir definitivamente en su desarrollo. No es objetivo de este libro presentar una revisión exhaustiva de todos y cada uno de los produc-tos que existen en el mercado para tratar las dificultades del sueño in-fantil, pero sí citar los fármacos que a veces se comentan en nuestro

---

1. Según la última Encuesta sobre Alcohol y Drogas en la Población General en España (EDADES) https://pnsd.sanidad.gob.es/profesionales/sistemasInforma-cion/sistemaInformacion/pdf/2022_Informe_EDADES.pdf

foro, cuando algunos padres preguntan acerca de ellos: su acción, sus efectos secundarios y demás.

Por ello, intentamos mostrar una visión general de algunas de esas sustancias; en ningún caso pretendemos sentenciar lo que hay o no hay que hacer, sino lo que nosotras no haríamos con nuestros hijos exponiendo las razones que nos llevarían a tomar esa decisión.

Antes de seguir, ubicaremos el capítulo desglosando algunos términos. Por una parte, tal y como ya se ha dicho en la totalidad de este libro, el sueño es un proceso evolutivo y natural. Por otra parte, un *fármaco* (del griego *farmakon*) es toda sustancia química purificada utilizada en la prevención, diagnóstico, tratamiento, mitigación y cura de una enfermedad para evitar la aparición de un proceso fisiológico no deseado o para modificar condiciones fisiológicas con fines específicos.

Así, en ausencia de un problema físico o enfermedad, todos los niños deberían terminar durmiendo y alcanzando la madurez del sueño sin la presencia de ayuda farmacológica. En este caso, habría que diferenciar la administración, por ejemplo, de un antipirético a un niño que tiene fiebre —y eso le impide descansar correctamente— o emplear un analgésico si sabemos a ciencia cierta que lo que impide a nuestro hijo dormir en un momento puntual es un dolor concreto, por ejemplo la salida de los dientes. También hay que diferenciar (como describiremos más adelante) si un niño tiene una condición especial (autismo, ceguera, TEA, etc...) que le hace, de forma inherente, tener ciertos problemas para que este proceso evolutivo y natural curse de la forma «adecuada».

Por último, pero no por ello menos importante, en relación al uso de hierbas para tratar a los niños, vamos a intentar dejar clara la diferencia entre los términos *natural* e *inocuo*, y finalmente revisaremos también los preparados homeopáticos para este fin.

En cualquier caso, hay que tener en cuenta que antes de iniciar un tratamiento, éste debe ser evaluado siempre por un médico, ya que si tenemos claro que *el sueño de los bebés es normal y obedece a sus necesidades biológicas, el insomnio podría ser, no un trastorno en sí, sino un síntoma de una enfermedad más severa, con un tratamiento distinto.*

Ayer le pusieron las vacunas de los cuatro meses y le he pedido ayuda desesperada porque ya no puedo seguir así, estoy teniendo ansiedad y me veo incapaz de seguir a este ritmo. Me ha dicho que pruebe con homeopatía o melatonina. ¿Sabéis algo de homeopatía o naturopatía? No sé, algún otro método para intentar que pase noches más tranquilas.

Hablamos sobre las molestias que quitan el sueño a los bebés en el capítulo **10. Molestias que quitan el sueño**, en la p. 221.

11.1. Medicina convencional

Empleo de fármacos en el insomnio infantil

Generalmente son los pediatras los que recurren a ciertos fármacos a petición de los propios padres con problemas en el sueño de sus hijos. En un estudio reciente se ha constatado que la prescripción de melatonina en concreto, por parte de los pediatras, se ha prácticamente triplicado en los últimos 10 años en Suecia.[2]

---

2. Kimland, E. E., Bárdage, C., Collin, J., Järleborg, A., Ljung, R., & Iliadou, A. N. (2021). Pediatric use of prescribed melatonin in Sweden 2006-2017: a register based study. *European Child & Adolescent Psychiatry,* 30(9), 1339-1350. https://doi.org/10.1007/s00787-020-01598-1

En los próximos apartados, describiremos los más nombrados en nuestro foro, la melatonina por sus características cronobióticas y los antihistamínicos, utilizados para tratar problemas de alergia, y de los cuales se aprovecha el efecto secundario de producir somnolencia.

También en este grupo de población infantil se han venido empleando otros tratamientos con barbitúricos, benzodiazepinas y neurolépticos, con dudosos resultados terapéuticos para el tratamiento del sueño. Como se han estudiado escasamente en niños, no existen datos sobre su posible toxicidad, y pueden causar confusión, sedación, problemas de concentración, etc. Alteran la estructura del sueño con una supresión del sueño REM y sueño profundo, incrementando el sueño superficial.

La AEMPS avala su uso sólo bajo control pediátrico, sólo cuando sea imprescindible en casos concretos, como niños con problemas neurológicos o psiquiátricos, aplicando la mínima dosis necesaria y por un período no superior a cuatro semanas.[3]

11.1.1. Suplementos de melatonina

La melatonina o N-acetil-5-metoxitriptamina es una hormona producida por la glándula pineal relacionada estructuralmente con la serotonina. Esta hormona participa en una gran variedad de procesos celulares, neuroendocrinos y neurofisiológicos. La melatonina se vincula sobre todo al control de los ritmos circadianos (día y noche) y a la adaptación al ciclo de luz-oscuridad. También se asocia a un efecto hipnótico o estimulante del sueño.

La sincronía del sistema nervioso central (y, como consecuencia, de los ritmos fisiológicos que controla) con el ciclo solar está dirigida por la presencia o ausencia de luz percibida en la retina. En adultos, la exposición a luz intensa durante la noche provoca un rápido descenso en la producción de melatonina. Esto también sucede en niños y bebés. Debido a las características anatómicas de sus pupilas, esta luz

---

3. Hidalgo Vicario, M. I., de La, T., Cabrera, C., & Luque, M. J. J. (2018). Insomnio en la infancia y adolescencia. *Pediatr Integral:* Vol. XXII (Issue 8).

nocturna artificial puede inhibir la supresión de melatonina en un 88,2 %,[4] por lo que se tendría que que promover el uso de sistemas de iluminación tenues, en tonos rojizos, que emulen la puesta del sol o el fuego, a los que estamos adaptados, ya que este descenso es proporcional a la intensidad de la luz.[5] En humanos se ha asumido que, dado que los niveles de melatonina más elevados se dan durante el sueño, son dos procesos que se encuentran relacionados causalmente.[6] Por último, hay que mencionar que la regulación de los niveles de la melatonina por la luz es un hecho muy documentado, y curiosamente, se ha descrito que si bien el máximo de concentración en el organismo de esta hormona se encuentra en horas cercanas a la medianoche, sus niveles comienzan a descender horas antes de la exposición a la luz matinal.[7]

La melatonina no está aprobada como medicamento por la Agencia Española del Medicamento (www.aemps.gob.es), ya que se encuentra clasificado como suplemento alimenticio, en la misma categoría de productos que el gingseng y el guaraná, por ejemplo. Es una hormona lipofílica que cruza con facilidad las membranas, por lo que aparece en el fluido cerebroespinal, en la saliva y en la leche materna,[8] de forma coincidente con su presencia en la sangre. De este modo existe un cierto «entrenamiento a partir de la lactancia» del bebé según el «ambiente fótico de la madre»; es decir, según la luz de la zona donde vivan y los períodos de luz.[9]

4. Shinohara, H., & Kodama, H. (2011). Relationship between circadian salivary melatonin levels and sleep–wake behavior in infants. *Pediatrics International*, 53(1), 29-35.
5. Lee, S., Matsumori, K., Nishimura, K., Nishimura, Y., Ikeda, Y., Eto, T., & Higuchi, S. (2018). Melatonin suppression and sleepiness in children exposed to blue-enriched white LED lighting at night. *Physiological Reports*, 6(24), e13942. https://doi.org/10.14814/phy2.13942
6. Kennaway, DJ. (2000) Melatonin and Development: Physiology and Pharmacology. *Seminars in Perinatology*, 224: 258-266
7. Bedrosian, T. A., Kamillya. L. Herring, James C., Walton, Laura K., Fonken, Ql, Zachary, M., Weil, Randy J. Nelson (2013) Evidence for feedback control of pineal melatonin secretion, *Neuroscience Letters*.
8. Illnerova, H., Buresova, M., Presl, J. (1993) Melatonin rhythm in human milk. *J Clin Endocrinol Metab*. 77:838-841.
9. Hahn-Holbrook, J., Saxbe, D., Bixby, C., Steele, C., & Glynn, L. (2019). Human milk as «chrononutrition»: implications for child health and development.

Por otra parte, las unidades de neonatos de los hospitales en general son lugares en los que predominan luces brillantes (naturales y artificiales) y ruidos (de voces, movimientos, maquinarias). Además, los patrones de luz/oscuridad suelen ser irregulares en cuanto a ciclos y a intensidad. Existe un estudio que intenta relacionar la ritmicidad del desarrollo de la melatonina en niños con la privación de luz en niños prematuros.[10] Las conclusiones de este estudio sugieren que la exposición de los bebés, principalmente los prematuros, a la luz ambiental, podría alterar ciertos ritmos del desarrollo, entre los que se verían afectados parámetros como el aumento de peso y variables cardiovasculares.[11] Así, y de cara a evitar deficiencias de melatonina durante el desarrollo, los autores proponen que se tenga un mayor cuidado en las unidades de neonatos a fin de asegurar la maduración normal de sus ritmos circadianos.[12]

Efectos secundarios de los suplementos de melatonina. Estudios de seguimiento a cuatro años no evidencian ningún efecto adverso que la relacione con el empeoramiento o debut de crisis epilépticas, alteración del desarrollo sexual o interferencia en la secreción de insulina. Sí que se recogen casos aislados descritos de hipotermia, hepatitis e hipotensión en relación con su consumo. Además, de momento no hay constancia de que su uso interfiere en la producción endógena de ella ni en el desarrollo puberal.[13] Sin embargo, no se tiene en cuenta el hecho de que existen datos que corroboran que otras hormonas empleadas en medicina pueden originar efectos secundarios tras muchos años de investigación, por lo que es necesario más tiempo para asegurar la ausencia de daños por su uso. Respecto de los efectos secunda-

Pediatric Research, 85(7), 936-942. https://doi.org/10.1038/s41390-019-0368-x

10. Mann, N.P., Haddow R., Stokes L., Goodley S., Rutter N. (1986) Effect of night and day on preterm infants in a newborn nursery: Randomised trial. *Br Med J* 293:1265-1267.

11. Thomas K. A., (1995) Biorhythms in infants and role of the care environment. *J Perinat Neonatal Nurs* 9:61-75.

12. Kennaway, D. J., Wright H. (2002) Melatonin and circadian rhythms. *Curr Top Med Chem. Feb; 2*(2):199-209.

13. Besag, F. M., & Vasey, M. J. (2022). Adverse events in long-term studies of exogenous melatonin. *Expert Opinion on Drug Safety,* 21(12), 1469-1481.

rios, en otros estudios se ha demostrado que la melatonina afecta el metabolismo de la testosterona y el estrógeno en los hombres y que puede dañar la función del esperma. También se ha demostrado que el empleo de esta hormona en mujeres presenta como consecuencia la aparición de ciclos menstruales irregulares,[14] así como un descenso de la temperatura corporal. En mujeres postmenopáusicas que empleaban melatonina, se ha descrito una acción antigonadal.[15] A falta de estudios de más largo alcance conviene ser cautelosos por la posibilidad de que esta neurohormona pueda tener **consecuencias en el conjunto del sistema endocrino de los niños, particularmente en el eje reproductivo.** Además, parecen causar somnolencia y reducir la atención durante 2-6 horas después de su uso, y también pueden alterar el sentido del equilibrio.[16, 17] Asimismo se sabe que la melatonina puede exacerbar ciertos procesos convulsivos en niños,[18] y si su tratamiento es aplicado de forma inadecuada, podría provocar incluso una grave interrupción del sueño.[19]

En general, todavía son necesarios más estudios a largo plazo como para asegurar su inocuidad en niños;[20] habría que tener especial precaución en el caso del empleo de melatonina de forma crónica, el documento de consenso de la Asociación Española de Pediatría recomienda que no se use antes de los 6 meses, que primero se ponga el

14. Tomoda, A., Miike, T., Iwatani, N., Ninomiya, T., Mabe, H., Kageshita, T., Ito, S. (1999) Effect of long-term melatonin administration on school-phobic children and adolescents with sleep disturbances. *Current Therapeutic Research* 60: 607-612.
15. Luboshizsky, R. & Lavie, P. (1998) Sleep-inducing effects of exogenous melatonin administration. *Sleep Medicine 2:191-202.*
16. Sturner, W. O., Lynch, H. J., Deng, M. H., Gleason, R. E., Wurtman, R. J. (1990) Melatonin concentrations in the sudden infant death syndrome. *Forensic Sci Int* 45:171-180.
17. Weissbluth L., & Weissbluth, M. (1993) The photo-biochemical basis of infant colic-Pineal intracellular calcium concentrations controlled by light, melatonin, and serotonin. *Med Hypotheses.* 40:158-164.
18. Sheldon, S. H., (1998) Pro-convulsant effects of oral melatonin in neurologically disabled children. *Lancet* 351: 1254.
19. Middleton, B. A., Stone B., M, Arendt, J. (1996) Melatonin and fragmented sleep patterns. *Lancet* 348:551-552.
20. Andersen, L. P. H., Gögenur, I., Rosenberg, J., & Reiter, R. J. (2016). The safety of melatonin in humans. *Clinical drug investigation,* 36, 169-175.

foco en la higiene del sueño, y en caso de que esté indicado el uso de la melatonina, ésta sea prescrita y controlada por el pediatra y por menos de 4 semanas.[21]

Casos especiales: empleo de melatonina en niños con ciertas patologías. Los niños con retraso cognitivo que presentan también un retraso en el desarrollo psicomotor pueden desarrollar una deficiencia en sus niveles de melatonina, lo que se traduce en ciclos irregulares de sueño-vigilia.

El correcto desarrollo del sueño es una parte esencial del desarrollo infantil. Los niños con deficiencias visuales graves son especialmente vulnerables en el correcto desarrollo de una función biológica tan importante como el sueño. Existen estudios que avalan el uso de melatonina en niños invidentes o con grandes dificultades en la vista.

También los niños TEA presentan alteraciones en los patrones de sueño. En estos casos, la melatonina ha sido prescrita por los facultativos de una forma bastante amplia, ya que el sueño es uno de los principales problemas cotidianos que expresan los padres y cuidadores. Sin embargo, a pesar de que el empleo de melatonina parece ser exitoso en este caso, hay que tener en cuenta, de nuevo, que hay que ser cuidadosos, y los propios investigadores expresan que habría que ampliar los estudios sobre seguridad para la toma a largo plazo de esta sustancia.[22] En otras ocasiones, forma parte del tratamiento de los problemas de sueño en niños con déficit de atención o hiperactividad. Sin embargo, tal y como sugieren algunos estudios,[23] este tipo de fármacos puede tener efectos secundarios cuando interacciona con otros medicamentos, con riesgo de sobredosis. Por tanto, aún es estos casos, se recomienda

21. Pin Arboledas, G., Soto Insuga, V., Jurado Luque, M. J., Fernández Gomariz, C., Hidalgo Vicario, I., Lluch Roselló, A., Rodríguez Hernández, P. J., & Madrid, J. A. (2017). Insomnio en niños y adolescentes. Documento de consenso. *Anales de Pediatría,* 86(3), 165.e1-165.e11. https://doi.org/10.1016/j.anpedi.2016.06.005
22. Rzepka-Migut, B., & Paprocka, J. (2020). Efficacy and safety of melatonin treatment in children with Autism Spectrum Disorder and Attention-Deficit/Hyperactivity Disorder — a review of the literature. *Brain sciences,* 10(4), 219.
23. Efron, D., Lycett, K., Sciberras, E. (2014) Use of sleep medication in children with ADHD. *Sleep Med* 15:472-475.

cautela en su administración y la ampliación de estudios sobre su uso a largo plazo.

Conclusiones

A modo de conclusión, queremos señalar que para garantizar sin reservas el uso **seguro de melatonina en niños** se necesita más tiempo y estudios. La melatonina se utiliza en niños con dificultades de sueño asociadas a problemas neurológicos y del desarrollo. En estos casos, esta opción parece ser mejor alternativa que añadirles más fármacos. Los estudios sobre población infantil son muy pocos y no pueden extrapolarse a todos los niños. Además, como se aprecia en este ejemplo rescatado de nuestro foro, la melatonina de liberación rápida solo influye en la inducción del sueño, pero no en los despertares frecuentes durante la noche.

Después de tres noches dándole melatonina, he convencido a mi marido de que no lo veo claro, que creo que no estamos haciendo lo correcto, y al final hoy no se la hemos dado... Estas noches parecía un «fardo» al echarlo a la cuna, aún despierto, pero casi ni se movía... Pero a partir de la una y media... cada hora o media hora lloriqueando...

11.1.2. Antihistamínicos

Este grupo de medicamentos constituye otro ejemplo claro de fármacos que se administran a niños, generalmente también recetados por el pediatra con un fin distinto a aquel para el que fueron diseñados. Es decir, aprovechando la somnolencia y su efecto sedante como herramienta para que los niños «duerman mejor». Entre estos medicamentos podemos mencionar aquellos que contienen como principio activo *hidroxizina* y *alimemazina*.

Uso normal de los antihistamínicos: estos medicamentos están indicados para la reducción de los síntomas de alergias causadas por la liberación de histamina en las reacciones alérgicas y por el sistema inmunitario. El factor causante (por ejemplo, el polen de las plantas) se une a los anticuerpos y provoca la liberación de histamina en unas células llamadas mastocitos. A partir de ahí, comienzan los desagradables síntomas de la alergia.

Entre las patologías alérgicas que se pueden tratar con antihistamínicos se encuentran: rinitis alérgica, conjuntivitis alérgica, enfermedades dermatológicas alérgicas (dermatitis de contacto), urticaria, angioedema, diarrea, prurito (dermatitis atópica, picaduras de insectos) o anafilaxis (sólo como tratamiento adicional). Sin embargo, entre las indicaciones médicas de estos fármacos descritas en el *Vademecum* no se menciona el tratamiento del insomnio ni de los desórdenes del sueño entre las «patologías» a tratar.

Un antihistamínico puede administrarse por vía tópica (a través de la piel, la nariz o los ojos) o por vía sistémica (por ingestión o inyecciones), según sea la naturaleza de la afección alérgica. De forma arbitraria, los antihistamínicos han sido clasificados clínicamente de acuerdo a la capacidad depresora del sistema nervioso central (SNC) en:

a) Antihistamínicos clásicos o de primera generación: sedantes (los que se usan para dormir a los niños).
b) Antihistamínicos no sedantes o de segunda generación.

Problemas de sueño ligados a la dermatitis atópica: la dermatitis atópica es una enfermedad crónica que sufren un gran número de niños y adultos. Este grupo de población presenta una piel fácilmente irritable; las molestias no suelen ser muy graves, si bien en ocasiones afectan a la casi totalidad del cuerpo. Este conjunto de molestias dificulta el proceso del sueño, afectando tanto a los propios pacientes como a sus familias. En ocasiones, los facultativos recetan antihistamínicos.[24]

Si sospechas que tu bebé puede tener dermatitis, consulta con su pediatra.

Hablamos más de este tema en el punto **10.1.6.1 Dermatitis atópica** en la p. 228.

Reacciones adversas de los antihistamínicos: las reacciones adversas de los antihistamínicos están asociadas en su mayor parte con los de primera generación, los que tienen más poder sedante como efecto secundario. Actualmente, existen en el mercado antihistamínicos de segunda generación que, en teoría, ya no tienen efectos hipnóticos. No vamos a describirlos aquí, ya que el tema que nos ocupa son los efectos adversos (efecto hipnótico / sedante) de los primeros, que son los que se emplean (en ocasiones de forma indiscriminada) para tratar problemas de sueño en la población infantil (principalmente).

En ocasiones, los antihistamínicos se usan como sedantes a la hora de realizar pruebas médicas que requieran que los niños permanezcan inmóviles durante su realización.[25, 26] Sin embargo, fuera de esta fina-

---

24. Kelsay, K., (2006) Management of sleep disturbance associated with atopic dermatitis. *J Allergy Clin Immunol,* 118:198-201.

25. Bektas, O., Arica, B., Teber, S., Yilmaz, A., Zeybek, H., Kaymak, S., Deda, G. (2014) Chloral hydrate and/or hydroxyzine for sedation in pediatric EEG recording. *Brain Develop* 36:130-136.

26. François, M., Dehan, E., Carlevan, M., Dumont, H. (2016) Use of auditory steady-state responses in children and comparison with other electrophysiological and behavioral tests. *Eur Ann Otorhinolaryngol* 133: 331-335.

lidad, la sedación provocada por estos medicamentos no deja de ser un efecto adverso sobre el organismo. Entre otros efectos no deseables se incluyen: mareo, ruidos en el oído (tinnitus), visión borrosa, euforia, descoordinación, ansiedad, insomnio, temblores, náuseas y vómitos, estreñimiento, sequedad de boca y tos seca. Más infrecuentes son los siguientes efectos secundarios: retención urinaria, palpitaciones, hipotensión, dolor de cabeza, alucinaciones y psicosis.

11.1.2.1. Hidoxizina

Su acción puede ser debida a una supresión de actividad en determinadas regiones del área subcortical del SNC. Tiene actividad ansiolítica, antiemética (antivomitiva), antihistamínica y broncodilatadora, efectos antiespasmódicos y simpaticolíticos. En su ficha técnica de la Agencia Española del Medicamento aparecen mencionados diferentes trastornos para los que es útil su empleo (ansiedad, prurito, urticaria, premedicación antes de una anestesia). Pero **en ningún caso es un preparado que se haya comercializado para corregir trastornos del sueño.** Y dependiendo de la dosis y sensibilidad individual, puede disminuir la atención, alterar la capacidad de reacción y producir somnolencia, amnesia o sedación, especialmente al inicio del tratamiento o después de un incremento de la dosis.

Esta última frase da paso a la reflexión, ya que si la somnolencia aparece al inicio del tratamiento, o después de un incremento de la dosis, aquellas personas que empleen antihistamínicos para favorecer el sueño (especialmente de los más pequeños): ¿hasta dónde deberían aumentar la dosis según van desapareciendo esos efectos secundarios?

Estoy pensando que voy a dejar de dárselo, pues es cierto que empecé dándole 2,5 ml. Viendo que no le hacía efecto, subí a 3 ml, y noté que dormía un poco mejor, pero ahora de nuevo ya no le hace efecto, así que voy a probar a quitárselo y a cambiar el hábito de dormirlo frente al televisor.

11.1.2.2. Alimemazina

Al igual que la hidroxizina, es un antihistamínico de primera generación que compite con la histamina por receptores H1 y provoca un efecto sedante sobre el SNC.

1. Al igual que otros medicamentos, su administración puede provocar efectos secundarios, como sedación, somnolencia, alteración del equilibrio, vértigo y confusión. La aparición de somnolencia es sobre todo al inicio del tratamiento, y suele disminuir al cabo de 2-3 días.

2. Y por paradójico que resulte, aunque sea raramente, la administración de este medicamento puede provocar insomnio y reacciones de excitabilidad con nerviosismo e irritabilidad, sobre todo en niños.

3. Este medicamento está contraindicado en diferentes situaciones, pero de cara al tema que nos ocupa, habrá que resaltar que **está totalmente contraindicado su uso en niños menores de dos años.** También hay que tener en cuenta que provoca fotosensibilidad con más frecuencia que otros antihistamínicos, por lo que habría que evitar la exposición solar, así como las temperaturas altas y vigilar de forma extrema la hidratación (Ver www.antihistaminico.com).

   En definitiva, los antihistamínicos son medicamentos muy útiles en el tratamiento de procesos alérgicos. Incluso se ha demostrado su efectividad en la mejora de la calidad del sueño en niños con patologías cutáneas como la dermatitis atópica. Sin embargo, su empleo como sedantes de rutina para lograr que los niños duerman más y/o mejor de forma continuada no sería la solución porque para conseguir ese efecto tendríamos que aumentar la dosis según fuese desapareciendo ese «efecto secundario», llegando a niveles de toxicidad que podrían ser peligrosos.

> *A nosotros también nos lo dijo la pediatra, y, de hecho, se lo dimos una semana. La pobre no dormía toda la noche seguida y, encima, como fue cuando empezó a caminar, se caía todo el rato y se daba golpes con todo. Estaba todo el día atontada… Se las quitamos radicalmente.*
>
> ······························
>
> *Cuando cumplió 11 meses, el pediatra me recetó las supuestas gotitas milagrosas que harían que mi hijo y los papis durmiéramos. Funcionó algunas semanas, se dormía antes, no suprimió los despertares nocturnos, aunque fueron menos y más cortos. Pero poco después pareció que el niño se hizo inmune a las gotas y vuelta a empezar.*

11.2. Medicina complementaria y alternativa (CAM)

Hay muchas razones por las cuales las personas acuden en busca de tratamientos de medicina complementaria y alternativa (CAM), siendo una de ellas la insatisfacción frente a los resultados de la medicina occidental convencional.[27] En ellas, se agrupa un amplio rango de tratamientos, filosofías y terapias que se encuentran fuera de los límites de la medicina convencional. En realidad, existe cierta incertidumbre sobre las cuestiones que abarca la medicina alternativa y complementaria, y entre ellas se podría incluir la homeopatía, fitoterapia, acupuntura, suplementos dietéticos, oración, masaje, quiropráctica e hipnosis.[28, 29]

---

27. Leach., M. J., Page, A. T. (2015) Herbal medicine for insomnia: A systematic review and meta-analysis. *Sleep Med Rev* 24: 1-12.
28. Gottschlinga, S., Gronwalda, B., Schmittb, S., Schmittb, C., Länglerc, A., Leidigd, E., Meyere, S., Baane, A., Shamdeend, M. G., Berrangc, J., Graf, N. (2011) Use of complementary and alternative medicine in healthy children and children with chronic medical conditions in Germany Complementary. *Therapies in Medicine* 21:S61-S69
29. Bell, I.R., Howerter, A., Jackson, N., Aickin, M., Baldwin, C. M., Botzin, R. R. (2011) Effects of homeopathic medicines on polysomnographic sleep of young adults with histories of coffee-related insomnia. *Sleep Medicine* 12:505-511

En los países desarrollados se ha constatado un aumento del empleo de las denominadas terapias alternativas. Cuando se han investigado las razones de este aumento se ha constatado que para la población general el término *natural* es equivalente a *seguro, libre de riesgo.* Por una parte, *natural* no es sinónimo de *sano,* ya que en la naturaleza existe una gran cantidad de productos venenosos, bien de origen vegetal, animal o mineral (la cicuta, los venenos de las serpientes, el arsénico, entre otros), mientras que un gran número de sustancias que mediante los adelantos tecnológicos y avance del conocimiento de las últimas décadas el hombre ha conseguido purificar, aislar e incluso sintetizar, y que algunos englobarían bajo el término de *artificiales,* han servido para mejorar la calidad de vida de la especie humana y sirven, a diario, para salvar miles de vidas. Además, en ocasiones, esos denominados *productos naturales* pueden causar interacciones graves con algunos medicamentos, pudiendo llevar incluso a la muerte; por otro lado, en el empleo de este tipo de sustancias no se suele conocer la dosis exacta a la que son eficaces, con las consecuencias negativas que esto tendría para el organismo.

En estos mismos estudios también se ha detectado que existe una amplia falta de información sobre los posibles efectos adversos de estos *suplementos,* incluyendo posibles interacciones con otro tipo de sustancias presentes en medicamentos prescritos. Además, existe la posibilidad de que esta desinformación favorezca el aumento del empleo de este tipo de alternativas de una forma autónoma, sin la intervención de un facultativo, ya que en ocasiones estos remedios suelen estar al alcance de la población y se emplean por sugerencia o recomendación de familiares o amigos, pudiéndose incluso conseguirse de forma sencilla en herboristerías, Internet o farmacias.

11.2.1. Homeopatía

En los últimos años existe un aumento del número de padres que acuden en busca de tratamientos homeopáticos para sus hijos.

La homeopatía se define como un sistema de terapias que emplean dosis de sustancias prescritas en torno a dos principios: la similitud y la potenciación. Es decir, *lo similar cura lo similar*, y además, *cuanto más diluida está una sustancia, mayor efecto tiene*. Pese a que no hemos conseguido un libro, artículo científico o persona que sea capaz de hacernos entender los principios en los que se basa (ya que contradicen algunas leyes básicas de la ciencia, y entra en juego el concepto de *la memoria del agua*), en la amplia búsqueda bibliográfica que hemos realizado para poder escribir el capítulo de este libro, hemos encontrado algunas razones que nos hacen comprender el motivo por el que millones de personas confían en ella.

En el caso concreto de los niños, los padres que acudían a consultas homeópatas y fueron preguntados sobre las razones de estas visitas, en general aludían a estas razones:

—El tipo de preguntas realizadas durante la consulta.
—La búsqueda del problema subyacente.
—La duración de la consulta, que facilita tratar al niño en conjunto.
—El tipo de interacción con el niño.

Todos estos factores coinciden en valorar el interés mostrado por la persona que examina al niño por el conjunto de la persona en concreto, y además, muchos padres enfatizaron en sus respuestas el hecho de que estas circunstancias conseguían que el niño se encontrara relajado y fuera más fácil obtener su confianza.[30]

Pese a ello, en junio de 2009 el *Consejo Científico y Tecnológico* de la Cámara de los Comunes del Reino Unido emitió un informe donde se concluía que, tras revisar más de 200 estudios, los remedios homeopáticos no muestran un mayor efecto que los placebos.[31]

En el año 2015, National Health and Medical Research Council (NHMRC) de Australia emitió un comunicado tras la revisión sistemática de 225 artículos sobre tratamientos homeopáticos, en el cual se concluía que en la actualidad no existen datos que permitan esta-

---

30. Rise, M., Steinsbek, A. (2009) How do parents of child patients compare consultations with homeopaths and physicians? A qualitative study. *Patient Education and Counseling* 74:91-96.
31. Se puede consultar el documento íntegro aquí: https://publications.parliament.uk/pa/cm200910/cmselect/cmsctech/45/4502.htm

blecer las condiciones sanitarias de los efectos beneficiosos de la homeopatía.[32]

La polémica está servida, pero, pese a ello, opinamos acerca de usar remedios homeopáticos para ayudar a dormir a los niños. Lo mismo sucede con el resto de sustancias mencionadas, desaconsejamos su uso totalmente. Las razones son simples: partiendo de nuevo de la característica evolutiva y natural del sueño infantil, no es adecuado introducir en su organismo ninguna sustancia que pueda alterar su bioquímica cerebral.

Si un remedio homeopático es capaz de producir un efecto en el bebé que hace que logre que duerma mejor o más tiempo, estará actuando al mismo nivel que cualquier sedante o tranquilizante químico mencionado y, muy posiblemente, con las mismas consecuencias que cualquiera de ellos. Por desgracia, para valorar la efectividad y la inocuidad de estos tratamientos, antes se debería conocer cuál es el efecto exacto de estas sustancias,[33] y como no se dispone de estos datos, lo más prudente por nuestra parte es aconsejar no exponer a los bebés a riesgos no valorados.

Ayer volví a ver a mi pediatra y le dije que lo de la melatonina me daba cosilla, que no se lo iba a dar, y me dijo que si quería probar con homeopatía, que es muy suave.

....

He optado por probar con homeopatía, llevo dos noches pero no tengo resultados. Sigue despertándose constantemente. Esta noche, por ejemplo, no ha dormido más de 15 minutos seguidos.

....

Nos dijo que le diéramos unas bolitas homeopáticas (como un relajante para dormir y que no se pusiera nerviosa). Hasta ahora no han servido de mucho.

---

32. Puedes consultar el informe completo aquí: www.nhmrc.gov.au/about-us/resources/homeopathy

33. Cooper, K. L., & Relton, C. (2010). Homeopathy for insomnia: a systematic review of research evidence. *Sleep medicine reviews*, 14(5), 329-337.

11.2.2. Flores de Bach

Se supone que las flores de Bach tienen, entre los principales efectos deseables, ampliar nuestra conciencia y buscar una limpieza. También se indica que este proceso de limpieza es un proceso catártico (purga o purificación) y que puede tener efectos mentales o emocionales, como incremento ligero del problema a tratar, llanto incontrolado sin causa aparente, risa eufórica, ansiedad, sueño e insomnio. Además, también pueden aparecer efectos físicos como cansancio, falta de energía, pérdida de apetito, dolor de cabeza, diarrea, erupciones en la piel y sudoración nocturna; supuestamente, los concentrados florales no contienen ningún químico ni sustancia activa, sólo contienen energía. Sinceramente, hubiera sido bastante más claro entender el efecto de la citadas flores si tuviesen principios activos que actúan a tal o cual nivel.

Hasta donde sabemos, todas las plantas tienen productos de su metabolismo que, evidentemente, corresponden a alguna forma química… Si no tienen sustancia activa, ¿cómo actúan?… Es imposible que una planta tan sólo contenga energía.

Nos consta, por una sencilla búsqueda al respecto que hemos realizado, que algunas de las plantas empleadas en este tipo de remedios sí tienen interacciones, peligros y efectos secundarios, por lo que hay que ser muy cauteloso a la hora de dárselas a bebés.

El Dr. Bach realizó la clasificación de estas flores en siete grupos,[34] cada uno para tratar un tipo de problema, de tal forma que hay 38 flores para tratar los temores, la incertidumbre, el desinterés por lo actual, las manifestaciones de la soledad, la susceptibilidad a las influencias y opiniones de los demás, la desesperación y el abatimiento, y, por último, flores para tratar a aquellos que sufren por los demás. Para resolver los trastornos del sueño en los niños se emplean flores que pertenecen al grupo de flores para tratar los temores, al grupo para tratar la desesperación y el abatimiento y al grupo para tratar a aquellos que sufren por los demás. Curiosamente, buscando información similar en otra fuen-

---

34. Mantle, F. (1997) Bach flower remedies. *Complementary Therapies in Nursing and Midwifery* 3:142-144.

te, descubrimos que el insomnio se trata con una combinación distinta de otras flores.

Algunos artículos científicos publicados al respecto sobre estudios realizados en adultos mencionan que no existen diferencias significativas en el tratamiento de algunos trastornos como la ansiedad cuando se emplearon flores de Bach y placebo.[35] Otros autores describen las flores de Bach como un placebo efectivo para tratar la ansiedad, dada su total inefectividad, ya que los niveles de ansiedad estudiados (adultos) disminuyeron sin diferencias significativas entre el grupo que las tomó y el grupo que tomó el placebo.[36]

En conclusión, **dado que se desconocen los efectos exactos que las flores de Bach pueden tener en el organismo, no recomendamos su uso en bebés ni niños pequeños para tratar los problemas de sueño** por los mismos motivos que hemos mencionado en el caso de la homeopatía.

Si no conocemos el mecanismo exacto de funcionamiento, no podemos evaluar sus efectos: si funcionan, algo hacen y no es conveniente sedar a los niños, aunque sea con flores, y si no «hacen nada», no es necesario darlas.

11.2.3. Plantas medicinales

Durante siglos, las plantas se han utilizado como herramientas para prevenir y curar enfermedades. Pero, aunque en muchas ocasiones se siguen usando los preparados de plantas para tratar algunas enfermedades leves o comunes, desaconsejamos totalmente su uso de estos en bebés y niños para tratar los problemas de sueño. Además, **las plantas sí contienen principios activos que actúan en el organismo, provocando reacciones bioquímicas de una forma similar a un medica-**

35. Armstrong, N. C., Ernst, E. (2001) A randomized, double-blind, placebo-controlled trial of a Bach Flower Remedy. *Complementary Therapies in Nursing and Midwifery* 7:215-221.
36. Walach, H., Rilling, C., Engelke, U. (2001) Efficacy of Bach-flower remedies in test anxiety: A double-blind, placebo-controlled, randomized trial with partial crossover. *Journal of Anxiety Disorders* 15:359-366.

mento. Y dado que no hay suficientes estudios sobre su empleo en niños es difícil dar con la dosis segura.

La valeriana es uno de los que aparecen mencionados con mayor frecuencia, ya que se emplea de forma tradicional por sus efectos sedativos suaves y su efecto tranquilizante.[37] **Su uso está desaconsejado tanto durante el embarazo como en su planificación, durante la lactancia, en caso de problemas hepáticos y en menores de 12 años, por lo que no es recomendable emplearla en bebés ni en niños pequeños.** La pasiflora es otra planta con el mismo uso; fue aprobada en EE. UU. en la década de 1970 como sedante y favorecedora del sueño. Posteriormente se retiró del mercado, al no existir datos claros sobre su seguridad y eficacia. No se ha establecido su uso en niños menores de 12 años, por no disponerse de datos adecuados. Hay que tener en cuenta que no existen leyes que regulen su fabricación estandarizada.

Es una práctica común usar en ocasiones remedios a base de plantas con bebés, pero hay que ser muy cautos, porque no existen suficientes estudios sobre sus efectos, y aunque popularmente se empleen algunas hierbas sin problemas aparentes, en cualquier momento pueden dejar de considerarse seguras, como es el caso del anís estrellado, que en el pasado se usaba mucho para aliviar los cólicos y para tranquilizar a los bebés y actualmente está totalmente contraindicado por su probada toxicidad, que puede llegar a ser mortal.[38] Otras, como el hinojo y el comino, también actúan según el mismo principio activo, el anetol, un depresor neurológico que produce, según la dosis, somnolencia, convulsiones e incluso coma.

En conclusión, las plantas contienen principios activos que reaccionan bioquímicamente, y es por ello que tienen propiedades curativas. Hay que resaltar la cuestión de que el hecho de que un medicamento sea de origen natural no es sinónimo de que sea seguro. Estos principios activos interactúan con nuestro organismo creando reacciones y efectos similares a los de un medicamento. Por ello **no recomendamos**

---

37. Upton, R., Graff, A., Williamson, E. (1999) *American Herbal Pharmacopoeia and Therapeutic Compendium on Valerian Root: Analytical, Quality. Control, and Therapeutic Monograph.* Santa Cruz, CA, AHP.
38. Servicio de Información Toxicológica (2001) Informe N.º 12330/01. Asunto: Anís estrellado. Instituto Nacional de Toxicología, Madrid.

el uso de ningún remedio natural para tratar la falta de sueño en los niños, por los mismos motivos descritos anteriormente en medicamentos, homeopatía y flores de Bach, con la dificultad añadida de la imposibilidad de conocer la dosis exacta de principio activo de la sustancia concreta en cada preparado o infusión.

No existen evidencias suficientes para apoyar el empleo de la fitoterapia en el tratamiento del insomnio, y los datos científicos se posicionan en la recomendación de ampliar los estudios en este campo. Además, como en el resto de las intervenciones empleando CAM, en las investigaciones que se realicen debería emplearse un adecuado tamaño de muestra y se deberían realizar los controles adecuados, a fin de que la metodología sea aceptable para poder recomendar o no el uso de los productos que se ensayan.

Capítulo 12
Mitos sobre el sueño de los bebés

Aquel que dice que duerme como un bebé
es que no tiene ninguno
LEO J. BURKE

Cuando se lleva varias semanas, o peor aún, varios meses sin dormir más de dos horas seguidas, es natural buscar respuestas y explicaciones a un hecho que repercute de manera considerable en nuestro día a día. Al fin y al cabo, nadie imagina que su hijo será uno de los que no duermen como el de su vecina, prima, cuñada o amiga, que naturalmente duerme toda la noche del tirón (nótese la ironía en la frase, por favor). Y claro, cuando llegamos a casa del hospital con nuestro bebé en brazos intentando descansar, resulta que descubrimos que nuestro hijo se despierta cada poco rato para reclamar… aún no sabemos qué. En principio tendemos a buscar una explicación lógica que nos haga comprender que «eso» no puede durar mucho tiempo. Serán gases, será el cólico del lactante, será que tiene frío, que está mojadito… y un sinfín de intentos por no ver lo evidente: que pasan las semanas y nuestro hijo se sigue despertando cada poco rato sin que nosotros sepamos el porqué. Llegados a este punto, sólo nos faltan las sentencias de los demás, que no son nada más que mitos sin fundamento alguno que se trasmiten a través del folclore con las mejores intenciones, eso no lo dudamos. Los mitos más extendidos sobre el sueño de los niños son:

12.1. ¿No pasa nada por que llore?

Cuántas veces hemos oído frases como «Déjalo llorar un poco, que no pasa nada». «Llorar ensancha los pulmones. Llorar endurece…». Son expresiones que ponen de manifiesto la insensibilidad a las llamadas de atención de nuestros hijos. Y son un error, ya que conforme se estudia la naturaleza del llanto en los bebés, los científicos van reconociendo la importancia que tiene la atención a esa forma de comunicación en el desarrollo de los más pequeños. Cuando un niño llora por más de 2 minutos sin recibir consuelo, se estresa. Así lo comprobó el Dr. David Haley de la Universidad de Toronto.[1] Los efectos neurológicos y físicos del estrés en el organismo de los pequeños son los siguientes:

Efectos neurológicos:
✓ Las glándulas adrenales secretan cortisol, también llamado la hormona del estrés. El centro de regulación de ciertas conductas como el miedo o la ira se encuentra en la amígdala, conjunto de núcleos de neuronas cuyo papel principal es el procesamiento y almacenamiento de reacciones emocionales. Este sistema se activa ante una amenaza, se comunica con el hipotálamo, el cual libera cortisol. Las recientes investigaciones neurocientíficas han demostrado que, al contrario de lo que se pensaba, el cerebro del bebé es muy vulnerable al estrés, y las secuelas pueden verse reflejadas a lo largo de su vida en reacciones exageradas ante motivos de tensión poco importantes. Y a largo plazo, el cortisol puede alcanzar concentraciones tóxicas capaces de dañar las estructuras del cerebro.[2]
✓ Activación de los circuitos de dolor en el cerebro, de la misma forma que si el bebé estuviera sufriendo un dolor físico.
✓ El cerebro del bebé sufre un síndrome de abstinencia de opioides: los opioides son péptidos que generan sensaciones de bienestar y que se producen, por ejemplo, cuando la madre u otra figura de apego del bebé lo abraza o mantiene cualquier tipo de contacto

1. Haley, D. W., Cordick, J. A., Mackrell, S., Antony, I., & Ryan-Harrison, M. H. (2011). Infant anticipatory stress. *Biology Letters, 7*, 136-138.
2. Sunderland, M. (2007). *La ciencia de ser padres.* Grijalbo.

físico placentero. Cuando los niños lloran desesperadamente y no son atendidos, tras repetidos episodios aprenden que no tienen expectativas de respuesta y consuelo a su llanto, y deducen que sus necesidades no son merecedoras de atención. Esta conclusión, finalmente, puede afectar al correcto desarrollo de su autoestima. Si no se calma el estado de confusión emocional, podrían perderse oportunidades vitales de desarrollo y refuerzo de la confianza, seguridad y capacidad de empatía del niño.[3] El psicohistoriador Lloy deMause explica que los traumas provocados por el desamparo pueden dañar severamente el hipocampo matando neuronas, con las consecuentes lesiones cerebrales; este daño es causado por la liberación de una cascada de cortisol, adrenalina y otras hormonas de estrés segregadas durante el episodio traumático, que no sólo dañan las células cerebrales, sino también la memoria, y ponen en marcha una desregulación duradera de la bioquímica cerebral.[4] La abundancia de repetidas oleadas de estas sustancias químicas y hormonas en el cerebro es la causa de la reducción de la producción normal de serotonina y de la insensibilización de la amígdala, lo que afecta a la capacidad de respuesta a una situación de miedo. Se ha demostrado que la falta de cuidados maternales tempranos es la causa de que la región que ocupa el córtex orbitofrontal –región cerebral situada detrás de los ojos que permite al individuo reflexionar sobre sus propias emociones y empatizar con los sentimientos de otros individuos– sea diminuta; como consecuencia, el individuo poseería una pobre autoestima, una baja capacidad para empatizar con las demás personas, a la vez que una gran dificultad para darse cuenta de sus propias emociones.[5]

3. LeDoux, J. E. (1998). *The emotional brain: The mysterious underpinnings of emotional life.* Simon and Schuster.

4. DeMause, L. (Ed.). (1995). *The history of childhood.* Jason Aronson, Incorporated.

5. DeMause, L. (1999). Childhood and cultural evolution. *The Journal of Psychohistory,* 26(3), 642.

Efectos físicos:[6]

✓ Aumento de la frecuencia cardiaca, por lo menos, 19 latidos por minuto. El incremento varía según la intensidad y duración del llanto.

✓ Aumento de la presión sistólica y diastólica en un 135 %.

✓ Disminución de los niveles de oxígeno en sangre.

✓ Fluctuaciones en el flujo y presiones sanguíneo-cerebrales.

✓ Los altos niveles de cortisol actúan como inmunosupresores.

✓ Aerofagia, que interrumpe la función digestiva normal.

✓ Interacción social negativa con las personas que cuidan al recién nacido. Mientras más llora un bebé a los dos meses de edad, menor es la respuesta de la madre frente al llanto, estableciendo un *feedback* negativo cíclico que consecuentemente perjudica la seguridad en el apego del bebé a los 18 meses. El llanto excesivo durante los primeros tres meses de vida puede evolucionar hacia un síndrome persistente de distrés en la madre y el bebé. Al reducir la cantidad de llanto, se promueve el desarrollo de relaciones de apego normales. Junto a los efectos sobre el recién nacido, el llanto también tiene un impacto sobre la madre y su pareja. Las tasas de psicopatologías maternas y conflictos de pareja son mayores en familias que experimentan niveles de moderados a altos de llanto que en familias que experimentan llanto leve o infrecuente. Un estudio demostró que madres con bebés que lloraban de manera constante entre el primer y sexto mes evidenciaban sentimientos de poca eficacia y depresión, ansiedad, cansancio, enfado y problemas de pareja[7] y estos sentimientos de desesperanza en las madres activan la alerta del bebé y empeoran y perpetúan el problema de sueño que puedan tener.[8, 9]

6. Ludington-Hoe, S. M., CONGX, & Hashemi, F. (2002). Infant crying: nature, physiological consequences, and select intervention. *Neonatal Network, 21*, 29-36.

7. Papousek, M., & Von Hofacker, N. (1998). Persistent crying in early infancy: a non-trivial condition of risk for the developing mother-infant relationship. *Child care health Dev, 24*, 395-424.

8. Dias, C. C., & Figueiredo, B. (2021). Unidirectional and bidirectional links between maternal depression symptoms and infant sleep problems. *Journal of Sleep Research, 30*(5), e13363. https://doi.org/10.1111/jsr.13363

9. Pennestri, M. H., Moss, E., O'Donnell, K., Lecompte, V., Bouvette-Turcot, A. A., Atkinson, L., Minde, K., Gruber, R., Fleming, A. S., Meaney, M. J., & Gau-

Los bebés lloran para comunicarse, y puede ser por múltiples razones: estar cansados, tener hambre, frío, sueño, o simplemente necesitar el consuelo de su figura de apego. Al nacer, el cerebro humano viene preparado para que sus necesidades básicas sean satisfechas y para llorar si no lo son. Es así de sencillo. Por ello, ignorar el llanto de un bebé puede acarrear importantes secuelas.

12.2. ¿Debería dormir del tirón a partir de los 3 meses?

Todos hemos oído hablar alguna vez acerca de bebés de 3 meses que duermen de un tirón toda la noche sin ni siquiera despertarse para comer. El motivo por el que algunos bebés lo hacen así y otros no es todo un misterio, pero en cuanto las mamás y los papás somnolientos lo escuchamos, rápidamente llegamos a la conclusión de que nuestro hijo debería también dormirse de un tirón a esta edad y nos frustramos si no es así. Todos los especialistas, incluso aquellos que abogan por modificar su comportamiento ignorando a ratos su llanto, están de acuerdo en que hasta los 12 meses muchos bebés necesitan alimentarse cada pocas horas. Su estómago es pequeño, la leche de los biberones se digiere rápidamente y la leche materna aún más. Desde los 3 a los 6 meses, muchos bebés están más despiertos por el día y algunos pueden dormir períodos de hasta cinco horas. También observamos en este período que las fases de sueño profundo se alargan. Los períodos vulnerables para los despertares nocturnos disminuyen, y los bebés entran en el sueño profundo más rápidamente. Esto se llama *maduración del sueño*. Pero esta maduración también conlleva otros tipos de cambios en la fisiología del sueño que impedirán que la mejora que entendemos al hablar de «maduración del sueño» se manifieste tal como imaginamos.

✓ El sueño de los recién nacidos consta de dos fases, mientras que el sueño adulto, de cuatro. A partir del tercer mes de vida, se incorpo-

dreau, H. (2015). Establishment and consolidation of the sleep-wake cycle as a function of attachment pattern. *Attachment and Human Development*, 17(1), 23-42. https://doi.org/10.1080/14616734.2014.953963

ran poco a poco dos fases nuevas a las dos existentes, y como consecuencia de este cambio, el sueño se vuelve más inestable.

✓ Ya no se duermen directamente en fase REM, sino que pasan antes por una fase no-REM, con lo que al poco de dormirse, cualquier cambio puede despertarlo.

✓ Puede coincidir con el regreso de la madre a la jornada laboral: en España, las madres nos incorporamos a nuestros puestos de trabajo a las 16 semanas después de haber dado a luz. Esto supone un cambio drástico para nuestros hijos, que pasarán de disponer de nosotras 24 horas a tener que pasar amplios períodos de su tiempo sin su mayor figura de apego.

✓ ¿Qué pasará entonces en nuestras noches? Pues es muy posible que las noches sean la oportunidad que aproveche el pequeño para estar cerca de su madre: para recuperar las tomas de pecho que no ha tenido durante el día o el contacto y la seguridad que le ofrece mamá, y todo ello podría manifestarse con un incremento de los despertares. Después de leer semejantes argumentos… ¿sigues pensando que todos los bebés duermen de un tirón a partir de los 3 meses?

Si quieres ampliar la información, hemos tratado las características del sueño normal en el capítulo **1. El sueño de los bebés** en la p. 19 y en el punto **4.1. ¿Cómo duermen los bebés de 4 a 7 meses?** en la p. 91.

12.3. ¿Es raro que tu bebé no sepa dormirse solo?

Si nos remontamos a otros tiempos, cuando vivíamos en comunidad y compartíamos espacios, alimentos y obligaciones porque era la única manera de sobrevivir, comprobamos que las costumbres respecto del sueño eran muy diferentes (¿o tal vez parecidas?) a las que tenemos en nuestras sociedades actuales. Antaño, quienes dormían en cuevas refugiados de los animales salvajes lo hacían porque no había otra forma mejor de salvaguardar sus vidas. No se preocupaban de normas ni de horarios, ni tan siquiera está claro si tenían el concepto de intimidad, tan sólo primaba la idea de subsistencia. Esto fue así durante millones de años. De hecho, por increíble que pueda parecernos, la situación no cambió hasta que gracias al crecimiento económico accedimos a viviendas con más de una habitación. En la mayoría de culturas donde aún no tienen acceso a este tipo de comodidades y todos los miembros de una misma familia duermen en el mismo lugar, las mamás comparten el lecho con los bebés más pequeños para tener acceso rápido a las señales de hambre, frío o enfermedad. No es extraño que en este tipo de sociedades no existan los típicos «problemas de sueño». Simplemente no existen porque los bebés duermen cuando quieren, ya que siempre están en el regazo de alguien y siempre en compañía. Esto nos lleva a comprender la sincronización entre madre e hijo: el bebé se despierta porque necesita ser atendido. En un estudio realizado en 186 sociedades no industriales, los niños duermen en la misma cama que sus padres en el 46 % de los casos; en otro 21 % lo hacen en cama aparte pero dentro del mismo cuarto que sus padres. En otras palabras: en el 67 % de las culturas actuales, los niños duermen en compañía de otros.[10, 11] Más significativo es que en ninguna de esas 186 sociedades tengan un dormitorio aparte antes de superar, por lo menos, el primer año de edad. Por contra, Estados Unidos destaca, sin lugar a dudas, como la única sociedad en la que los bebés son puestos rutinariamente en cama propia y en cuarto propio desde que nacen. En un estudio entre 100 sociedades, sólo los padres estadounidenses tenían habitaciones aparte para sus bebés. En otro, que analiza 12 sociedades, todos los padres, menos los norteamericanos, dormían con sus bebés hasta el destete.[12] Dicho esto, cabe resaltar que sí es normal que tu bebé no se sepa dormir solo. Nacemos predispuestos a vivir en comunidad, a relacionarnos

10. Barry, H., & Paxson, L. M. (1971). Infancy and early childhood: Cross-cultural codes 2. *Ethnology*, 10, 466-508.

11. Konner, M. J., & Super, C. M. (1987). Sudden infant death syndrome: An anthropological hypothesis. En *The role of culture in developmental disorder*, pp. 95-108.

12. Morelli, G. A., Rogoff, B., Oppenheim, D., & Goldsmith, D. (1992). Cultural variation in infants' sleeping arrangements: Questions of independence. *Developmental Psychology*, 28, 604-613.

con nuestros iguales, a buscar compañía, a generar dependencias y a crecer junto a nuestras figuras de apego para nuestro desarrollo emocional adecuado. No se puede ejercer la paternidad dentro de un horario limitado.

Nuestros hijos, los de hoy, necesitan lo mismo que los de hace miles de millones de años: seguridad, confianza, paciencia y compañía por nuestra parte. Sin estos pilares, ningún niño podrá crecer emocionalmente sano.

Véase también el punto **3.2.4. ¿Que el bebé se duerma sin ayuda?** en la p. 55.

12.4. ¿Hace el colecho dependientes a los niños?

Aunque no existe actualmente ningún estudio que lo confirme, tenemos la certeza de que la crianza es una «carrera de fondo» donde cobran más importancia los resultados a largo plazo que los inminentes. La etapa de la niñez, aunque se nos pueda hacer larga, en realidad es la más corta de la vida, pero es la base, los cimientos para la edad adulta. Reflexionemos entonces cuán importante es el grado de implicación que tengamos con nuestros hijos y hasta qué punto no es mejor acompañarlos en su desarrollo adaptándonos a sus necesidades en lugar de anteponer las nuestras forzando así actitudes para las que aún no están preparados. A algunos padres les han hecho creer que los bebés deben aprender a estar solos y que no se les tiene que consentir todo lo que reclamen para que aprendan a ser independientes. Los padres temen que si abrazan, acarician y son demasiado cariñosos con sus bebés sólo conseguirán que cada vez quieran más. Tienen miedo de que sus hijos se conviertan en monstruos que reclamen constantemente su atención y no los dejen tranquilos ni un minuto. Este razonamiento no tiene ni pies ni cabeza y, de hecho, debería invertirse. **Los bebés sólo piden lo que necesitan**. Cuando se colman sus necesidades, se quedan tranquilos y satisfechos. En numerosos estudios muy interesantes sobre la interacción madre-hijo, constataron que los bebés cuyas madres los llevaban a cuestas durante largos períodos de tiempo durante los tres primeros meses de vida, al final del primer año tendían a ser bastante independientes. Por contra, los bebés cuyas madres apenas los llevaron en brazos durante los tres primeros meses, al final del primer año presentaron sentimientos ambivalentes. No parecía gustarles demasiado que los cogieran en brazos, pero protestaban cuando los dejaban en el suelo, y apenas jugaban solos.[13] Hay otras constataciones que también están a favor de las ventajas del colecho frente el sueño solitario: el investigador sobre el sueño en compañía James McKenna, profesor de antropología y director del Departamento de Antropología de la Universidad Notre Dame de Indiana, en su conferencia *Bebés de la Edad de Piedra en la era de la conquista espacial* comparte las conclusiones de los estudios realizados con personas que de pequeños habían dormido junto a sus padres:[14]

Uno de ellos, realizado sobre estudiantes, ha constatado que los chicos que habían dormido con sus padres-madres desde el nacimiento hasta los 5 años tenían una imagen de ellos mismos significativamente mejor, manifestaban menos sentimientos de culpa y menos ansiedad. Los chicos que habían compartido el sueño entre los 6 y los 11 años también tenían una mejor imagen de sí mismos. En las chicas, el sueño compartido durante la infancia estaba asociado a un nivel más bajo de malestar ante el contacto físico y en las manifestaciones de afecto en la edad adulta. Otro estudio concluía que las mujeres que habían tenido el sueño compartido durante su infancia tenían también una mejor imagen de sí mismas que las que no lo habían tenido. Indiscutiblemente, compartir el sueño parece que favorece la confianza en uno mismo y la intimidad, quizá porque refleja una actitud de aceptación por parte de los padres y madres.[15]

---

13. Ainsworth, M. D., Bell, S. M., & Styton, D. J. (1972). Individual differences in the development of some attachment behaviors. *Merill Palmer Quarterly*, 18, 123-143.

14. McKenna, J. (2005). Bebés de la edad de piedra en la era de la conquista espacial. *VI Jornadas Internacionales de Lactancia*. París.

15. Lewis, R. J., & Janda, L. H. (1988). The relationship between adult sexual adjustment and childhood experiences regarding exposure to nudity, sleeping in the parental bed, and parental attitudes toward sexuality. *Arch Sex Behav*, 17, 349-362.

Otro estudio, esta vez realizado en 86 niños y niñas que vivían en una base militar, ha demostrado que los que compartían el sueño tenían mejor comportamiento desde el punto de vista de sus profesores que los que dormían solos, y que la proporción que necesitaba atención psiquiátrica era menor que la de los que dormían solos. Los autores concluían que, contrariamente a lo esperado, los niños y niñas que no habían tenido necesidad de atención profesional por problemas emocionales o de conducta habían compartido el sueño con una mayor frecuencia que los niños y niñas que habían necesitado atención psiquiátrica y cuyos padres-madres tenían un nivel menos bueno de adaptación (las mismas constataciones se han hecho con un grupo de niños de 3 años y más que dormían con la madre en ausencia del padre), constataciones totalmente opuestas a las concepciones psicoanalíticas tradicionales.[16]

Por último, el estudio más amplio y probablemente el más metódico, llevado a cabo sobre 1400 personas pertenecientes a 5 grupos étnicos residentes en Chicago y Nueva York, ha constatado que el sueño compartido durante la infancia tenía en la edad adulta muchas más consecuencias favorables que negativas. Los resultados eran los mismos para casi todos los grupos étnicos: afroamericanos, puertorriqueños residentes en Nueva York, portorriqueños, dominicanos y mexicanos residentes en Chicago. Una constatación particularmente evidente en todos los grupos étnicos era que el sueño compartido daba como resultado un sentimiento de satisfacción más grande ante la vida.[17]

Con todo ello podemos llegar a la conclusión de que si el colecho reporta seguridad y satisfacción en los estadios más primarios del ser humano, repercutirá en el futuro desarrollo, en la propia imagen de sí mismos y en una mayor seguridad y confianza en la etapa adulta. Una

16. Forbes, J. F., Weiss, D. S., & Folen, R. A. (1992). The cosleeping habits of military children. *Military medicine, 157*, 196-200.
17. Mosenkis, J. (1998). The Effects of Childhood Cosleeping On Later Life Development. Tesis de Master. University of Chicago. Dept. of Human Dev.

persona segura de sí misma puede llegar a ser lo que se proponga en la vida. Ninguna seguridad es mejor que aquella que proviene de saber que detrás de uno mismo están los padres, no sólo para evitar que el niño tropiece sino para acompañarlo en el camino si este se torna dificultoso.

12.5. ¿Dormirá mejor si se cansa mucho durante el día?

Este mito es uno de los más conocidos. Seguro que no hay madre que no haya escuchado alguna vez frases como: «Pues déjalo sin siesta, verás cómo llega más cansado a la noche» o «Vamos a retrasar la hora del baño para que llegue a la hora de dormir más cansado, etc.». Al contrario de lo que cabría esperar, normalmente un niño que llega cansado a la hora de dormir, descansa peor. Tenemos comprobado que las siestas diurnas mejoran notablemente el descanso nocturno. Un bebé o niño que llega descansado a la caída de la tarde consigue relajarse mucho mejor que aquel que llega estresado y al que el cansancio le ha superado. ¿Acaso no te ha pasado nunca que cuanto más cansado está tu pequeño más irascible e insolente se muestra? ¿No has notado muchas veces que si llegas muy cansada y/o estresada a la cama te cuesta más relajarte y conciliar el sueño? Pues a nuestros bebés les pasa igual.

Hay que distinguir el sobreesfuerzo o el cansancio exagerado y el ejercicio físico moderado. Lo primero no se podrá tomar como norma en nuestra vida diaria. En cambio, el ejercicio físico en un niño es fundamental para su desarrollo motor. Un niño necesita jugar, correr, saltar, ir al parque, subir por el tobogán, trepar, reptar… y un sinfín de actividades propias de su edad. Sus músculos necesitan ejercitarse para su buen desarrollo a nivel de coordinación, de fuerza y de habilidades básicas, pero un sobreesfuerzo físico o psicológico no sólo no ayuda a descansar mejor, sino que puede ser contraproducente.

12.6. ¿Se recupera el sueño?

Ya nos gustaría, pero la realidad es que no. El sueño que no se duerme no se vuelve a recuperar de la misma forma. Si pensamos esto, podemos cometer el error de permitir que nuestros bebés pierdan horas de sueño, aumentando su cansancio y sus manifestaciones: nervios, irascibilidad, llantos, quejas… Se pueden recuperar horas de sueño, pero no el descanso. Ya sabemos que dormir más horas no siempre equivale a un buen descanso. Por ello es importante respetar los ritmos de nuestros hijos.

12.7. ¿Se hereda el mal dormir?

Los ritmos de las personas están regulados en su mayor parte de forma endógena por el núcleo supraquiasmático del hipotálamo, que es el responsable de la secreción de hormonas a lo largo del día, el mes o el año, así como del momento óptimo en que el organismo puede desempeñar mejor determinadas tareas físicas o mentales. Sin embargo, existen diferencias individuales en el patrón rítmico de estos procesos. Es lo que conocemos comúnmente como personas «de día» (o alondras) y personas «de noche» (búhos).[18] Las personas matutinas encuentran su momento físico y psicológico óptimo por la mañana, se levantan espontáneamente con la salida del sol y empiezan a sentirse cansadas al caer el día. En cambio, las personas vespertinas se encuentran en su mejor momento hacia el final del día; madrugar les supone un sacrificio, pero trasnochan sin ningún esfuerzo.

Los bebés también manifiestan estas características: llegan al mundo con la tendencia de ser un niño búho o niño alondra. Y por otra parte, un metaanálisis de 2021 sobre la heredabilidad del sueño concluye que hay un componente transmisible en duración, pero que esta varía sustancialmente en función de la edad (17 % en la infancia, 20-52 % en la niñez, 69 % en la adolescencia y 42-45 % en la adultez) debido a que la influencia ambiental lo modula también.[19]

18. Biss, K., & Hasher, L. (2012). Happy as a lark: Morning-type younger and older adults are higher in positive affect. *Emotion,* 12, 437-441. [doi: 10.1037/a0027071].

19. Kocevska, D., Barclay, N. L., Bramer, W. M., Gehrman, P. R., & Van Someren, E. J. (2021). Heritability of sleep duration and quality: a systematic review and meta-analysis. *Sleep medicine reviews,* 59, 101448.

Capítulo 13
¿Por qué sin llorar?

Los hijos son los mayores tesoros para sus padres. Nadie exagera cuando afirma que *daría la vida por ellos*. Es una nueva dimensión del amor, y nadie quiere someterlos a sufrimientos inútiles. Como madres que también hemos pasado por noches en vela, comprendemos que el cansancio acumulado es duro de soportar y que ese agotamiento nos puede llevar a tomar decisiones desesperadas, como usar esas técnicas «secretas» que anuncian los *coaches* y los entrenadores del sueño en las redes sociales que prometen que por una suma no poco considerable nuestro hijo dormirá la noche entera sin ayuda porque dejará de tener «muletillas» y apoyos. Estas técnicas tan opacas, en realidad se basan en métodos conductistas de extinción, son las herederas del método Estivill (extinción gradual) con pequeñas variaciones, pero con la misma base. El sueño en solitario a toda costa, o dicho de otro modo: el mismo perro con distinto collar.

El cansancio me hace más irascible... El problema es que cuando hablo con otras mamis de bebés igual o más pequeños que los míos y me dicen que duermen de 21 a 9 y sus buenas siestas, en el fondo me fastidia que no me haya tocado, y lo peor es que me hago responsable de esos despertares por algo que he hecho los primeros meses. No sé si a los demás os pasa y os sentís como yo.

13.1. ¿Qué son los métodos de extinción?

Años atrás gozaban de popularidad y el beneplácito de la comunidad científica, y eran la única *opción* para abordar los problemas de sueño de los niños, pero las versiones más radicales fueron cayendo en desuso porque a las familias no les convencía el enfoque[1] gracias a la inclusión de nuevas disciplinas en la investigación y divulgación del sueño infantil normal, como son la biología, la psicología, la antropología, etc., junto con el auge de la lactancia materna.

Estos métodos obsoletos están basados en técnicas conductistas desarrolladas en el siglo pasado a partir de los experimentos de condicionamiento estudiados en la década de 1920 por el psicólogo Watson[2] y años más tarde por su colega de profesión Skinner.[3] Se sustentan únicamente en el aprendizaje mediante el concepto de acción-reacción de una forma mecanicista, olvidando completamente la fisiología cognitiva del ser humano y sus necesidades como primate y mamífero. Se persigue el sueño en solitario como meta cuanto antes mejor y que cuando el bebé/niño se despierte durante la noche se duerma por sus medios sin necesitar a sus padres.

Si el bebé llora, algunos autores recomendaban dejarlo llorar hasta que se rendía. Esta técnica, conocida como *extinción total,* fue recomendada, entre otros, por el Dr. Spock.[4] Otros ofrecían una tabla de tiempos de espera que se incrementaban progresivamente. Con la intención de aumentar la tolerancia al llanto por parte de los padres. O dicho de otro modo, los que estaban siendo entrenados eran los padres, no el bebé. Esta variación se conoce como *extinción gradual,* divulgada por varios autores y por el Dr. Richard Ferber en su libro *Solve your child's sleep*

1. Ramchandani, P., Wiggs, L., Webb, V., & Stores, G. (2000). Systematic review of treatments for settling problems and night waking in young children. *BMJ, 320*, 209-213.
2. Watson, J. B. (1913). Psychology as the behaviorist views it. *Psychological Review Company.*
3. Skinner, B. F. (1938). *The Behavior of Organisms: An Experimental Analysis.* B.F. Skinner Foundation Cambridge.
4. Spock, B. (2007). *Tu hijo.* Madrid: Ediciones B.

problems[5] e importada más tarde a España por el Dr. Eduard Estivill en el libro *Duérmete niño*.[6] Actualmente han evolucionado a técnicas más soportables para los padres pero igual de nocivas para los bebés.

Estas permiten que los padres estén presentes durante el entrenamiento, pero no los autorizan a sostenerlos de nuevo, amantarlos u ofrecer ningún consuelo físico. Argumenta que estas técnicas son «con apego», pero la realidad es que también impactan en el bienestar del bebé produciéndoles estrés anticipatorio y confusión al ver a sus padres impasibles ante sus llamadas.[7]

Lo peligroso de estos métodos es que aparentemente parecen funcionar, pero los padres que han aplicado cualquiera de ellos reconocen, sin embargo, que cuando el bebé ha pasado una enfermedad o suceden cambios, deja de hacerlo y tienen que aplicar la técnica de nuevo.

13.1.1. ¿Cómo funcionan realmente los métodos de extinción?

En un primer momento, los bebés dejan de llorar y se duermen solos vencidos por el cansancio del llanto, y en unos días (o semanas, dependiendo del carácter que tengan) se quedan dormidos solos en su cuna.

Esto no es «aprender a dormir» como nos quieren hacer creer. El niño, al final, deja de reclamar la presencia paterna, el acunamiento o el pecho porque desarrolla lo que en psicología se conoce como *síndrome de indefensión aprendida*:[8] deja de llamar a sus padres con la única herramienta que poseen, el llanto, al comprobar su falta de control sobre la situación tras experimentar en varias ocasiones la

---

5. Ferber, R. (1985). *Solve, Your Child's Sleep Problems*. Simon & Schuster.

6. Estivill, E., & de Béjar, S. (1997). *Duérmete niño*. Ed. Plaza y Janés.

7. Provenzi, L., Giusti, L., & Montirosso, R. (2016). Do infants exhibit significant cortisol reactivity to the Face-to-Face Still-Face paradigm? A narrative review and meta-analysis. *Developmental Review, 42*, 34-55.

8. Tras vivir reiteradas veces una misma experiencia angustiosa e intentar una y otra vez sin éxito alguno salir de ella, aprendemos que todo esfuerzo por nuestra parte es en vano y, antes o después, dejaremos de buscar una solución, es decir, asumimos que no depende de nosotros salir de esa situación y abandonamos la lucha, dejándonos hacer. Esto es la indefensión aprendida. Expresión acuñada en 1970 por el psicólogo Martin E. P. Seligman.

carencia de respuesta por parte de su entorno.[9] No aprende nada, simplemente se resigna.

Esta experiencia también afecta a otros niveles. En la primera infancia, el bebé va estableciendo conexiones neuronales que se ven afectadas por por el estilo de apego: seguro, inseguro, desorganizado, etc., el cual, a su vez, provoca cambios en la estructura cerebral. Es más, algunos trastornos psiquiátricos diagnosticados en la edad adulta tienen su origen en zonas inhibidas del cerebro donde las conexiones sinápticas no se han desarrollado correctamente.[10]

Afortunadamente, hoy en día entran en juego nuevas disciplinas, como la neurociencia y la psicología, la biología y la antropología, que analizan al ser humano de una forma más holística y junto con los avances tecnológicos para el estudio del sueño, ponen de manifiesto las indeseables consecuencias que produce el estrés derivado al aplicar a los bebés estas técnicas de extinción obsoletas. Numerosos científicos alertan sobre el daño neuronal que puede sufrir el cerebro cuando es sometido a ciertas hormonas como el cortisol. Dejar llorar a un bebé desencadena una reacción hormonal en su cerebro que incrementa la producción de cortisol, que junto a la serotonina y a las endorfinas que su organismo segregará para contrarrestar la situación, le provocará el adormecimiento y, en ocasiones, incluso el vómito involuntario.[11]

El organismo sintetiza estas hormonas calmantes como los opiáceos porque mantener una concentración elevada de cortisol durante un tiempo prolongado puede provocar pérdida neuronal.[12] ¿Cuánto tiempo es un *período prolongado*? No se han hecho estudios al respecto, pero si tenemos en cuenta que dos minutos de llanto desatendido es suficiente para que un bebé manifieste signos de estrés[13] y esto sucede

9. Seligman, M. E. (1975). Helplessness: *On depression, development, and health.* WH Freeman.

10. Barudy, J., & Dantagnan, M. (1999). *Guía de valoración de competencias parentales.* IFIVF.

11. Porter, L. (2007). All night long: understanding the world of infant sleep. *Breastfeeding Review,* 15(3), 11-15. Enlace al artículo

12. Narvaez, D. F. (2011). Dangers of «crying it out». *Psychology Today.*

13. Haley, D. W., Cordick, J., Mackrell, S., Antony, I., & Ryan-Harrison, M. (2011). Infant anticipatory stress. *Biology Letters,* 7(1), 136. https://doi.org/10.1098/RSBL.2010.0565

por períodos de una hora o más y durante dos semanas o más, podemos hacernos una idea aproximada de cuánto podría ser para nosotros un *período prolongado*.

Otros estudios recientes sobre esta hormona y el llanto sin consuelo,[14] recogidos en el libro del Dr. Sears *Tu hijo dormirá y tú también*, señalan:

✓ Los bebés que son separados de sus padres de manera estresante presentan niveles anormales de cortisol y niveles inferiores de la hormona del crecimiento.[15]

✓ Investigadores de las universidades de Yale y Harvad han descubierto que el estrés en las primeras etapas de la vida puede alterar el cerebro de una forma similar al de los adultos que sufren depresión.[16, 17]

✓ En la Universidad de Hertfordshire (Reino Unido) se comprobó que los bebés que tenían episodios de llanto persistente eran 10 veces más propensos a desarrollar trastorno por déficit de atención e hiperactividad, concluyendo que ello puede ser derivado de una crianza poco receptiva.[18]

✓ Varios estudios demostraron que el cortisol destruye conexiones neuronales en el cerebro en desarrollo de los bebés, y ello puede derivar en niños violentos, emocionalmente desapegados e impulsivos.[19, 20]

---

14. Nos referimos a llanto sin consuelo, no a cólicos u otras causas por las que el bebé pueda llorar pero esté atendido y consolado por sus padres.

15. Ahnert, L., Gunnar, M. R., Lamb, M. E., & Barthel, M. (2004). Transition to child care: Associations with infant–mother attachment, infant negative emotion, and cortisol elevations. *Child Development, 75*(3), 639-650.

16. Kaufman, J., & Charney, D. (2001). Effects of early stress on brain structure and function: Implications for understanding the relationship between child maltreatment and depression. *Development and Psychopathology, 13*, 451-471.

17. Teicher, M. H., Andersen, S. L., Polcari, A., Anderson, C. M., Navalta, C. P., & Kim, D. M. (2003). The neurobiological consequences of early stress and childhood maltreatment. *Neuroscience & Biobehavioral Reviews, 27*, 33-44.

18. Wolke, D., Rizzo, P., & Woods, S. (2002). Persistent Infant Crying and Hyperactivity Problems in Middle Childhood. *Pediatrics, 109*(6), 1054-1060.

19. Perry, B. D. (1997). Incubated in Terror: Neurodevelopmental Factors in the «Cycle of Violence». In J. Osofsky (ed.). *Children, Youth and Violence: The Search for Solutions* (pp. 124-148). Guilford Press.

20. Schore, A. N. (1996). The experience-dependent maturation of a regulatory

✓ Y otros investigadores descubrieron que a los bebés a cuyo llanto no se responde no desarrollan habilidades intelectuales y sociales.[21]

No es nuestra intención amenazar con catástrofes apocalípticas, pero creemos necesario hacer públicas las conclusiones de estos estudios para que las familias dispongan de información completa que les permita tomar sus decisiones con todos los datos a su disposición.

Es posible que unos días de llanto no dañen a un bebé: todos conocemos la capacidad de resiliencia del ser humano, que nos ayuda a superar adversidades, pero no hay que olvidar que los bebés, a esta edad tan temprana, no son resilientes, sino más bien maleables. Es indiscutible que las experiencias vividas en los primeros años determinan o influyen en la vida adulta.

Y más allá de las posibles secuelas de origen físico o psicológico, estos métodos también nos plantean una serie de interrogantes de carácter ético: ¿es correcto tratar así a alguien a quien amamos? ¿Lo haríamos con nuestra madre, con un amigo o con nuestra pareja? Ponte la mano en el corazón: ahí está la respuesta.

 Hemos hablado sobre los efectos del llanto en el punto **12.1. ¿No pasa nada por que llore?** En la p. 258.

En conclusión, los métodos de adiestramiento del sueño son un insulto a nuestra condición humana, ya que no se puede tratar a nuestros hijos como si fuesen un perro al que domar.[22] Aunque no

---

system in the orbital prefrontal cortex and the origin of developmental psychopathology. *Development and Psychopathology,* 8(01), 59-87.

21. Lieberman, A. F., & Zeanah, C. H. (1995). Disorders of attachment in infancy. *Child and Adolescent Psychiatric Clinics of North America,* 4(3), 571-587.

22. Desde hace tiempo, incluso en los animales se usan técnicas más completas. Un ejemplo: la etología cognitiva ha demostrado la existencia de múltiples formas de aprendizaje comprensivo en el perro, como la expectativa, la resolución de problemas, la toma de decisiones o el aprendizaje de conceptos. «Adiestramiento canino cognitivo-emocional» (Díaz de Santos, 2005).

existan estudios concretos que demuestren que los niños que han sido sometidos a estas técnicas presentan problemas derivados directamente de ellas, sí disponemos de evidencias que relacionan el estrés con daños neuronales y sus posibles secuelas. Si abordas el sueño de tu bebé sin lágrimas, eliminas el estrés y los riesgos. Sólo por eso compensa intentarlo.

Consideramos que la crianza y la educación de los hijos son una labor a largo plazo, y para poder crear un ambiente de confianza, amor, diálogo y respeto mutuo es necesario empezar desde la cuna, nunca mejor dicho.

13.2. ¿Por qué sin llorar? Porque *Dormir Sin Llorar* funciona

Nuestra filosofía se puede resumir en intentar descubrir las necesidades del pequeño para poderlas satisfacer o adelantarnos a ellas. Es algo muy sencillo, pero imposible de conseguir si cortamos el canal de comunicación, ignorando sus lloros o si nos empeñamos en ver un intento de manipulación donde sólo existe la expresión legítima de una necesidad.

Y, además, no compartimos esa teoría tan extendida según la cual se afirma que los niños utilizan su llanto como una treta para conseguir lo que quieren. El llanto es la única herramienta que tiene el bebé para expresar una necesidad, y no nos parece ético considerarlo un intento de manipulación, máxime teniendo en cuenta que al nacer únicamente disponen del llamado cerebro primitivo;[23] al no tener desarrollado aún el cerebro superior –porque la mielinización neuronal del neocórtex tiene lugar alrededor de los 2 años– es ridículo afirmar que son capaces de urdir un plan tan maquiavélico para *salirse con la suya* con pocos meses de edad.

En **Dormir Sin Llorar** observamos, probamos, observamos de nuevo y nos comunicamos con nuestros hijos. Ellos nos envían señales, simplemente hay que descifrarlas y actuar en consecuencia. Cuando conoces a tu hijo se pueden lograr mejoras espectaculares, y es una

---

23. *Ibidem* nota 4, capítulo 6.

inversión de futuro, depende de nuestra capacidad de conectar con ellos. El éxito de las futuras relaciones como familia.

En **Dormir Sin Llorar** te ofrecemos un procedimiento con herramientas (no un método). Posees la **Guía Dormir Sin Llorar,** donde podrás observar y extraer conclusiones; también dispones del foro para padres gratuito, donde se puede compartir y buscar ideas para afrontar las noches y la experiencia de decenas de miles de familias recogidas en este libro. Inténtalo, úsalas todas, porque **Dormir Sin Llorar** funciona, y así lo hemos ido recogiendo en nuestra «Biblioteca de logros». Te presentamos algunos ejemplos:

Es impresionante lo que pueden cambiar en menos de un mes. Ahora dormimos de tirón casi todas las noches: el biberón de media noche ha pasado al desayuno, ahora sólo tomamos un poco de agua, chupe y algún día pecho… Y seguimos durmiendo plácidamente. Mis pequeños han vuelto a dormir juntos en la misma habitación y lo hacen ellos solitos. Es maravilloso el momento de irse a dormir, es increíble verlos tan felices juntos. Ahora, antes de dormir, si no hay mucho sueño, puedo observarlos desde fuera o por el interfono jugando entre ellos, pasándose sus muñecos de cuna a cuna y riendo sin parar con sus juegos. Toda mi paciencia, el amor que he puesto cada vez que me llamaban en la noche, el tiempo que he dedicado para irnos a dormir sin lágrimas, o con lágrimas pero con mi compañía, ha dado sus frutos.

....

Sólo quiero daros las gracias a todas las personas que participáis y hacéis posible este foro. Nos habéis sido de gran ayuda y nos habéis aportado muchas ideas, conceptos, consejos y hombros para llorar. ¡¡Lo hemos conseguido!! Nuestra nena es una niña feliz, cariñosa, segura… y ¡¡SÍ!! Duerme como un angelito sin tener que pasar por ningún mal trago. ¡¡Gracias a todos!! ¡¡De corazón!!

....

Poco a poco y casi sin darnos cuenta, dormimos seguido con algún microdespertar que ni recordamos por la mañana. ¿¿Cómo?? Pues no hay ninguna receta especial: paciencia, es cierto que todo llega, siempre llega, y lo mejor de todo es que hagas lo que hagas siempre llegará. No hay cosas mal hechas (que perpetúen las malas noches durante toda la vida ni estrictos consejos que si no aplicas tu hijo nunca dormirá seguido ni solito), es mejor guiarse por el sentido común, el instinto y por lo que nos dicte el corazón, ser coherentes con uno mismo.

¿Colecho?, pues colecho. Podemos estar seguros de que un día querrá irse de nuestra cama y lo añoraremos. ¿Dormirlo en brazos?, pues dormirlo en brazos. Seguro que llegará un día en el que se duerme en tu cama a tu lado, luego en su cama a tu lado y luego, solito. ¿Dormirlo al pecho?, pues que se duerma. [...] Acompañarlos en su crecer. Escuchemos lo que sí nos saben decir.

Siempre le digo a mi marido que «un hijo no une un matrimonio, sino que lo pone a prueba», pero ahora vemos luz al final del túnel y estamos satisfechos de haber elegido este camino (sin medidas rígidas ni estrictas), recuperando energías y ganas para volver a acometer ¡si Dios quiere! de nuevo la aventura de ser papás.

Confiad en vuestro hijo y confiad en vosotros mismos. ¡Nadie puede quererlo más! Todo llega, hagáis lo que hagáis. Besos. (Si os hemos aburrido, perdón, pero esperamos poder animar a alguien en alguna medida, como vosotros lo hicisteis en nuestros momentos difíciles). Nos vemos por el mundo.

....

Hace unos meses pensaba, sinceramente, que nunca iba a llegar la época en la que se despertara menos de 6 veces en una noche, y cuando en el foro me decíais que todo llega... no era capaz de creérmelo. Yo estaba preocupada porque mi hijo no dormía bien, y entonces no se iba a desarrollar bien, ya que no cumplía con las horas necesarias. No iba a

Deseamos que pronto también lo logres. ¿Nos lo contarás? ¡¡Te es-tamos esperando!!

Si necesitas consultar a algún profesional formado en sueño infan-til, te recomendamos este listado cuyos profesionales trabajan bajo el marco de sueño sin llantos y buenas prácticas:

www.sueñoinfantil.com/profesionales-certificados

GUÍA DORMIR SIN LLORAR

Cuaderno de trabajo

Esta libreta es tu herramienta de trabajo. Te guiará en la elaboración de tu Plan de Sueño y podrás evaluar los resultados de tus conclusiones.

¿Cómo funciona esta Guía?

La finalidad de la Guía Dormir Sin Llorar y de la web (www.dormir-sinllorar.com) es ofrecer una alternativa a los padres que necesiten mejorar el sueño de sus pequeños y el suyo propio, y que no sean partidarios de utilizar entrenamientos de sueño ni métodos que impliquen llantos.

Si tienes en tus manos esta guía es porque tus noches no son como te gustaría que fueran, así que vamos a intentar mejorarlas.

Para ello necesitamos un poco de paciencia, vuestra colaboración y un poco de tiempo… concedeos unos 40 días. Después es muy posible que las cosas hayan mejorado bastante.

¡Pruébalo! No hay nada que perder.

Este manual está elaborado de una forma sencilla que permite seguir las instrucciones fácil y gráficamente para ver la evolución de vuestra mejoría a medida que pasas las páginas.

Básicamente se trata de seguir los siguientes puntos:

1. Elaborar una agenda o diario del sueño tomando unos datos iniciales (los encontraréis explicados a continuación).
2. Observar al bebé y aplicar durante unos 10 días, como mínimo, las ideas que te parezcan apropiadas para vosotros de todas las que recopiles del libro y en tus consultas en la web www.dormirsinllorar. com Hay muchos artículos y experiencias publicados. Navega por ella y aplica los que más se adapten a vuestro estilo de vida y de crianza.
3. Al cabo de este tiempo hay que tomar de nuevo datos nocturnos, comparar y reflexionar. Según los logros alcanzados, aplicaremos

algunos cambios y esperaremos 10 días más para una nueva toma de datos.

Parece algo complicado pero no lo es en absoluto… Simplemente sigue leyendo y rellenando los datos necesarios en cada momento. Ya verás como notas mejoras al acabar la guía.

Para este tipo de seguimiento es muy útil participar en el foro de dormirsinllorar.com. En él contactas con otros padres que están viviendo una situación similar. Puedes encontrar ideas y sugerencias compartiendo lo más importante: las experiencias.

Antes de empezar: ¿todo en orden?

Si está enfermo o hace menos de 10 días que ha sido vacunado, aconsejamos esperar un poco antes de ponernos con el Plan de Sueño. Cuando se recupere o hayan pasado las posibles molestias, comenzaremos.

¿Tu hijo ronca mucho por las noches o tiene dificultad para respirar? Si la respuesta es positiva, antes de probar nada, consulta con su pediatra o el otorrinolaringólogo para que valore que respira correctamente, ya que esto tiene un impacto en el sueño y en los despertares.[1]

Hemos hablado de ello en el libro **Dormir Sin Llorar** en la p. 230, punto **10.1.7. Apnea del sueño y ronquidos.**

En el capítulo 10 del libro tratamos algunas causas médicas que pueden interferir en el sueño de los niños:

—Gases y cólicos (p. 221).
—Reflujo gastroesofágico (p. 222).
—Parásitos intestinales oxiuriasis (p. 226).
—Catarros, tos, mocos (p. 227).
—Salida de los dientes (p. 227).
—Dematitis atópica (p. 228).
—Alergias alimentarias o intolerancias a alimentos (p. 229).
—Apnea del sueño y ronquidos (p. 230).
—Pesadillas y terrores nocturnos (p. 231).

---

1. En este enlace encontrarás el Cuestionario Abreviado de Sueño Pediátrico. SAHS. Si es necesario, rellénalo y muéstraselo el pediatra o al especialista: www. aepap.org/gtsiaepap/gtsueno/SAHSPSQesp.pdf

—Sonambulismo (p. 232).
—Adormecimiento brusco (p. 233).

Si sospechas que alguna de ellas pueda ser la causa de las malas noches, lee el punto correspondiente y consulta con un médico.

Si todo está bien, pasa al siguiente punto.

Cuestionario inicial, punto de partida

Toma un punto de partida para poder comparar las mejoras que se vayan produciendo. No hay que perder de vista cuál es el punto inicial. Para ello, responde estas preguntas:

Tabla 1. Situación inicial

Edad de tu bebé: ....

¿Dónde duerme tu bebé? (en la cuna, contigo en la
cama, en una habitación separada...) ....

¿Duerme siestas regulares? ¿Cuántas? ¿A qué horas?
¿Cuánto duran? ....
....

¿A qué hora se suele ir a la cama? ....

¿Lo ayudas a dormirse? ¿Cómo lo haces? ....
....

¿Cuánto tardas en dormirlo habitualmente? ....

¿Se despierta por las noches? ....

¿Cuántas veces (más o menos)? ....

¿Cómo lo ayudas a dormir de nuevo? ....

....

¿Qué quieres mejorar? ....

....

¿En cuánto tiempo quieres lograrlo? ....

....

Lee el capítulo correspondiente
al tramo de edad de tu bebé

Si no lo has hecho todavía, coge el libro **Dormir Sin Llorar** y comienza a leerlo. El libro empieza con un capítulo introductorio sobre el sueño infantil y sus características, otro sobre el ambiente, las siestas y las rutinas y, finalmente, el capítulo dedicado al grupo de edad de tu bebé. Ten esta guía a mano y ve anotando en ella todo lo que creas que te puede resultar de utilidad en tu Plan de Sueño. Cuando acabes, regresa a este punto.

Revisa expectativas y define tu objetivo

¿Ya has acabado? ¡Perfecto!

Vamos a definir unos objetivos teniendo en cuenta lo que has aprendido sobre el sueño de los bebés en general, de cómo les afecta el ambiente, las siestas y las rutinas y cómo duermen los pequeños de la edad del tuyo.

Vamos a tomar datos de una noche normal, esta misma noche, por ejemplo. Deja un papel y un lápiz en la mesita e intenta tomar datos objetivos de lo que suceda. ¡Ni se te ocurra hacerlo en limpio! Anótalo como puedas y ya lo pasarás a la libreta.

Tabla 2. Toma de datos inicial

Fecha de hoy:

Despertares y actividades nocturnas

Hora despertar	Hora que se vuelve a dormir	¿Cómo lo dormí?	Tiempo de sueño seguido desde que se durmió hasta el despertar
Ej. 03.00	03.30	pecho	4 horas

Hora de dormirse: ....

Hora de despertarse por la mañana: ....

Número total de despertares nocturnos: ....

Total tiempo de despertares (tiempo que ha estado despierto durante la noche): ....

Intervalo de sueño más largo: ....

Total horas de siesta: ....

Total horas de sueño diario: ....

Observa la siguiente gráfica de percentiles que recoge lo que suelen dormir los bebes y niños según su edad. Valora dónde estaría situado el tuyo. Las horas que se indican no son del tirón.

¿En qué percentil se encuentra? Cuando está despierto, ¿está feliz y activo? o, por el contrario muestra señales de malestar o sueño?

¿Crees que los bebés a partir de los 3 meses duermen toda la noche del tirón? Si la respuesta es afirmativa, quizá te ayude leer el **Capítulo 12 Mitos sobre el sueño de los bebés** (p. 257). Una vez que hayas leído el libro y hayas tomado notas de cómo es una noche normal en casa, y erradicados los mitos sobre el sueño, las claves a considerar son:

¿Es el sueño de tu bebé realmente tan malo? ¿Crees necesario modificar o mejorar algo? Si la respuesta es *no,* ya has acabado. Estáis a gusto con la forma de dormir en vuestra casa y no necesitáis cambiar nada. Guarda el libro y la guía y olvídate del tema hasta que lo necesites de nuevo. Si la respuesta es sí, vamos a ver qué se puede hacer para intentar mejorar las noches.

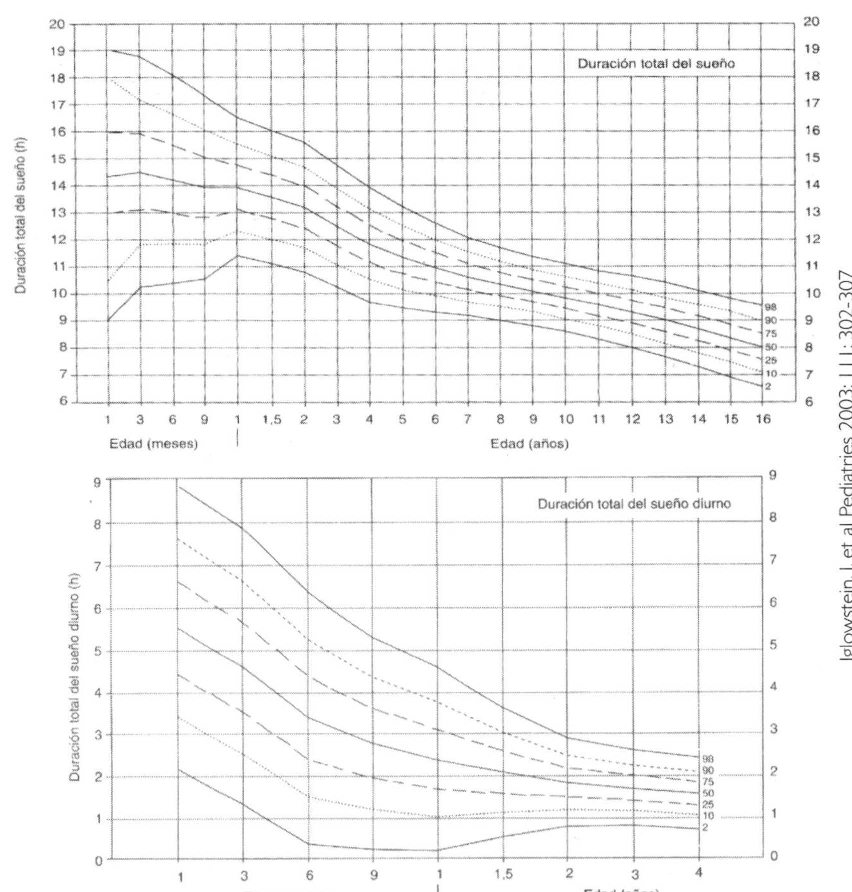

Tabla 3. Definir objetivos

¿Cuántas horas duerme de media un bebé de la edad
del tuyo al día? ....± 2

¿Cuántas horas está durmiendo tu bebé a día de hoy? ....

Revisa los percentiles (Tabla 1). Los objetivos que te has marcado, ¿te parecen razonables? Anota aquí tus objetivos revisados. Vamos a trabajar para lograrlos.

¿Qué quieres mejorar? ....

....

....

¿En cuánto tiempo quieres lograrlo? ....

Revisión del ambiente

Hemos hablado de ello en el libro **Dormir Sin Llorar** en el punto **2.1. El ambiente del sueño** (p. 33). Revisemos el ambiente de la casa: ¿invita al sueño? ¿Qué podemos hacer para mejorarlo? Pon una X donde corresponda:

Tabla 4. Revisión del ambiente del sueño

❑ La iluminación es correcta desde dos horas antes de irse dormir, sin luces blancas ni brillantes
❑ No hay ruidos
❑ La temperatura está entre 18-20 ºC.
❑ El niño no está sobreabrigado
❑ El ambiente no está reseco (humedad relativa correcta)
❑ La habitación ha sido ventilada antes de acostar al niño.

Reflexiona sobre los resultados, ¿hay algo que se pueda mejorar?

....

¿Qué vas a hacer? ....

....

....

....

Revisión de las siestas

Hemos hablado sobre ellas en el libro **Dormir Sin Llorar** en el punto **2.2. Siestas regulares** (p. 36). Céntrate en que tu pequeño duerma siestas durante el día. Las siestas son necesarias para que no se agote demasiado y esté más relajado por la noche.

Si ves que no duerme casi nada por el día, intenta echarlo a las horas que veas que suele estar cansado y ayúdale, si es necesario, a dormirse. Ten en cuenta que no conviene que duerma siestas muy largas: tendrían que ser de dos o tres horas como mucho, dependiendo de la edad.

Para lograr que duerma siestas, hay que prestar atención a las muestras de cansancio y hacer una rutina de presiesta, con una serie de actividades relajantes (siempre las mismas) que le anuncien que es la hora de descansar. Por ejemplo, música relajante o un pequeño masaje después de la comida.

Revisemos vuestras siestas: ¿son caóticas? ¿Se duerme después de haber llorado un buen rato? ¿Duran poco? Para esto nada mejor que las rutinas. Revisa qué hacéis tú y tu pequeño cada día para intentar conseguir el horario de siestas que mejor os vayan.

Anota en la siguiente tabla la hora de despertar, las comidas o tomas, siestas y, sobre todo, los signos de sueño como los bostezos, frotarse los ojos y bajadas de actividad.

Anota también si a unas horas determinadas lo ves muy nervioso o gruñón.

Tabla 5. Horario de rutinas y siestas

	LUNES	MARTES	MIÉRCOLES	JUEVES	VIERNES	SÁBADO	DOMINGO
8 h.							
9 h.							
10 h.							
11 h.							
12 h.							
13 h.							
14 h.							
15 h.							
16 h.							
17 h.							
18 h.							
19 h.							
20 h.							
21 h.							
22 h.							
23 h.							

Obsérvala una vez completada y rellena el cuadro siguiente, ya que te dará mucha información sobre los horarios de tu pequeño. Gracias a ella podrás acercarte a sus momentos ideales para el sueño, relacionados con la cadencia del ritmo circadiano, si tiene más de 4-5 meses; si es menor de esta edad, recuerda el sueño a demanda que presentaría aproximadamente a las siguientes horas.

Tabla 6. Buscar el momento propicio para el sueño

Rellena esta parte si tu bebé es mayor de 4,5 meses y menor de 1 año

Observa la tabla anterior
- Indica la hora a que tu bebé inicia el día .... (haz una media aritmética de los datos de la tabla). Nos interesa que no sea más tarde de las 9 para seguir un horario lo más en sintonía con la luz natural posible (horario ecológico).
- Súmale entre 2 o 2,5 horas según calcules en la tabla que son sus períodos de vigilia .... Ésta sería la hora a la que es muy probable que haga la primera siesta de la mañana. Duración sugerida: entre 45 y 60 minutos.
- Indica la hora a la que se despertaría de la primera siesta .... Súmale unas dos-tres horas, según veas que son sus medias de vigilia con los datos que has recogido............... Ésta sería aproximadamente la hora más propicia para su segunda siesta. Duración sugerida: entre 90 y 120 minutos.
- Indica la hora a la que se despertaría........... Súmale 3-4 horas y tendrás el momento más idóneo para dormir por la noche. Si el bebé tiene menos de 6 meses y la siesta del mediodía es de poco más de una hora, es posible que necesite una tercera, de unos 30-40 min a media tarde que le permita llegar a la noche bien. A partir del 6-7.º mes suelen dejar la tercera siesta.

Rellena esta parte si tu bebé es mayor de 1 año y sólo hace una siesta

Observa la tabla anterior:
- Indica la hora a la que tu bebé inicia el día .... (haz una media aritmética de los datos de la tabla).
- Súmale 5 o 5,5 horas .... Ésta sería la hora a la que es muy probable que haga su siesta de la tarde. Duración sugerida: entre 90 y 120 minutos.
- Indica la hora a la que se despertaría de la primera siesta .... Súmale 4,5 horas o 5, según veas sus ritmos, y obtendrás el momento más idóneo para dormir por la noche.

Los horarios propuestos son aproximados, pero guardan relación con el ritmo circadiano y la fluctuación de temperatura del organismo derivada de los cambios hormonales que acontecen a lo largo del día. Todo ello favorece el sueño y la vigilia en determinados momentos.[1]

Es posible que estas sugerencias no se acerquen al horario natural que has observado en la tabla diaria número 5. Si es así, no te preocupes e intenta acercarte poco a poco a los horarios propuestos. Si tu bebé madruga mucho, o por el contrario se va a dormir muy tarde, es posible que tenga una alteración de fase, adelantada o atrasada. Esto se puede mejorar cuadrando, si es necesario, la hora de despertar, la de las siestas y la de irse a dormir la noche, manteniendo al bebé despierto o favoreciendo su descanso según el momento y los signos de cansancio que manifieste.

Para invitar al sueño deberías «bajar motores» e intentar que el ambiente se vaya volviendo cada vez más tranquilo, empezando una media hora antes de que exprese sus signos de sueño. Ayúdalo a dormir en ese momento con la técnica que te sea más efectiva (pecho, mecer…) en un lugar tranquilo, mejor en penumbra.

Cuando *se les pasa la hora* se ponen muy nerviosos, por lo que es conveniente que te anticipes y le facilites las cosas para que se duerma más fácilmente.

---

1. Joseph, D., Chong, N. W., Shanks, M. E., Rosato, E., Taub, N. A., Petersen, S. A., … & Wailoo, M. (2015). Getting rhythm: how do babies do it? *Archives of Disease in Childhood-Fetal and Neonatal Edition,* 100(1), F50-F54.

Tabla 7. Conclusiones siestas

Rellena según tus apreciaciones:

Parece que mi bebé necesita hacer siestas a estas horas: ....
....
La rutina de presiesta comenzará a las: ....
Y consistirá en: ....
....
....
....

Mientras trabajas en las siestas también puedes trabajar en las rutinas.
Sigue leyendo para completar tu Plan de Sueño.

Revisión de la rutina de buenas noches

Hemos hablado acerca de ella en el libro **Dormir Sin Llorar** en el punto **2.3. Rutinas de buenas noches** (p. 43), y en el capítulo correspondiente a tu grupo de edad (ya que las rutinas varían con la edad).

Establece una hora relativamente fija para irse a la cama y un orden predecible de los acontecimientos. Este paso es muy importante para indicar al bebé que se acerca la hora de acostarse. Comienza una hora antes de la que quieras que esté en la cama. Ponla en práctica durante una semana y empezarás a ver resultados positivos.

La rutina tiene que ser flexible, y debéis sentiros cómodos con ella, ya que si funciona, tendréis que hacerla durante mucho tiempo. Se trata de llevar a cabo una serie de acciones, preferentemente las mismas y con la misma secuencia, cada día a idénticas horas. Si algún día se te hace tarde, intenta hacer todos los pasos pero acórtalos. Sé flexible, no pasa nada si un día no se sigue.

Ideas para la rutina antes de dormir:

— Un baño tibio, de lo contrario, lo activará.
— Leerle un cuento o escuchar música relajante.
— Cantarle una nana.
— Arroparlo bien con su peluche favorito.
— Un masaje: hazlo muy relajante y suave, con toques muy lentos, cántale o tararea una nana mientras le masajeas.
— Darle el pecho o el biberón.
—Mecerlo.

Tabla 8. Revisión de la rutina de buenas noches

Reflexiona sobre vuestra rutina

¿Las actividades que soléis hacer en casa una hora antes de ir a dormir son tranquilas y relajantes? ....

- ¿Puedes mejorarlo? ¿Cómo? ....
  ....

- ¿Evitas que haya mucha luz? ....

- ¿Puedes mejorarlo? ¿Cómo? ....
  ....
  ¿Bajáis el volumen o apagáis las pantallas en ese período? ....

- ¿Puedes mejorarlo? ¿Cómo? ....
  ....

- ¿A qué hora se va a dormir? ....

- Ten en cuenta que entre las 8 y las 9 de la noche estamos más predispuestos para el sueño. ¿Puedes intentarlo?................................

- Vuestra rutina de buenas noches consistirá en los siguientes pasos: (indica 3 o 4 acciones cotidianas y relajantes que haréis cada noche en el mismo orden durante la hora previa a dormir:

1..
2..
3..
4..
5..

Recuerda: cuanto más agradable y relajante sea este momento, menos le costará a tu pequeño dormir. Evita los juegos movidos antes de irse a la cama. Evita el aburrimiento, ya que un niño aburrido también se activa. En niños mayores, puedes contar adivinanzas o hacer un puzle, por ejemplo.

Ideas personalizadas que vas a poner en práctica

En el libro **Domir Sin Llorar**, en el Capítulo dedicado al grupo de edad de tu bebé y en la web **www.dormirsinllorar.com** se exponen muchas ideas que son fruto de la experiencia de los padres que visitan nuestro foro, pero también de búsquedas por la red y consultas de libros específicos sobre el tema.

Hay ideas para todos los gustos y para cada casa. Lee las diferentes propuestas detenidamente, medita sobre ellas e introduce sólo las que se puedan ajustar a vuestro modo de vida.

Qué NO se debe hacer:

- Dejarlo llorar sin consolarlo.
- Cansarlo durante el día para que caiga exhausto por la noche.
- Desesperarte y cambiar una y otra vez la rutina.
- No tener paciencia. Las mejoras se dejarán ver a partir de las dos semanas de hacer los cambios.

Tabla 9. Estrategias personalizadas

Anota en esta tabla las estrategias que vas a poner en práctica durante estos primeros 10 días para mejorar el sueño de tu bebé:

1. Crear un ambiente propicio para el sueño **(importante).**

2. Intentar que haga siestas regulares **(importante).**

3. Tener una rutina de buenas noches **(importante).**

4. ....

5. ....

6. ....

7. ....

8. ....

9. ....

10. ....

11. ....

12. ....

Fecha de hoy: ....

Fecha de la próxima revisión:...

De momento, introduce los cambios en el ambiente, las siestas y las rutinas de vuestra casa, y añade los cambios o mejoras personalizadas para tu bebé. Valora si os sentís cómodos con ellos y observa las reacciones del pequeño. Nos vemos en 10 días y haremos una primera valoración.

Revisión 10 días

¿Ya han pasado diez días? Vamos a ver cómo han ido las cosas. Toma de nuevo datos esta noche y anota los resultados en esta tabla:

Tabla 10. Revisión 10 días

Fecha de hoy: ....
Despertares y actividades nocturnas:

Hora despertar	Hora que se vuelve a dormir	¿Cómo lo dormí?	Tiempo de sueño seguido desde que se durmió hasta el despertar

- Hora de dormirse: ....

- Hora de despertarse por la mañana: ....

- Número total de despertares nocturnos: ....

- Total tiempo de despertares (tiempo que ha estado despierto en la noche): ....

- Intervalo de sueño más largo: ....

- Total horas de siesta: ....

- **Total horas de sueño diario:** ....

¿Qué tal? Para ver las mejoras utiliza la Tabla comparativa que te proponemos en la siguiente página. Anota los datos del primer registro de la Tabla 2 y los de este. Y recuerda: el apoyo y el seguimiento de la *web* y el foro es esencial para dar con la fórmula, así que no dejes de visitarnos.

Tabla 11. Comparativa 10 días

Toma de datos	Hora de irse a la cama	N.º de despertares	Intervalo de sueño más largo	Horas de sueño nocturno	Horas de siesta	Total horas de sueño	Expectativas
Inicio							
10 días							
¿Alguna mejora?							

Observa la tabla y contesta estas preguntas:

¿Has seguido las ideas que te han gustado y la rutina fielmente estos diez días? ....

¿Has notado algún cambio positivo por pequeño que sea (por ejemplo se duerme más rápido, le duran más las siestas...)? ....
....

¿Qué aspectos han mejorado más notablemente? ....
....

¿Y los que menos? ....

¿Qué has aprendido sobre tu bebé y el sueño durante estos diez días? ....
....

¿Crees que hay que hacer algún ajuste de cara al próximo registro? Si es así, ¿qué cambios vas a hacer? ....
....

Si no lo necesitas, consúltalo en el foro y decide.

Todavía es pronto para valorar si este manual está funcionando o no. Para ello necesitaremos otros diez días más. Aplica tus ideas y los cambios que hayas añadido, y pasado este tiempo, toma de nuevo datos.

Revisión 20 días

Pasados veinte días desde que comenzaste a poner en práctica las nuevas ideas vamos a valorar si hay mejoras. Esta noche… papel y lápiz de nuevo.

Tabla 12. Revisión 20 días

Fecha de hoy: ....
Despertares y actividades nocturnos:

Hora despertar	Hora que se vuelve a dormir	¿Cómo lo dormí?	Tiempo de sueño seguido desde que se durmió hasta el despertar

Pasados veinte días desde que comenzaste a poner en práctica las nuevas ideas vamos a valorar si hay mejoras. Esta noche... papel y lápiz de nuevo.

- Hora de dormirse: ....
- Hora de despertarse por la mañana: ....
- Número total de despertares nocturnos: ....
- Total tiempo de despertares (tiempo que ha estado despierto durante la noche): ....
- Intervalo de sueño más largo: ....
- Total horas de siesta: ....
- **Total horas de sueño diario:** ....

¿Qué tal? Hagamos de nuevo una comparativa con la tabla que te proponemos en la siguiente página.

Tabla 13. Comparativa 20 días

Toma de datos	Hora de irse a la cama	N.º de despertares	Intervalo de sueño más largo	Horas de sueño nocturno	Horas de siesta	Total horas de sueño	Expectativas
Inicio							
10 días							
¿Alguna mejora?							

Observa la tabla y contesta estas preguntas:

¿Has seguido las ideas que te han gustado y la rutina fielmente estos diez días? ....

¿Has notado algún cambio positivo por pequeño que sea (por ejemplo se duerme más rápido, le duran más las siestas...)? ....

....

¿Qué aspectos han mejorado más notablemente? ....

....

¿Y los que menos? ....

¿Qué has aprendido sobre tu bebé y el sueño durante estos diez días? ....

....

¿Crees que hay que hacer algún ajuste de cara al próximo registro? Si es así, ¿qué cambios vas a hacer? ....

....

Si no lo necesitas, consúltalo en el foro y decide.

Si la respuesta a la última pregunta es no, no te desesperes. Es importante que revises lo que estás haciendo y observes a tu bebé. Concéntrate en crear o mejorar la rutina de presiestas y de antes de ir a dormir. Y coméntanos en la web tus dudas y experiencias. Quizás podamos ayudarte a decidir nuevas acciones.

Una vez hecho esto, aplica el plan diez días más y toma de nuevo datos nocturnos.

Revisión 30 días

Pasados veinte días desde que comenzaste a poner en práctica las nuevas ideas vamos a valorar si hay mejoras. Esta noche… papel y lápiz de nuevo.

Tabla 14. Revisión 30 días

Fecha de hoy: ....
Despertares y actividades nocturnos:

Hora despertar	Hora que se vuelve a dormir	¿Cómo lo dormí?	Tiempo de sueño seguido desde que se durmió hasta el despertar

- Hora de dormirse: ....

- Hora de despertarse por la mañana: ....

- Número total de despertares nocturnos: ....

- Total tiempo de despertares (tiempo que ha estado despierto durante la noche): ....

- Intervalo de sueño más largo: ....

- Total horas de siesta: ....

- **Total horas de sueño diario:** ....

¿Cómo van esas mejoras? Comparemos nuevamente con la tabla de la siguiente página.

Tabla 15. Comparativa 30 días

Toma de datos	Hora de irse a la cama	N.º de despertares	Intervalo de sueño más largo	Horas de sueño nocturno	Horas de siesta	Total horas de sueño	Expectativas
Inicio							
10 días							
¿Alguna mejora?							

Observa la tabla y contesta estas preguntas:

¿Has seguido las ideas que te han gustado y la rutina fielmente estos diez días? ....

¿Has notado algún cambio positivo por pequeño que sea (por ejemplo se duerme más rápido, le duran más las siestas...)? ....

¿Qué aspectos han mejorado más notablemente? ....

¿Y los que menos? ....

¿Qué has aprendido sobre tu bebé y el sueño durante estos diez días? ....

¿Crees que hay que hacer algún ajuste de cara al próximo registro? Si es así, ¿qué cambios vas a hacer? ....

Si no lo necesitas, consúltalo en el foro y decide.

Valoremos los cambios. Responde reflexionando con los nuevos datos. Es muy posible que a estas alturas de la guía, tu bebé esté ya durmiendo cerca de 5 horas seguidas. Si es así, ¡enhorabuena! Sigue trabajando en ello como lo estás haciendo hasta ahora y verás como cada vez son más horas seguidas las que descansáis todos. Si no es así, revisa si los objetivos que te has marcado son alcanzables según la edad de tu bebé y relee el capítulo del libro dedicado a su edad.

¿Te han recomendado que le proporciones a tu bebé algún tipo de remedio, infusión o medicamento para «relajarlo»? En DormirSinLlorar lo desaconsejamos totalmente; al respecto, te recomendamos la lectura del **Capítulo 11, Fármacos y otras sustancias** (p. 235).

Puedes lograr que tu bebé descanse sin medicarlo. Inténtalo de nuevo, ajusta el Plan de Sueño y aplícalo 10 días más. Recuerda que en el foro DormirSinLlorar estamos a tu disposición, quizá te podamos echar una mano.

Revisión 40 días

Ya han pasado los 40 días que comentábamos al principio de la guía. Estamos seguras de que si has seguido las instrucciones y has establecido una rutina relajante, has mejorado sus siestas y ya has conseguido otras muchas mejoras. O sea, que lleváis ya unos días descansando todos.

Tabla 16. Revisión 40 días

Fecha de hoy: ....
Despertares y actividades nocturnos:

Hora despertar	Hora que se vuelve a dormir	¿Cómo lo dormí?	Tiempo de sueño seguido desde que se durmió hasta el despertar

- Hora de dormirse: ....

- Hora de despertarse por la mañana: ....

- Número total de despertares nocturnos: ....

- Total tiempo de despertares (tiempo que ha estado despierto durante la noche): ....

- Intervalo de sueño más largo: ....

- Total horas de siesta: ....

- **Total horas de sueño diario:** ....

¡¡Cómo han cambiado las cosas desde la primera toma de datos!! ¿O no?

Tabla 17. Comparativa 40 días

Toma de datos	Hora de irse a la cama	N.º de despertares	Intervalo de sueño más largo	Horas de sueño nocturno	Horas de siesta	Total horas de sueño	Expectativas
Inicio							
10 días							
20 días							
30 días							
40 días							
¿Alguna mejora?							

Estamos seguras de que, pasados estos 40 días, muchas cosas han mejorado estás más descansada y conoces más y mejor a tu bebé. Si es así, recibe nuestra más sincera enhorabuena.

Si por el contrario no has logrado ninguna mejora interesante, te recomendamos que tomes el libro **Dormir Sin Llorar** y leas el **Capítulo 10. Molestias que quitan el sueño** (p. 221). Muchas veces estas molestias son las causantes del mal sueño. Consulta con tu pediatra si sospechas de alguna de ellas.

Si todo está bien, revisa tus objetivos y comienza con la guía de nuevo. Las claves del éxito son: ambiente, rutina y siestas. Ayúdate de las Tablas 5 y 6 para determinar los momentos más adecuados para el descanso de tu bebé y sigue la guía una vez más.

Valoraciones finales

No te preocupes, tiene que haber una causa por la que tu bebé no logra descansar bien. Es posible que el cansancio te haga replantearte otros métodos. Si es así, concédete una nueva oportunidad: lee el **Capítulo 13. ¿Por qué sin llorar?** (p. 269). Encontrarás razones para intentarlo de nuevo y muchos casos reales de padres que lo han logrado sin una lágrima.

Tú también lo lograrás. Durante estos 40 días te has dedicado a observar fielmente a tu bebé. Seguro que has aprendido mucho de tu pequeño y de sus hábitos.

Es muy posible que su sueño haya mejorado, pero quizás muy sensiblemente, y lo que tú esperabas eran resultados más rápidos, pero si pretendemos hacerlo sin llantos, el camino se recorre pasito a pasito.

Ten paciencia, sigue trabajando en las ideas que te han gustado y verás como las cosas tienden a mejorar, quizás más despacio de lo que te gustaría, pero lo harán con seguridad.

Ánimo, estamos contigo. No dejes de entrar en la web y comentar todas tus dudas. Madres y padres que han pasado por esto pueden darte su valiosa opinión. Inténtalo de nuevo.

Todo acabará pasando… Y una vez superado, es posible que la próxima vez que no puedas dormir a causa de tu hijo sea porque son las fiestas del pueblo y estás pendiente de cuándo vuelve a casa. Si entonces recuerdas tus primeras experiencias con él y con el sueño, te darás cuenta de lo rápido *que todo pasa* y lo que puede llegar a correr el tiempo.

Mis notas

Índice